固定效应一般动态空间面板模型及冲击响应研究

Fixed-effects Generalized Dynamic Spatial Panel Model and Impact Response Study

李欣先　著

中国财经出版传媒集团

经济科学出版社
Economic Science Press

图书在版编目（CIP）数据

固定效应一般动态空间面板模型及冲击响应研究/李欣先著.—北京：经济科学出版社，2021.2

ISBN 978-7-5218-2396-7

Ⅰ.①固… Ⅱ.①李… Ⅲ.①经济模型 Ⅳ.①F224.0

中国版本图书馆 CIP 数据核字（2021）第 033273 号

责任编辑：宋 涛
责任校对：刘 昕 郑淑艳
责任印制：范 艳 张佳裕

固定效应一般动态空间面板模型及冲击响应研究

李欣先 著

经济科学出版社出版、发行 新华书店经销

社址：北京市海淀区阜成路甲 28 号 邮编：100142

总编部电话：010-88191217 发行部电话：010-88191522

网址：www.esp.com.cn

电子邮箱：esp@esp.com.cn

天猫网店：经济科学出版社旗舰店

网址：http://jjkxcbs.tmall.com

北京季蜂印刷有限公司印装

710×1000 16 开 11.5 印张 170000 字

2021 年 3 月第 1 版 2021 年 3 月第 1 次印刷

ISBN 978-7-5218-2396-7 定价：46.00 元

（图书出现印装问题，本社负责调换。电话：010-88191510）

前　言

空间计量经济学在过去的40年里得到了极大的发展，现在空间计量模型已经广泛地应用于微观、宏观、国际贸易等经济学子领域。在一些特定专题的研究中，比如社会网络中的同群效应、空间集聚的溢出效应等，空间模型为研究者提供了一组重要的、也许是不可替代的计量学分析工具。

真实世界的数据通常有时间和截面的相关性，这些相关性是实证研究所特别关心的。一方面，本书使用空间滞后和时间滞后去捕捉这种空间和时间的相关性。因为误差项的空间自回归效应也是影响经济关系的重要影响因素，所以我们的模型引入了误差项的空间相关性，因此本书考察的模型与经济行为间存在的复杂交互效应不谋而合，并且使该模型具有更强的适用性和更高的灵活性。另一方面在施加适当的约束条件，本书模型能够简化为某一类型的动态空间面板数据模型或静态空间面板数据模型。此外，我们还将脉冲分析引入当前的模型中，给出了直接效应、间接效应和总效应的动态关系。三种效应的动态关系，本身具有丰富的经济学含义和广泛的应用。例如，研发（R&D）补贴的经济学分析。

本书使用拟极大似然方法估计一般动态空间面板数据模型，我们并对拟极大似然估计量在空间个体（N）数和时期数（T）都比较大时的渐近性质进行研究。研究表明拟极大似然估计量是渐近一致的。我们发现本模型的拟极大似然估计量具有 $O(T^{-1})$ 阶的偏误，在校正偏误之后拟极大似然估计量在 $N/T^3 \to 0$ 的条件下具有 $\sqrt{NT}$ 的收敛率，并且具有渐近正态分布。本模型下，显性的偏误校正表达式也是本书的一个理论贡献。

本书也考虑了一般动态空间面板数据模型的冲击响应函数的估计问题。我们推导了冲击响应函数估计量的极限分布，有了极限分布很容易得到置信区间。同时本书也考虑了一般动态空间面板数据模型的直接效应、间接效应和总效应的估计问题。我们推导了直接效应、间接效应和总效应估计量的极限分布，利用极限分布我们又给出直接效应、间接效应和总效应估计量的置信区间。

蒙特卡洛模拟证实了本书的理论推导结果，并且表明通过校正后的拟极大似然估计量具有良好的有限样本性质。

本书采用中国 31 个省份 1996 ~ 2014 年的面板数据，通过时间滞后、空间滞后和时间空间滞后构建一般动态空间面板数据模型，实证分析了人力资本对区域经济差距的影响，实证分析结果表明：区域经济发展具有正向空间相关性，呈现区域经济发展的集聚特点；区域经济发展存在时间效应并且区域经济发展存在显著的负时空效应。短期来看，人力资本对本区域的经济发展的直接效应表现为促进作用。同时人力资本对区域间的经济发展也具有促进作用。

目　录

表 目 录

图 目 录

第 1 章

绪　　论

1.1　选题背景和意义

空间计量经济学在过去的 40 年里得到了极大的发展，现在空间计量模型已经广泛地应用于微观、宏观、国际贸易等经济学子领域。在一些特定专题的研究中，比如社会网络中的同群效应、空间集聚的溢出效应等，空间模型为研究者提供了一组重要的、也许是不可替代的计量学分析工具。

随着经济全球化和区域经济一体化趋势逐渐加强，各地区在经济、贸易等方面之间的交流合作日趋紧密，表现为区域之间的经济发展相互促进，同时我们也注意到各地区之间也存在竞争和模仿行为，表现为区域之间的相互牵制。因此，在研究某一地区的经济行为时不能仅仅关注区域内的各种影响因素而忽略邻近地区的经济行为对其产生的影响。地理学第一定律即空间依赖性，认为“任何事物之间都存在相关性，相距越近的事物相关性越强”（Tobler，1970）。经济数据的截面相关性（或个体相关性）打破了经典计量要求的所有样本都是相互独立的假设，鉴于此，作为计量经济学的分支之一的空间计量经济学（spatial econometrics）应运产生了，空间计量经济学可以处理这种空间相关性。

同时，现实的数据中存在着时间的相关性问题，例如存在习惯等因素使得消费者改变消费水平具有一定的滞后性；由于信息的不对称或者收集信息的时间消耗等也会导致消费者做出改变出现时间上的滞后；政策或制度的改变也存在时间上的滞后。在计量经济学或统计学文献中，处理时间相关的典型方式是自回归模型或移动平均（例如，Fuller，1996；等等）。

再者，不可观测因素可能也会对邻近地区造成影响，即存在不可观测因素的空间效应。如果忽视了这种空间效应，则可能导致模型错误设定，从而得到有偏的估计结果。空间误差模型可以处理这种相关性。

因此，个体之间影响的程度可能受到地理位置分布的影响，距离比较近的个体之间的影响程度要强于较远的，并且个体在时间上存在相关性，再者还存在不可观测因素的空间相关性，那么如何用空间计量理论模型来拟合这些复杂的经济现象呢，这就要借助于本书构建的一般动态空间面板模型，该模型正是针对上面的这些问题的考虑而逐渐建立起来的，并用这个模型来解决上面这些复杂的问题。

面板数据模型是研究经济变量相依关系、揭示经济运行规律的重要工具，它能够刻画多个不同个体随时间变化的行为特征，进而分析各个个体之间的共性与异质性。因此，当空间个体同时具备空间交互效应和时间相关性时，并且存在不可观测因素空间效应，使用一般的动态空间面板模型进行分析是最有效的方法。

理论价值方面：本书将考察一个被解释变量和误差项均具有空间结构的动态面板数据模型，这里为了陈述的方便，我们称模型为一般动态空间面板数据模型。相较于虞吉海等（2008）的动态空间面板数据模型，我们的模型引入了误差项的空间相关性；相较于李龙飞和虞吉海（2010a）的静态空间面板数据模型，本书的模型引入了模型的动态关系，因此本书考察的模型与已有文献的模型相比，更具一般性。此外，我们还将李鲲鹏（Li，2017）研究的脉冲分析引入当前的模型中，给出了直接效应、间接效应和总效应的动态关系。

直接效应、间接效应和总效应的动态关系，本身具有丰富的经济学含义和广泛的应用。例如，研发（R&D）补贴的经济学分析。企业研发的产品——知识，是经济长期增长的源泉。知识的溢出性和非排他性的属性，决定了企业研发的社会边际收益要高于企业的私人边际收益。因此，政府对研发要进行相应的补贴。其补贴的强度理论上应该是企业研发的社会收益减去私人收益。在这一问题中，企业研发对私人收益是直接效应，溢出效应所产生的交叉效应是间接效应，两者之和是总效应。因此，对三种效应的估算，有望较为准确地回答补贴强度的问题。

本书将在空间个体比较大和时间跨度比较大的环境下，使用拟极大似然方法估计一般动态空间面板数据模型。空间个体比较大和时间跨度比较大的环境是空间模型和脉冲分析所决定的。即使在空间个体比较大和时间跨度比较大的环境，由于个体固定效应的存在，仍然会有伴随参数的问题（incidental parameters problem；Newyen and Scott，1948）。这一问题在目前环境下，虽然不会导致估计量不一致，但是这种有限时间跨度情形下的结果，仍然会给估计量的统计推断尺度（size）造成影响。遵循哈恩和库尔勒施泰纳（Hahn and Kuersteiner，2002）、虞吉海等（2008）和李鲲鹏（2017）的处理，我们对极大似然估计进行了偏误校正。本模型下，显性的偏误校正表达式也是本书的一个理论贡献。理论上，我们也可以用广义矩方法来估计我们的模型。标准广义矩方法，在时间跨度比较大的环境下，会产生海量矩条件，导致所谓的海量矩偏误（many moments bias，moon and phillips，2004），其大样本性质，并不比极大似然估计量要好，而且因为矩条件太多，计算量会很大。李龙飞和虞吉海（2014）考察了有效矩方法。这一方法虽然能够规避海量矩偏误问题，但是这一方法本质上是用较大的方差去换取较小的偏误，其最终广义矩估计量是更优还是更劣，尚没有定论。

应用价值方面：空间交互效应是区域经济中常见的性质，将固定效应动态空间面板数据模型应用到区域经济差异问题中，并考虑到不可观测因素的空间效应，构建固定效应一般动态空间面板数据模型，这样可以有效地研究人力资本如何影响区域经济差异，从而有针对性地制定相应的政策措施。

1.2 相关文献综述

空间计量经济学（spatial econometrics）是计量经济学中最活跃的领域之一，过去40年空间计量经济学方法得到了极大的发展（Anselin et al.，2008），也成为计量经济学的主流研究领域。空间计量经济学是一门处理截面或面板数据回归模型中的空间交互效应和空间异质性的学科。

空间计量经济学自20世纪70年代开创以来，经历了从启蒙孕育到发展完善再到逐渐成熟这样三个阶段。从截面数据模型到空间面板数据模型到动态空间面板数据模型这样的发展阶段。我们主要从截面数据模型到空间面板数据模型到动态空间面板数据模型方面进行综述。

早期关于空间计量经济学的研究可以追溯到克里夫和奥德（Cliff and Ord，1973），他们最早提出了空间自回归模型（SAR）。由于存在内生的空间滞后项，如果采用普通最小二乘法（OLS）估计空间自回归模型（SAR），则估计会是一致的但是有偏的。之后理论计量经济学者提出很多种方法来处理内生性问题。安瑟兰（Anselin，1988）在空间计量经济学非常有影响力的经典著作《空间计量经济学：方法和模型》中建议采用极大似然方法（MLE）和工具变量方法估计空间自回归模型。极大似然方法估计空间计量模型时，一般需要处理空间权重矩阵的运算，例如空间权重矩阵的乘积、求逆矩阵、计算特征值和特征根等，当空间权重矩阵的维数较大时，这些计算可能需要大量的存储空间。为了克服普通最小二乘法的缺陷和极大似然方法计算的困难，科勒简和普鲁哈（Kelejian and Prucha，1998）提出广义空间两阶段最小二乘法（S2SLS）或者工具变量法来估计含有空间自回归误差项的空间自回归模型，并且他们给出了广义空间两阶段最小二乘法估计量的大样本性质。科勒简和普鲁哈（Kelejian and Prucha，1999）扩展工具变量法提出广义矩方法（GMM）来估计含有空间自回归误差项的空间自回归模型。有了工具变量广义矩方法很容易实现对空间模型的估计，但是广义矩估计方法的估计量的有效性依赖于工具变量的选择。李龙飞（2007）讨论了拟极大似然估计和广义矩估计之间的联系，并在此基础上提出了有效广义矩方法。有效广义矩方法借鉴了拟极大似然法一阶导条件中暗含的线性矩条件，同时优化了二阶矩条件（quadratic moment conditions）。该方法有效地组合了线性矩条件，解决了广义矩估计中广为所知的海量矩偏误（Many moments bias）问题。勒沙杰（LeSage，1997）采用贝叶斯方法来估计空间计量模型，贝叶斯方法也被称作马尔科夫蒙特卡洛（MCMC）方法。除了广义矩方法（GMM）和贝叶斯方法之外，准极大似然方法（QML）在空间计量经济学中也是非常流行的。李龙飞（2004）建议使用准极大似然方法（QML）估计空间计量模型，并给出了准极大似然估计量（QMLE）的渐近性质，从而奠定了他在理论空间计量经济学的地位。准极大似然方法和工具变量方法或广义矩方法的一个优点是他们不需要假定随机扰动项服从正态分布，但是需要假定随机扰动项是独立同分布。工具变量方法或广义矩方法的一个缺点是关键参数的估计量有可能超出了参数空间。极大似然方法（MLE）或准极大似然方法（QML）或者贝叶斯方法由于有一个雅克比项（Jacobian term）的约束，估计量就不会超出了参数空间。当模型中包含内生解释变量时，芬格尔顿和李嘉罗（Fingleton and LeGallo，2008）、德鲁克等（Drukker et al.，2013）以及刘和李（Liu and Lee，2013）研究发现工具变量或广义矩估计方法在空间计量经济学文献中比较受欢迎，极大似然估计或者贝叶斯估计在文献中很少见，主要原因是推导过程如果可能的话，也是非常困难的，并且估计过程将更加困难。此外，芬格尔顿和李嘉罗（2008）对科勒简和普鲁哈（Kelejian and Prucha，1998）的模型进行扩展，包含了内生解释变量，他们建议使用两阶段最小二乘方法或广义矩估计。当工具变量的个数随样本量增加而增加时，刘和李（2013）研究了模型中含有内生解释变量的空间自回归模型的工具变量估计方法，并且他们推导出偏误表达式，建议使用偏误校正之后的估计量。贝叶斯估计的另一个优点是它可以对选择空间权重矩阵提供一个较好的比较准则。斯塔霍维奇和比杰莫尔特（Stakhovych and Bijmolt，2009）通过蒙特卡洛方法研究了基于拟合优度准则的空间权重矩阵的选择问题。哈里斯等（Harris et al. , 2011）指出了上述方法的不足之处，他们认为通过他们的拟合优度准则选择的空间权重未必是一个正确设定的空间权重矩阵。曾召友、龙志和、董大勇（2008）利用贝叶斯理论在小样本方面的优势，构建了基于贝叶斯理论的空间计量模型选择的统一框架。贝叶斯空间计量经济模型选择框架的最大优点是在处理嵌套模型与非嵌套模型这两种情形下都具有逻辑上的一致性，并且具有对样本量不敏感。吉本斯和奥弗曼（Gibbons and Overman, 2012）认为空间自回归模型、空间误差模型和空间杜宾模型与空间自滞后模型无法区分，他认为应该尽量使用空间自滞后模型。科拉多和芬格尔顿（Corrado and Fingleton, 2012）认为在实证分析中关于空间计量经济学的模型构建过程中应该更加注重坚实的理论。

由于越来越容易获得面板数据，最近的研究中，空间面板数据模型获得了空间计量经济学家大量的关注。使用面板数据模型不仅有更大的样本量可以提供估计效率，而且可以研究一些横截面数据不能研究的问题。安瑟兰（1988）建议使用极大似然估计固定效应空间滞后模型，可以按照安瑟兰和赫达克（Anselin and Hudak, 1992）的步骤使用极大似然方法估计固定效应空间滞后模型（Anselin et al. , 2006），同样也可以按照安瑟兰和赫达克（1992）的步骤使用极大似然方法估计固定效应空间误差模型（Anselin et al. , 2006）。埃尔霍斯特和弗里尔（Elhorst and Freret, 2009）推导出了参数估计量的方差和协方差矩阵。巴尔塔基等（2003）研究了具有空间随机效应的静态空间面板模型中的空间误差项的自相关检验问题。巴尔塔基等（2007b）在静态面板中使用拉格朗日乘子（LM）和似然比（LR）方法检验空间相关、序列相关和随机效应的各种组合。卡普尔等（Kapoor et al. , 2007）使用三步广义矩方法（GMM）来估计含有空间自回归误差项的随机效应空间面板模型。芬格尔顿和李索罗（2008）也使用广义矩方法来估计含空间移动平均（spatial moving average, SMA）误差项的空间面板数据模型。皮法夫梅尔（Pfaffermayr, 2009）研究了具有随机效应空间自回归组合模型，他建议使用极大似然方法估计，这种方法既可以用来估计平衡的面板数据，也可以用来估计非平衡的面板数据。蒙特斯 - 柔嘉思（Montes -

Rojas，2010）研究了含有空间自相关误差项的随机效应的空间滞后面板数据模型的检验问题。李龙飞和虞吉海（2010a）使用准极大似然方法（QML）估计含有空间自回归误差项的空间自回归面板数据模型。巴尔塔基和刘（Baltagi and Liu，2011）建议使用工具变量方法估计具有空间随机效应的静态空间自回归面板模型。李龙飞和虞吉海（Lee and Yu，2012）研究了更加一般化的含有空间移动平均结构和序列相关的误差项的空间面板模型，他们既研究了固定效应也研究了随机效应。张志强（2012）通过蒙特卡洛（Monte Carlo）模拟方法比较了广义矩估计（GMM）、拟极大似然估计（QML）估计固定效应空间面板数据模型的差异。龙志和、陈青青、林光平（2013）推导了面板数据空间误差分量模型的联合检验、边际检验及条件检验。陈青青、龙志和、林光平（2013a）基于面板数据空间误差分量模型，提出空间面板豪斯曼（Hausman）检验，并构造出辅助回归模型的空间面板豪斯曼检验，进而通过蒙特卡洛模拟分析方法，研究空间面板豪斯曼检验，以及辅助回归空间面板豪斯曼检验的小样本性质。陈青青、龙志和、林光平（2013b）认为采用去均值转换方法去掉固定效应可能会造成的误差项方差奇异性，以及极大似然法在空间误差分量（SEC）模型中的运算困难，他们建议采用正交转换法去除固定效应，在正交转换模型的基础上，提出基于广义距估计的可行广义最小二乘法（GMM－FGLS）；并证明了估计量的渐近一致性。张志强（2014）通过蒙特卡洛模拟方法研究了空间加权矩阵不同设置对于空间面板数据模型的参数估计效率、空间效应识别的影响。龙志和、李伟杰（2014）研究发现当扰动项不服从经典正态假设时，空间面板数据模型的莫兰I检验存在较大的水平扭曲，导致空间依赖性检验失效。龙志和、李文丽、陈青青（2015）借鉴李龙飞和虞吉海（2010a）的正交转换方法消除模型的固定效应，将FDB方法用于空间固定效应模型误差自相关的拉格朗日乘子误差（LM－error）检验。静态空间面板模型也有应用到农业经济学（Druska and Horrace，2004），交通研究（Frazier and Kockelman，2005；Parent and LeSage，2010），商品需求（Baltagi and Li，2006），房地产经济（Holly，Pesaran and Yamagata，2010）和经济增长（潘文卿，2012）等方面。

静态空间面板模型在回归方程中没有包含被解释变量的时间滞后项。动态空间面板模型具有动态特征。安瑟兰等（Anselin et al.，2008）将动态空间面板模型分成四类：纯粹空间递归（pure space recursive），即只包含空间时间滞后项；时间—空间递归（time-space recursive），即包含时间滞后项和空间时间滞后项；时间—空间同步（time-space simultaneous），即包含时间滞后项和空间滞后项；时间—空间动态（time-space dynamic），即包含时间滞后项、空间时间滞后项和空间滞后项。

埃尔霍斯特（2001）首先研究了时间—空间动态类的动态空间面板模型，开创了动态空间面板模型研究的先河，他建议使用极大似然的方法估计该模型。埃尔霍斯特（2005）进一步扩展了时间—空间动态类的固定效应动态空间面板模型，基于短面板的情况，他建议使用无条件极大似然的方法估计该模型。杨等（Yang et al.，2006）研究了扩展的时间—空间动态类的随机效应动态空间面板模型。苏和杨（Sun and Yang，2015）研究了当空间个体很大而时间跨度固定（即短面板）条件下动态空间面板模型的误差空间效应，他们既研究了固定效应模型也研究了随机效应模型，他们使用拟极大似然的方法估计该模型并严格证明了拟极大似然估计量的渐近性质。虞吉海等（2008）他们同时考虑短面板和长面板的情况，建议使用准极大似然方法（QML）来估计具有空间固定效应的时间—空间动态类的动态空间面板数据模型，给出了偏误的显性表达式，并研究了当空间个体很大以及时间跨度很大时准极大似然估计量的渐近性质。李龙飞和虞吉海（2010b）进一步扩展上述模型，加入时间固定效应，他们为准极大似然估计量推导了渐近结果，并且研究了当空间个体很大以及时间跨度很大时的准极大似然估计量的偏误，他们通过蒙特卡洛模拟分析得到如果忽略时间固定效应会导致空间滞后项系数的上偏。张征宇、朱平芳（2009）发现当扰动项非正态时，李龙飞和虞吉海（2010b）研究的同时具有个体和时间的固定效应的动态空间面板数据模型参数的拟极大似然估计量的渐近效率可以被进一步提高。为此，他们巧妙地构造了一组合适矩条件，这组矩条件含待定矩阵并且包含对数似然函数一阶条件。基于无冗余矩条件的角度，他们选取出最优待定矩阵并且得到了最佳广义矩估计量。他们证明了当扰动项是正态分布时，最佳广义矩估计量和拟极大似然估计量是渐近等价；当扰动项是非正态分布时，最佳广义矩估计量相对于拟极大似然估计量具有更高的渐近效率。蒙特卡洛模拟实验结果符合他们的理论分析。埃尔霍斯特（2010b）研究了时间跨度较小的时间—空间同步类型的固定效应动态空间面板模型，比较了五种估计方法的有限样本性质，其中包括虞吉海等（2008）的方法、萧政等（2002）和巴尔加瓦和萨尔甘（Bhargava and Sargan，1983）的方法、广义矩估计、极大似然估计和偏误校正虚拟变量最小二乘（BCLSDV）混合的方法以及广义矩估计和偏误校正虚拟变量最小二乘（BCLSDV）混合方法，蒙特卡洛模拟实验发现，第四种即通过 LSDV 校正偏误后的极大似然估计量具有最好的有限样本性质。莫尔和哈根（Mohl and Hagen，2010）建立时间空间同步的固定效应动态空间面板数据模型，他们建议使用极大似然方法来估计该模型；另外，他们认为由布伦德尔和邦德（Blundell and Bond，1998）提出的系统广义矩方法的假设中不包括雅克比项，而该模型包含雅克比项，所以他们认为该模型不可以使用系统广义矩方法来估计。郭鹏辉（2011）提出了基于初始值为内生确定下的固定效应动态空间面板数据模型，综合考虑了可直接观测和不可直接观测或无法观测的空间效应；推导了模型参数的拟极大似然估计量具有的渐近性质及其渐近分布。郭鹏辉、钱争鸣、刘立虎（2015）基于初始值外生性假定，他们构建的动态空间面板数据固定效应模型内含空间自相关和空间误差两种结构，并采用拟极大似然方法来估计该模型，并推导了模型参数的估计量的渐近分布。席尔瓦等（Silva et al.，2016）构建了动态空间一般嵌套面板数据模型，建议使用李龙飞和虞吉海（2010b）提出的偏误校正的极大似然估计方法。孙荣（2016）考虑一种带个体固定效应、因变量的时间滞后项、因变量与随机误差项均存在空间自相关性的动态空间面板数据模型，提出了检验在空间个体数 n 和时间跨度 T 都很大，且时间跨度大于空间个体数时动态空间面板数据模型中时间滞后效应存在性的拉格朗日乘子（LM）和似然比（LR）方法。陶长琪、周璇（2016）

发现误差项的空间结构会对空间计量模型的估计效果产生影响。通过探究误差项具有空间结构的动态空间面板数据（SDPD）模型拟极大似然估计（QML）的小样本性质，发现含空间自回归误差项具有自回归效应的动态空间面板数据（SDPD）模型大样本性质较好；其估计结果优于误差项不是空间自回归的模型；较强的扰动项空间依赖性会对参数估计精度产生较大程度的影响；扰动项分布不满足正态假设时会影响模型的估计结果，但模型总体估计的稳健性良好。蒙特卡洛模拟结果符合理论分析的结果。李鲲鹏（2017）使用准极大似然方法（QML）估计有多个空间滞后和多个时间滞后的动态面板模型，他不仅给出了准极大似然估计量的偏误而且给出了准极大似然估计量的渐近性质，他的另一个贡献是给出了动态空间面板模型的脉冲分析以及直接效应、间接效应和总效应随时间的动态演变路径。时伟和李龙飞（2017）使用拟极大似然估计方法估计了具有交互固定效应的动态空间面板数据模型，并给出了拟极大似然估计量的渐近性质。耶希尔尤尔特和埃尔霍斯特（Yesilyurt and Elhorst，2017）研究了邻近国家如何影响本国军费支出问题，并构建了动态空间一般嵌套面板数据模型，建议采用极大估计方法估计该模型。周璇、陶长琪（2017）研究发现误差项具有空间自回归效应的动态空间面板数据（SDPD）模型的各类检验统计量的大样本性质良好；时空滞后项对空间豪斯曼检验结果的影响比空间滞后项显著；条件拉格朗日乘子、似然比检验是误差项具有空间结构的随机效应动态空间面板数据（SDPD）模型的最优检验统计量，时空滞后项对拉格朗日乘子、似然比检验结果的影响比自回归误差项更显著。白等（Bai et al.，2018）通过蒙特卡洛实验的方法研究了当时期跨度较小时具有误差空间结构的动态空间面板数据模型的广义矩估计和拟极大似然估计的有限样本性质，研究发现如果初始值有比较好的近似时，拟极大似然估计方法有限样本性质表现最好，当空间滞后系数比较大时，拟极大似然估计有限样本性质表现较差。李鲲鹏（2018）采用极大似然估计方法估计存在结构变化的空间自回归面板模型。金飞、李龙飞和虞吉海建议先对固定效应动态空间面板模型进行一阶差分，再进行拟极大似然估计。

白丁格等（Badinger et al.，2004）建议两步法来估计一类简单的动态空间面板数据模型。第一步，过滤数据使得分离出空间效应；第二步，利用标准的估计动态面板数据模型的方法对分离出空间效应的数据进行估计。科尔尼奥蒂斯（Korniotis，2010）研究了扩展的时间—空间递归类的固定效应动态空间面板模型，他扩展了哈恩和库尔勒施泰纳（Hahn and Kuersteiner，2002）的虚拟变量最小二乘法（least-squares dummy variable，LSDV），构建了一个偏误校正的虚拟变量最小二乘法（LSDV）估计量，因为他研究的模型不包含内生交互项，所以他的偏误校正量与虞吉海等（Yu et al.，2008）的不同。埃尔霍斯特（2010b）同时也研究了时间跨度较小的时间—空间同步类型的固定效应动态空间面板模型，构建了一个偏误校正的虚拟变量最小二乘法（LSDV）估计量。金百锁等（2020）提出了基于空间权重矩阵分解的最小二乘法来估计动态空间面板数据模型。

穆特尔（Mutl，2006）研究了埃尔霍斯特（2005）提出的模型，他建议采用广义矩估计方法估计该模型，他同时构建了一个三步广义矩估计量。雅各布斯等（Jacobs et al.，2009）研究了时间—空间同步类型的含有自回归误差项的固定效应动态空间面板模型，他们扩展了卡普尔等（Kapoor et al.，2007）三步广义矩方法（GMM）来估计该模型。埃尔霍斯特（2010b）研究了与雅各布斯等（2009）相同的固定效应动态空间面板模型，但是它的模型不包含自回归误差项。它对阿雷拉诺和邦德（Arrelano and Bond，1991）的差分广义矩估计进行了扩展研究，但是他发现差分广义矩估计量存在偏误。李龙飞和虞吉海（2014）发现基于阿雷拉诺和邦德（1991）类的二阶段最小二乘估计量（2SLS）也是不一致的，他们解释了差分广义矩估计量存在偏误的原因，偏误主要是由内生交互项引起的，他们提出了一个基于线性矩和二阶矩的最优广义矩估计方法，他们还证明了这个最优广义矩（GMM）估计量是相合的，并推导了最优广义矩（GMM）估计量的渐近性质。库克诺娃和蒙蒂罗（Kukenova and Monteiro，2009）研究了时间—空间同步类型的含有内生自变量的动态空间面板模型，他们扩展了布伦德尔和邦德（Blundell and Bond，1998）的系统广义矩估计方法来估计该模型，并且与极大似然估计、拟极大似然估计和LSDV方法进行对比研究。博尔雅德和韦德里纳（Bouayad - Agha and Vedrine，2010）研究了动态空间面板数据模型的估计问题，建议采用广义矩方法来估计该模型。博尔雅德和韦德里纳（2013）研究了时间—空间同步类型的动态空间面板数据模型，建议采用广义矩方法来估计该模型。巴尔塔基等（Baltigi et al.，2014）首先全面地评述了动态空间面板数据模型的各类估计方法，并建立了包含自回归误差项时间—空间同步类型的固定效应的动态空间面板数据模型，他们同样建议采用系统广义矩方法来估计该模型，最后他们利用蒙特卡洛实验方法对八种估计方法得到的估计量进行了比较。虞吉海等（2016）构建了一阶和二阶时间—空间同步类型的固定效应动态空间面板模型，他们建议先对数据进行前向正交差分变换，再使用两阶段最小二乘法估计该模型。塞古拉（Segura，2017）构建了固定效应含有自回归误差项的时间—空间动态类型的动态空间面板数据模型，他提出一个多步广义矩估计方法，第一步先对数据进行前向正交差分变换，第二步进行普通最小二乘法估计，第三步进行广义两步广义矩估计。巴尔塔基等（2019）考察误差项具有移动平均的空间结构的随机效应动态空间面板数据模型，他们提出了一个四步广义矩估计方法。李丽瑶和杨珍琳（2020）考察固定效应一般动态空间面板数据模型，他们基于时间维度是比较小和误差项存在异方差的情况，提出广义矩估计方法。

帕朗和勒沙杰（Parent and Lesage，2010）研究了随机效应的时间—空间动态类型的动态空间面板数据模型，他们建议使用贝叶斯马尔科夫蒙特卡洛（Bayesian MCMC）方法估计该模型，并使用该模型研究了通勤时间问题。帕朗和勒沙杰（2012）研究了具有时空过滤的随机效应的时间—空间动态类型的动态空间面板数据模型，他们也建议使用贝叶斯马尔科夫蒙特卡洛方法估计该模型，并使用该模型研究了经济增长问题。帕朗和勒沙杰（2010；2011；2012）指出，如果能够得到核心解释变量系数基于其他变量系数的条件分布，那么贝叶斯马尔科夫蒙特卡洛估计方法会简化计算。德巴希等（Debarsy et al.，2012）扩展勒沙杰和佩斯（LeSage and Pace，2009）对参数的解释到动态空间面板数据模型，做了比较详细的研究，提出了时间—空间动态类型的动态空间杜宾面板数据模型的贝叶斯马尔科夫蒙特卡洛估计方法。勒沙杰等（2019）考察具有个体和时间双固定效应的动态空间面板数据模型，他们提出贝叶斯马尔科夫蒙特卡洛估计方法。

本书的研究和大量的估计和推断动态面板模型的文献是相关的。固定效应（时不变斜率）会受到所谓的伴随参数的问题（incidental parameters problem）困扰（Neyman and Scott，1948），伴随参数的问题是动态面板模型主要关注的问题之一。在球形误差假设下，可以证明准极大似然估计量（QMLE）与组内估计量是等价的。在空间个体 N 趋于正无穷大和时间跨度 T 固定的情况下，尼克尔（Nickell，1981）、萧政（Hsiao，1986）和尅维特（Kiviet，1995）证明组内估计是不一致的。安德森和萧政（Anderson and Hsiao，1981）提出先差分去除固定效应，再使用两期滞后作为工具变量来估计这类模型。阿雷拉诺和邦德（Arellano and Bond，1991）观察到所有的超过两期的滞后变量都是有效工具变量，扩展安德森和萧政（1981）的思想提出广义矩方法。布伦德尔和邦德（1998）提出包括水平和一阶差分工具变量的系统广义矩方法。这些研究都假定误差项不存在时间相关，使用上述方法估计可以得到一致估计量。当时期个数 T 是较大的或者中等程度大时，矩条件的数量急剧增长，使得广义矩方法遭受所谓的许多矩偏（many moments bias）问题。而且随着时间跨度 T 的增长，广义矩方法增加了计算负担，使得很多实证经济学者对它失去了兴趣。在空间个体 N 和时间跨度 T 都趋近正无穷大时，组内估计由于具有一致性、计算的简单性和对误差的时间相关不敏感等优良性质又受到了计量经济学家的欢迎。哈恩和库斯坦纳（Hahn and Kuersteiner，2002）研究表明当空间个体 N 和时间跨度 T 趋于正无穷大时，组内估计有 O（1/T）阶的偏差。在校正偏差后，在误差正态假设下校正后的估计量可以达到效率的下界。阿尔瓦雷茨和阿雷拉诺（Alvarez and Arellano，2003）研究了在个体 N 和时间跨度 T 趋于正无穷大时，组内估计量和广义矩估计量的渐近性质。

动态空间面板模型也有应用到经济增长收敛（Baltagi，Bresson，and Pirotte，2007a；Ertur and Koch，2007；Yu and Lee，2012），区域市

场（Keller and Shiue，2007），公共经济（Wildasin，2003；Franzese，2007）和其他领域（吕承超和刘华军，2017）等。

1.3 结构安排与创新之处

基于空间计量经济学的理论发展脉络，本书将系统梳理并解析空间计量经济学模型的基本理论，进而分析其相关的理论扩展方向，最后从理论研究角度，对当前的相关理论进行增量推进。就理论研究而言，考虑到误差项的空间自回归效应也具有丰富的经济含义，本书把误差项的空间自回归效应加入动态空间面板模型，构建一般化的动态空间面板数据模型，建议采用拟极大似然的方法估计关注参数，为政策评估提供坚实的理论基础。

本书在准确理解空间计量经济学的理论基础上，围绕上述理论研究方向，结合理论证明和蒙特卡洛模拟的研究方法，较系统深入地分析上述问题。本书的具体章节安排如下：

第 1 章，首先介绍了选题的背景和研究的意义，然后对相关文献进行了综述，最后介绍了本书的研究思路、结构安排和创新之处。

第 2 章，本书细致地梳理空间计量经济学的理论研究成果。首先，本章具体介绍了空间相关和空间权重矩阵的相关知识。其次，本章介绍了空间截面回归模型，第一，对空间截面回归模型进行分类，并给出了各种类型的极大似然估计量；第二，给了空间回归模型的参数解释；第三，本章较为系统地介绍了固定效应空间滞后模型、固定效应空间误差、随机效应空间滞后模型和随机效应空间误差模型的极大似然估计方法。最后，先介绍了固定效应动态空间滞后模型无条件极大似然估计、BCLSDV 估计和广义矩估计；接下来介绍了固定效应和随机效应动态空间误差模型的极大似然估计方法和随机效应空间组合模型的极大似然估计方法。

第 3 章，本章扩展了现有文献中的动态空间面板模型，首先，考虑到实际的经济数据具有复杂的交互效应，加入误差项的空间自回归效应后，构建一般化的动态空间自回归面板模型，因此本书考察的模型与经济行为间存在的复杂交互效应不谋而合，并且使该模型具有更强的适用性和更高的灵活性。其次，给出该一般化动态空间面板数据模型的似然函数，为了之后理论分析的需要给出了该模型的关键假设，再使用准极大似然方法估计模型的关注参数。最后本章给出了拟极大似然估计量偏误的显明表达式，并给出了偏误校正后的拟极大似然估计量的渐近性质，严格证明了所得参数估计量是渐近一致的，证明了通过校正得到估计量渐近服从正态分布，并得到了渐近方差协方差矩阵。

第4章，首先分别估计了自变量和误差项对因变量的冲击响应函数，并研究了他们的置信区间。其次我们分别估计了自变量和误差项对因变量的直接效应、间接效应和总效应并研究了他们的置信区间。最后我们分别估计了自变量和误差项对因变量的长期直接效应、长期间接效应和长期总效应同时也研究了他们的置信区间，并利用上一章渐近分布定理证明了冲击响应估计量和长期冲击响应估计量的渐近分布。

第5章，我们首先利用蒙特卡洛方法验证理论分析结果的有效性，并且研究拟极大似然估计量（QMLE）的有限样本性质，所得结果支撑了本书的理论结果，并呈现了良好的有限样本表现。其次我们也研究了估计的冲击响应函数的估计量性质，所得结果也支撑了本书的理论结果。最后，我们还研究了估计的直接效应、间接效应和总效应的估计量性质，所得结果也支撑了本书的理论结果。

第6章，利用本书提出的一般动态空间面板数据模型分析了人力资本与区域经济差距的问题。我国经济取得了令世界瞩目的巨大成功。与此同时，中国经济面临严峻的区域经济发展非均衡问题。经济发展的区域间持续不平衡、不协调不仅会造成人民福利损失并且严重影响经济可持续发展，甚至可能会给社会稳定带来严重隐患。可以说，实现区域间协调均衡发展关系到中国经济可持续发展和社会稳定的大局。研究者对造成地区经济差异的原因基本上是见仁见智。区域经济发展一直处于动态变化过程中，其中一种因素的变动可能会引起其他因素的变化，所以需要考虑到这种时间上的相关性。另外，大多数文献都忽略了不可观测因素的空间效应。以上这两点都可能会带来估计上的偏误，本书在增长回归框架下，运用我们建立的固定效应一般动态空间面板模型来估计人力资本对地区差异的影响。并估计了冲击效应和直接效应、间接效应和总效应。

结论将归纳本书的主要研究工作，以此总结全书。

本书的创新之处是：

（1）考虑到误差项的空间结构以及空间个体的独特特征构建了固定效应一般动态空间面板数据模型。

（2）建议使用拟极大似然法估计该模型，证明了拟极大似然估计量的渐近一致性，推导了显性的拟极大似然估计量偏误校正表达式，证明了校正之后的拟极大似然估计量极限分布。蒙特卡洛模拟实验证实了我们的理论推导。

（3）证明了冲击响应估计量的极限分布；给出了该模型的直接效应、间接效应和总效应的表达式，并证明了估计量的极限分布。蒙特卡洛模拟实验证实了我们的理论推导。

本书只考虑了空间个体的固定效应，未来我们可以考虑研究该模型的双向固定效应模型，即在该模型的基础之上增加时间固定效应，并研究在空间个体数和时期跨度很大情况下拟极大似然估计量的渐近性质。本书固定效应的一般动态空间面板数据模型，未来我们也可以考虑随机效应的一般动态空间面板数据模型，并推导在空间个体数和时期跨度很大情况下拟极大似然估计量的渐近性质。

第 2 章

相关理论和方法综述

2.1 空间相关与空间权重矩阵

空间计量经济学是计量经济学的一个主要分支学科，其主要放弃了传统计量经济模型的个体相互独立的假设，在基础上把个体或者地区（或者国家）间的空间效应考虑进来。托普勒第一定律认为任何事物之间都有相关性，相距近的事物比相距远的事物之间联系更加紧密。潘林科和克拉森（Paelinck and Klaassen，1979）把空间计量经济学定义为处理多区域交互模型中空间依赖关系的一种方法。安瑟兰（1988）在其经典权威著作《空间计量经济学：方法和模型》认为空间计量经济学是处理区域科学问题中的构建模型的一种统计分析方法，主要研究由空间交互引起的各种问题的一系列方法。或者可以认为在恰当的考虑空间交互效应的基础上，针对区域经济问题构建的区域经济模型进行模型设定、参数估计、检验和预测的计量经济学方法。

传统的计量经济假定个体（地区）在空间上是独立的，而地理学第一定理（Tobler，1970）认为现实中个体（地区）是相互影响的，至少是具有同伴效应的。空间计量经济学通过引入空间权重矩阵加入这种空间效应。一般来说，有三种交互效应：第一种是内生变量的交互效应，例如一个地区的财政支出会影响另一个地区的财政支出（Brueckner，2003）；第二种是外生交互效应，即某地的技术创新会影响另一个地区的经济增长（Ertur and Koch，2007）；第三种是误差项之间的交互作用，研究本地区的随机冲击对邻近地区行为的影响。

安瑟兰（1988）指出还有一种体现空间效应的方式是空间异质性（spatial heterogeneity）。空间异质性是地理学第二定律，直观理解是出于不同位置的空间个体的结构是不同的。处理空间异质性的方法是采用变系数、随机系数和结构转换等。

在确定是否使用空间计量方法进行实证分析时，我们首先需要检验数据是否存在空间效应或者空间相关性。如果不存在空间相关性，则使用标准的计量方法；如果存在空间效应，则使用空间计量方法。

检验区域经济变量是否存在空间自相关性的常用方法主要有 Moran's Ⅰ统计量，其全局空间相依计算公式为下面的形式：

$$MI = \frac{\sum_{i=1}^{n}\sum_{j=1}^{n} w_{ij}(y_i - \bar{y})(y_j - \bar{y})}{s^2 \sum_{i=1}^{n}\sum_{j=1}^{n} w_{ij}} \tag{2-1}$$

其中，n 为空间中的个体（地区）数，$s^2 = \sum_{i=1}^{n}(y_i - \bar{y})^2$，$\bar{y} = \frac{1}{n}\sum_{i=1}^{n} y_i$，$y_i$ 为第 i 个个体（地区）的观察值，w_{ij} 为 n 阶空间权重矩阵 W 中的第（i，j）个元素。

Moran's Ⅰ指数的取值范围为［-1，1］，取值大于 0 表示各个体（地区）之间存在空间正相关，数值越大，正相关程度越强；小于 0 表明各个体（地区）存在之间空间负相关；等于 0 表示各地区之间互不相关。进一步，可通过 Moran's Ⅰ散点图来划分四种空间联系类型：第一象限为高值区域的周围是高值区域（高—高型），空间正相关；第二象限为低值区域的周围是高值区域（低—高型），空间负相关；第三象限为低值区域的周围是低值区域（低—低型），空间正相关；第四象限是高值区域的周围是低值区域（高—低型），空间负相关。Moran's Ⅰ指数可以看作是观测值和其空间滞后值之间的相关系数。

为了进行严格检验，需要推导出 Moran's Ⅰ指数的渐近分布。莫兰

（Moran，1948）指出 Moran's Ⅰ统计量渐近服从正态分布，其均值和方差分别为：

$$E(MI) = -\frac{1}{n-1}$$

$$\mathrm{Var}(MI) = \frac{n^2 w_1 + n w_2 + 3w_0^2}{w_0^2(n^2-1)} - \left(\frac{1}{n-1}\right)^2$$

其中，$w_0 = \sum_{i=1}^{n}\sum_{j=1}^{n} w_{ij}$，$w_1 = \frac{1}{2}\sum_{i=1}^{n}\sum_{j=1}^{n}(w_{ij}+w_{ji})^2$，$w_2 = \sum_{i=1}^{n}(w_{i.}+w_{.j})$。

如果想知道某地 i 周边的空间集聚情况，则可以使用局部 Moran's Ⅰ指数，Moran's Ⅰ指数定义如下：

$$I_i = \frac{(y_i - \bar{y})}{s^2}\sum_{j=1}^{n} w_{ij}(y_j - \bar{y})$$

龙志和、欧变玲、林光平（2009）检验使用回归残差的自助法（Bootstrap），对空间依赖性进行检验。与普通的检验统计量 Moran's Ⅰ不同，他们在不同自助法样本数及不同空间权重矩阵下，研究并比较自助法和渐近检验方法。通过蒙特卡洛实验方法发现了当空间计量模型中扰动项不满足正态假设时，空间依赖性的渐近检验理论不再有效。他们把自助法方法用于空间依赖性检验，分析水平扭曲并进行了校正。他们发现，从水平扭曲角度来看，无论扰动项是否满足正态假设，空间计量模型自助法检验通常都非常有效。

进行空间计量分析的前提是度量区域之间的距离。空间权重矩阵在空间回归分析中具有重要作用，但是如何确定合适的权重矩阵是有争议的（Bavaud，1998；Leenders，2002）。实证分析中一般采用二进制连接空间权重矩阵（或 0 ~ 1 权重矩阵）和基于距离的空间权重矩阵以及经济距离空间权重矩阵。

二进制空间权重矩阵是莫兰（1948）提出的，它依据空间地理是否相邻来设定，地理相邻的地区被赋予 1，其他的地区被赋予 0，其中邻近一般有三种形式：车相邻（rook contiguity），即有共同的边；象相邻（bishop contiguity），即有共同的顶点；后相邻（queen contiguity），即有共同的边或顶点。该权重矩阵定义如下：

$$w_{ij}=\begin{cases}1, & \text{当 } i \text{ 地区与 } j \text{ 地区相邻}\\ 0, & \text{当 } i \text{ 地区与 } j \text{ 地区不相邻}\end{cases}$$

中国各省份在地理上的相邻省份如表 2－1 所示。本表主要参考了魏下海（2010）的整理。因为本书第 6 章应用研究使用了这种邻近地理矩阵，所以列示在这里。

表 2－1　　　　中国各省份与地理上的相邻省份

省份代码	考察省份	相邻省份
1	北京	天津、河北
2	天津	北京、河北
3	河北	北京、天津、山西、内蒙古、辽宁、山东、河南
4	山西	河北、内蒙古、河南、陕西
5	内蒙古	河北、山西、辽宁、吉林、黑龙江、陕西、甘肃、宁夏
6	辽宁	河北、内蒙古、吉林
7	吉林	内蒙古、辽宁、黑龙江
8	黑龙江	内蒙古、吉林
9	上海	江苏、浙江
10	江苏	上海、浙江、安徽、山东
11	浙江	上海、江苏、安徽、福建、江西
12	安徽	江苏、浙江、江西、山东、河南、湖北
13	福建	浙江、江西、广东
14	江西	浙江、安徽、福建、湖北、湖南、广东
15	山东	河北、江苏、安徽、河南
16	河南	河北、山西、安徽、山东、湖北、陕西
17	湖北	安徽、江西、河南、湖南、重庆、陕西
18	湖南	江西、湖北、广东、广西、重庆、贵州
19	广东	福建、江西、湖南、广西、海南

续表

省份代码	考察省份	相邻省份
20	广西	湖南、广东、海南、贵州、云南
21	海南①	广东、广西
22	重庆	贵州、湖南、湖北、陕西、四川
23	四川	重庆、甘肃、贵州、青海、陕西、西藏、云南
24	贵州	湖南、广西、四川、云南、重庆
25	云南	广西、四川、贵州、西藏
26	西藏	四川、青海、新疆、云南
27	陕西	山西、内蒙古、河南、湖北、四川、甘肃、宁夏、重庆
28	甘肃	内蒙古、四川、陕西、青海、宁夏、新疆
29	青海	四川、甘肃、新疆、西藏
30	宁夏	内蒙古、陕西、甘肃
31	新疆	甘肃、青海、西藏

地理距离空间权重矩阵也是莫兰（1948）提出的，它是根据两个地区之间地理距离的倒数来设定，两个地区之间的距离越近，则我们给它赋予较大权重，距离越远，我们给它则赋予较小权重。定义如下：

$$w_{ij}=\begin{cases}\dfrac{1}{d_{ij}}，若\ i\neq j\\ 0，若\ i=j\end{cases}$$

这里的 d_{ij} 是指 i 省（市）与 j 省（市）省会城市之间球面距离。

经济距离空间权重矩阵一般依据两个省份人均收入水平的差距的倒数来设定，两省之间收入差距越小，则经济水平越接近，因而赋予较大的权数，反之则赋予较小的权数（林光平等，2006），经济距离空间权重矩阵定义如下：

① 由于海南是一个岛，在地理上没有与之接壤的省份，但考虑到海南与广东、广西仅相隔一个海峡，而且与这两个省区之间有非常频繁的经济活动，因此将海南省的空间地理视为与广东、广西相邻。

$$w_{ij} = \begin{cases} \dfrac{1}{|\bar{y}_i - \bar{y}_j|}, & 若\ i \neq j \\ 0, & 若\ i = j \end{cases}$$

这里 $\bar{y}_i$ 表示第 i 省人均 GDP 年平均值，其计算公式为下面的形式：

$$\bar{y}_i = \frac{1}{T - T_0} \sum_{t = T_0}^{T} y_{it}$$

这里 y_{it} 表示第 i 省第 t 年的人均收入（或 GDP）。

虽然如何确定合适的权重矩阵是有争议的，但是空间计量经济学家在以下几个方面达成了共识：（1）空间权重矩阵的对角线上的元素为 0；（2）空间权重矩阵必须满足正则性和非负性。

为了方便对模型参数的解释，安瑟兰等（1988）认为应该对空间权重矩阵进行行标准化。但是空间计量经济学家是否需要对空间权重矩阵进行行标准化没有达成共识，有些空间计量经济学家认为需要标准化，但是不一定是行标准化。标准化一般有两种方式，一种是奥德（Ord，1975）提出的，他建议下面方式的标准化：

$$W_{norm} = D^{-\frac{1}{2}} W D^{-\frac{1}{2}}$$

其中，$D = diag\left(\sum_{j=1}^{N} w_{1j}, \sum_{j=1}^{N} w_{1j}, \cdots, \sum_{j=1}^{N} w_{Nj}\right)$。这种标准化方式保持了特征值不变。

还有一种是科勒简和普鲁哈（Kelejian and Prucha，2010）提出的标准化方法，这是一种更优的标准化方法，这种方法利用矩阵的最大特征根来标准化空间权重矩阵，具体形式见下面的公式：

$$W_{norm} = \nu_{\max}^{-1} W$$

其中，$\nu_{\max}$ 是空间权重矩阵 W 的最大特征根。

2.2 空间截面回归模型

根据上述给出的三种交互影响，我们可以得到三种空间截面回归：内生交互—空间滞后回归模型（spatial lag model，SLM），外生交互—

空间杜宾模型（spatial Durbin model，SDM）和误差交互—空间误差模型（spatial error model，SEM）。

2.2.1　空间滞后模型

空间滞后模型也被称为空间自回归模型（spatial autoregression，SAR）。空间滞后模型数据生成过程为下面的形式：

$$Y = \rho WY + X\beta + \varepsilon \tag{2-2}$$

其中，ρ 为空间自回归系数，WY 为空间滞后因子，反映了空间效应；X 为 k 个解释变量组成的数据矩阵，β 为相应的解释变量系数；ε 为误差向量，服从均值为 0，方差为 σ^2 的独立同分布（iid）的随机变量，即 $\varepsilon \sim N(0,\ \sigma^2 I)$，$I$ 为 N 阶单位矩阵。W 是 $N \times N$ 维外生空间权重矩阵。直观来看，邻近地区的因变量可能存在空间的依赖性，并最终形成一个均衡的结果。

由于空间滞后因子是内生变量，如果采用普通最小二乘法（OLS）进行估计，得到的估计量将是一致的，但是将是上偏的，所以最有效的估计是极大似然法（ML）。

首先我们改写公式（2－2），得到下面的形式：

$$AY = (I - \rho W)Y = X\beta + \varepsilon \tag{2-3}$$

其中，我们定义 $A \equiv I - \rho W$。这样我们可以求得转换雅克比行列式，具体见下面的形式：

$$J \equiv \left| \frac{\partial \varepsilon}{\partial y} \right| = |A'| = |A|$$

根据多维正态分布的概率密度函数，可以写出对数似然函数为下面的形式：

$$\ln L(y \mid \rho,\ \sigma^2,\ \beta) = -\frac{N}{2}\ln(2\pi\sigma^2) + \ln|I - \rho W| - \frac{1}{2\sigma^2}(AY - X\beta)'(AY - X\beta) \tag{2-4}$$

此最大似然估计可以分两步进行，第一步给定 ρ，根据对数似然函数的一阶条件，得 $\hat{\beta}(\rho)$ 的公式见下面：

$$\hat{\beta}(\rho) = (X'X)^{-1}X'Ay = (X'X)^{-1}X'(I-\rho W)Y$$
$$= (X'X)^{-1}X'Y - \rho(X'X)^{-1}X'WY \equiv \hat{\beta}_0 - \rho\hat{\beta}_1 \tag{2-5}$$

其中，$\hat{\beta}_0$ 表示 y 对 X 的普通最小二乘估计的系数；$\hat{\beta}_1$ 表示 WY 对 X 的普通最小二乘估计的系数。同理可以得到 σ^2 的极大似然估计量，见下面的公式：

$$\hat{\sigma}^2(\rho) = \frac{e'e}{N} \tag{2-6}$$

其中，e 为 AY 对 X 的普通最小二乘估计得到的残差向量。

第二步，将得到的 $\hat{\beta}(\rho)$ 和 $\hat{\sigma}^2(\rho)$ 的表达式代入对数似然函数（2-4），得到关于 ρ 的集中化的对数似然函数，就可以得到 ρ 的极大似然估计量，其中计算时利用等式（Ord，1975），$\ln|I-\rho W| = \prod_{i=1}^{N}(1-\rho\omega_i)$ 会加快计算，其中 ω_i 为 W 的特征根。

2.2.2　空间杜宾模型

空间杜宾模型也被称为空间自变量滞后模型（SLX），空间杜宾模型设定为下面的形式：

$$y = X\beta + \delta WX + \varepsilon \tag{2-7}$$

其中，δWX 为邻近地区的自变量对本地区因变量的影响，δ 为相应的系数向量。由于空间杜宾模型不存在内生性问题，所以可以采用普通最小二乘法估计系数，只是自变量 X 和 WX 之间可能存在多重共线性。

2.2.3　空间误差模型

空间依赖性还可能通过误差项来体现。空间误差模型一般可以设定为下面的形式：

$$y = X\beta + u \tag{2-8}$$

$$u = \lambda Mu + \varepsilon \tag{2-9}$$

该模型可以表征，随机误差项存在空间交互效应。这意味着，不包

含在 X 中但对被解释变量有影响的遗漏变量存在空间效应。空间误差模型不存在内生性问题，可以采用普通最小二乘法（OLS）估计，但是由于存在误差项之间的空间自相关性损失了效率，所以最有效的估计方法是最大似然估计。

空间误差模型的样本对数似然函数为下面的形式：

$$\ln L(y \mid \lambda, \sigma^2, \beta) = -\frac{N}{2}\ln(2\pi\sigma^2) + \ln|I - \lambda W| - \frac{1}{2\sigma^2}(y - X\beta)'B'B(y - X\beta) \tag{2-10}$$

其中，$B \equiv I - \lambda W$。求解方法同空间滞后模型，这里就不赘述了。

2.2.4　空间计量模型参数估计的解释

由于空间计量模型中包含空间交互效应，因此给空间计量模型的参数解释带来了困难。如果只作点估计，这种点估计可能导致实证分析者得出错误的结论，在这方面勒沙杰和佩斯（LeSage and Pace，2009）做出了重要贡献。空间中的某个个体的解释变量的变化会影响该个体自身，这种影响可以认为是直接效应（direct effect），同时它也会影响邻近空间个体的行为，产生间接效应（indirect effect）。分析这种间接效应是空间计量模型独到作用的体现。

许多空间计量学家对空间计量模型中的参数进行了大量的研究。例如我们以广义空间杜宾模型为例介绍，广义空间杜宾模型为下面的形式：

$$Y = \rho WY + X\beta + WX\lambda + \varepsilon$$

这个模型是上述空间自回归模型和空间杜宾模型的综合。可以将广义空间杜宾模型改写为如下形式：

$$Y = (I - \rho W)^{-1}(X\beta + WX\lambda) + (I - \rho W)^{-1}\varepsilon$$

或者可以写成下面的形式：

$$Y = \sum_{r=1}^{k} S_r(W)x_r + V(W)\varepsilon$$

其中，$S_r(W)=V(W)(I_N\beta_r+W\lambda_r)$，$V(W)=(I-\rho W)^{-1}=I_N+\rho W+\rho^2W^2+\cdots$ 因此我们有下面的形式：

$$y_i=\sum_{r=1}^{k}[S_r(W)_{i1}x_{1i}+S_r(W)_{i2}x_{2i}+\cdots+S_r(W)_{iN}x_{Ni}]+V(W)_i\varepsilon$$

其中，$S_r(W)_{ij}$表示 $S_r(W)$ 矩阵中的第 i，j 个元素，$V(W)_i$ 表示 $V(W)$ 第 i 行。所以由上式可以得到下面的形式：

$$\frac{\partial y_i}{\partial x_{ir}}=S_r(W)_{ii}\neq\beta_r$$

这就是直接效应。与普通回归模型不同，直接效应不等于系数，是由于存在一种反馈环效应（LeSage and Pace，2009）。反馈环效应是说某个空间个体的变化影响了邻近空间个体的变化，邻近空间个体会反过来影响该空间个体。而交叉偏导见下面的形式：

$$\frac{\partial y_i}{\partial x_{jr}}=S_r(W)_{ij}\neq 0$$

就是间接效应。总效应就是直接效应和间接效应之和。

勒萨热和佩斯（LeSage and Pace，2009）定义了平均直接效应（average direct effect，ADI）、平均间接效应（average indirect effect，AII）和平均总效应（average total effect，ATI）。平均直接效应（ADI）、平均间接效应（AII）和平均总效应（ATI）分别为下面的形式：

$$ADI(r)=N^{-1}tr[S_r(W)]$$

$$AII(r)=ATI(r)-ADI(r)$$

$$ATI(r)=N^{-1}\ell_N'S_r(W)\ell_N$$

其中，tr 表示对矩阵求迹，ℓ_N 表示 N 维元素都是 1 的列向量，ℓ_N'表示 ℓ_N 的转置。

这样，通过偏微分得到的间接效应可以作为检验是否存在空间溢出效应假设的基础。

2.3 静态空间面板回归模型

自 21 世纪之交以来，空间计量经济学文献中已表现出对空间面板计量越来越大的兴趣。这种兴趣可以解释为，其一，增加了更多的一些空间单元随着时间的推移的数据集；其二，面板数据提供研究人员扩展相比单一方程的横截面设置建模的可能性，这是长期以来空间计量经济学文献的焦点。

在实证研究中，主要有四种标准的静态空间面板模型（spatial static panel data，SSPD）：固定效应空间面板滞后模型、固定效应空间面板误差模型、随机效应空间面板滞后模型、随机效应空间面板误差模型。

2.3.1　固定效应空间面板滞后模型

空间面板滞后模型设定为下面的形式：

$$y_{it} = \rho \sum_{j=1}^{N} w_{ij} y_{jt} + x_{it}\beta + \mu_i + \varepsilon_{it} \tag{2-11}$$

根据安瑟兰等（2006）研究表明，由于模型中增加了内生交互项，所有给固定效应空间自回归面板模型的估计带来两个复杂问题：其一，存在内生性问题，即 $\sum_j w_{ij} y_{jt}$ 是内生变量，违反了经典回归假设；其二，每个时点的不同个体由于空间相关性可能会影响估计固定效应。

考虑到内生性问题，估计方法是首先去均值，去掉固定效应，再使用极大似然方法估计，对数似然函数可以写为下面的形式：

$$\begin{aligned} \ln L = & -\frac{NT}{2}\ln(2\pi\sigma^2) + T\ln|I - \rho W| \\ & -\frac{1}{2\sigma^2}\sum_{i=1}^{N}\sum_{t=1}^{T}\left(y_{it} - \rho\sum_{j=1}^{N} w_{ij} y_{jt} - x_{it}\beta - \mu_i\right)^2 \end{aligned}$$

其中，对数似然函数的右边第二项是转换雅克比行列式项。

对数似然函数对 μ_i 求偏导数，我们可以得到下面的公式：

$$\frac{\partial \ln L}{\partial \mu_i} = \frac{1}{\sigma^2}\sum_{i=1}^{N}\sum_{t=1}^{T}\left(y_{it} - \rho\sum_{j=1}^{N} w_{ij} y_{jt} - x_{it}\beta - \mu_i\right)$$

通过上式，令一阶条件为 0，我们容易求得 μ_i，它的表达式见下面的公式：

$$\mu_i = \frac{1}{T}\sum_{t=1}^{T}\left(y_{it} - \rho\sum_{j=1}^{N} w_{ij} y_{jt} - x_{it}\beta\right)$$

将上式代入对数似然函数，我们可以集中化似然函数，见下面的形式：

$$\ln L = -\frac{NT}{2}\ln(2\pi\sigma^2) + T\ln|I-\rho W| - \frac{1}{2\sigma^2}\sum_{i=1}^{N}\sum_{t=1}^{T}(y_{it} - \rho[\sum_{j=1}^{N}w_{ij}y_{jt}]^* - x_{it}^*\beta)^2$$

其中，带星号表示去均值，$y_{it}^* = y_{it} - \frac{1}{T}\sum_{t=1}^{T}y_{it}$，$x_{it}^* = x_{it} - \frac{1}{T}\sum_{t=1}^{T}x_{it}$。

安瑟兰和赫达克（Anselin and Hudak，1992）已经说明关于横截面空间自回归模型如何使用极大似然估计模型中的参数。这里是面板的情形，我们需要把数据堆积起来。

估计步骤如下：第一步需要把截面数据按照时间堆积起来并且去均值，分别得到 $NT\times 1$ 的向量 Y^*，$NT\times 1$ 的向量 $(I_T\otimes W)Y^*$ 和 $NT\times k$ 的矩阵 X^*。

第二步令 b_0 和 b_1 分别表示用 Y^* 和 $(I_T\otimes W)Y^*$ 对 X^* 进行普通回归的最小二乘得到的估计量，e_0^* 和 e_1^* 分别表示进行普通回归得到的残差，然后得到集中化的似然函数，具体见下面的形式：

$$\ln L = C + T\ln|I-\rho W| - \frac{1}{2}\ln[(e_0^* - \rho e_1^*)'(e_0^* - \rho e_1^*)] \qquad (2-12)$$

然后对似然函数求最大化，就可以得到 ρ 的极大似然（ML）估计量。因为不存在关于 ρ 的闭式解，所有只能求数值解。安瑟兰和赫达克（1992）说明集中化对数似然函数满足假设条件下具有凹性，所以数值解是唯一的。

第三步给定 ρ 估计值，可以得到 β 和 σ^2 的估计量分别为下面的形式：

$$\beta = b_0 - \rho b_1$$

$$\sigma^2 = \frac{1}{NT}(e_0^* - \rho e_1^*)'(e_0^* - \rho e_1^*)$$

2.3.2 固定效应空间面板误差模型

固定效应空间面板误差模型设定为下面的形式：

$$y_{it} = x_{it}\beta + \mu_i + u_{it} \tag{2-13}$$

$$u_{it} = \lambda \sum_{j=1}^{N} w_{ij} u_{jt} + \varepsilon_{it} \tag{2-14}$$

安瑟兰和赫达克（1992）同样也说明了如何把横截面空间误差模型的极大似然估计方法推广到如何估计空间误差数据模型。估计方法是首先去均值，去掉固定效应，再使用极大似然方法估计，对数似然函数可以写为下面的形式：

$$\ln L = -\frac{NT}{2}\ln(2\pi\sigma^2) + T\ln|I - \lambda W| - \frac{1}{2\sigma^2}\sum_{i=1}^{N}\sum_{t=1}^{T}\{y_{it}^{*} - \lambda(\sum_{j=1}^{N} w_{ij}y_{jt})^{*} - [x_{it}^{*} - \lambda(\sum_{j=1}^{N} w_{ij}x_{jt})^{*}]\beta\}^2 \tag{2-15}$$

其中，带星号同固定效应空间面板滞后模型表示去均值。

估计步骤如下：第一步，同样需要把截面数据按照时间堆积起来。给定 λ，根据对数似然函数一阶条件，可以得到 β 和 σ^2 的极大似然估计量，分别为下面的形式：

$$\beta = \{[X^{*} - \lambda(I_T \otimes W)X^{*}]'[X^{*} - \lambda(I_T \otimes W)X^{*}]\}^{-1} \times \{[X^{*} - \lambda(I_T \otimes W)X^{*}]'[Y^{*} - \lambda(I_T \otimes W)Y^{*}]\}^{-1}$$

$$\sigma^2 = \frac{e(\lambda)'e(\lambda)}{NT}$$

其中，$\mathbf{e}(\lambda) = Y^{*} - \lambda(I_T \otimes W)Y^{*} - [X^{*} - \lambda(I_T \otimes W)X^{*}]\beta$。$\lambda$ 的集中化似然函数为下面的形式：

$$\ln L = -\frac{NT}{2}\ln[e(\lambda)'e(\lambda)] + T\ln|I - \lambda W|$$

对集中化似然求最大值，可以得到 λ 的极大似然（ML）估计量。注意我们可以使用迭代方法，使得最终收敛。

巴尔塔基（Baltagi，2005）建议使用去均值的方法估计面板模型的固定效应，李龙飞和虞吉海（2010a）把这个方法称为直接法，并且指出这种方法会产生偏误，他们运用大样本理论推导了这些偏误的大小。李龙飞和虞吉海（2010a）为了得到一致估计量，他们还提供一种间接方法或者正交转换法来消除固定效应。

2.3.3 随机效应空间面板滞后模型

随机效应空间面板滞后模型的对数似然函数为下面的形式：

$$\ln L = -\frac{NT}{2}\ln(2\pi\sigma^2) + T\ln|I-\rho W| + \frac{N}{2}\ln\phi^2 - \frac{1}{2\sigma^2}\sum_{i=1}^{N}\sum_{t=1}^{T}[\dot{y}_{it} - \rho(\sum_{j=1}^{N}w_{ij}y_{jt})^{\bullet} - \dot{x}_{it}\beta]^2 \quad (2-16)$$

其中，$\phi \equiv \sigma^2/(T\sigma_\mu^2+\sigma^2)$，$\sigma^2$ 表示 ε 的方差，σ_μ^2 表示 μ_i 的方差。黑点 · 表示对变量进行下面的转换，$\dot{y}_{it} = y_{it} - (1-\phi)\frac{1}{T}\sum_{t=1}^{T}y_{it}$，$\dot{x}_{it} = x_{it} - (1-\phi)\frac{1}{T}\sum_{t=1}^{T}x_{it}$。

给定参数 β，ρ 和 σ^2，就可以得到关于 ϕ 的集中化似然函数，具体见下面的形式：

$$\ln L = -\frac{NT}{2}\ln[e(\phi)'e(\phi)] + \frac{N}{2}\ln\phi^2$$

其中，$\mathbf{e}(\phi)$ 的第（i，j）个元素为下面的形式：

$$\mathbf{e}(\phi)_{ij} = y_{it} - (1-\phi)\frac{1}{T}\sum_{t=1}^{T}y_{it} - \rho[\sum_{j=1}^{N}w_{ij}y_{jt} - (1-\phi)\frac{1}{T}\sum_{t=1}^{T}\sum_{j=1}^{N}w_{ij}y_{jt}] - [x_{it} - (1-\phi)\frac{1}{T}\sum_{t=1}^{T}x_{it}]\beta$$

2.3.4 随机效应空间面板误差模型

随机效应空间面板误差模型的对数似然函数为下面的形式：

$$\ln L = -\frac{NT}{2}\ln(2\pi\sigma^2) + (T-1)\ln|B| - \frac{1}{2}\ln|V| - \frac{1}{2\sigma^2}e'\left(\frac{1}{T}\ell_T\ell_T'\otimes V^{-1}\right)\mathbf{e} - \frac{1}{2\sigma^2}\mathbf{e}'(I-\frac{1}{T}\ell_T\ell_T')\otimes(B'B)\mathbf{e} \quad (2-17)$$

其中，$V = T\varphi I + (B'B)^{-1}$，$B = I_N - \lambda W$，$\varphi = \dfrac{\sigma_\mu^2}{\sigma^2}$，$\mathbf{e} = Y - X\beta$。埃尔霍斯特（Elhorst，2003）认为应该利用格里菲思（Griffith，1988）空间矩阵特征值方法，这样可以得到下面的形式：

$$\ln|V| = \ln|T\varphi I - (B'B)^{-1}| = \sum_{i=1}^{N} \ln\left|T\varphi + \frac{1}{(1-\lambda v_i)^2}\right| \tag{2-18}$$

而且，埃尔霍斯特（2003）建议采用下面的转换方式：

$$y_{it}^{\circ} = y_{it} - \lambda \sum_{j=1}^{N} w_{ij} y_{it} + \sum_{j=1}^{N} \left\{\left[p_{ij} - (1 - \lambda w_{ij}) \frac{1}{T} \sum_{t=1}^{T} y_{jt}\right]\right\} \tag{2-19}$$

其中，p_{ij}是 $N \times N$ 维矩阵 P 的第（i，j）个元素，矩阵 P 满足 $P'P = V^{-1}$。同时，自变量也做相同的转换。

根据上面两个公式，我们可以简化对数似然函数为下面的形式：

$$\ln L = -\frac{NT}{2}\ln(2\pi\sigma^2) - \frac{1}{2}\sum_{i=1}^{N}\ln[1 + T\varphi(1-\lambda\omega_i)^2] + T\sum_{i=1}^{N}\ln(1-\lambda\omega_i) - \frac{1}{2\sigma^2}\mathbf{e}^{\circ\prime}\mathbf{e}^{\circ} \tag{2-20}$$

其中，$\mathbf{e}^{\circ} = Y^{\circ} - X^{\circ}\beta$。根据对数似然函数的一阶条件可以得到 β 和 σ^2 的估计量，他们分别等于下面的形式：

$\beta = (X^{\circ\prime}X^{\circ})^{-1}X^{\circ}Y^{\circ}$ 和 $\sigma^2 = (Y^{\circ} - X^{\circ}\beta)'(Y^{\circ} - X^{\circ}\beta)/NT$。

将 β 和 σ^2 的表达式代入上式，可以得到关于 λ 和 φ 集中化的似然函数为下面的形式：

$$\ln L = C - \frac{1}{2}[\mathbf{e}(\lambda,\varphi)'\mathbf{e}(\lambda,\varphi)] - \frac{1}{2}\sum_{i=1}^{N}\ln[1 + T\varphi(1-\lambda\omega_i)^2] + T\sum_{i=1}^{N}\ln(1-\lambda\omega_i) \tag{2-21}$$

其中，$\mathbf{e}(\lambda,\varphi) = y_{it} - \lambda\sum_{j=1}^{N} w_{ij}y_{it} + \sum_{j=1}^{N}\left\{\left[p_{ij} - (1-\lambda w_{ij})\frac{1}{T}\sum_{t=1}^{T} y_{jt}\right]\right\} - \left[x_{it} - \lambda\sum_{j=1}^{N} w_{ij}x_{it} + \sum_{j=1}^{N}\left\{\left[p_{ij} - (1-\lambda w_{ij})\frac{1}{T}\sum_{t=1}^{T} x_{jt}\right]\right\}\right]\beta$。

2.3.5 静态空间面板豪斯曼检验

巴尔塔基（Baltagi，2005）建议采用空间豪斯曼方法来检验空间面板是固定效应还是随机效应，假设检验的原假设 H_0：$h=0$，其中，

$$h=d'[\mathrm{var}(d)]^{-1}d$$
$$d=\hat{\beta}_{FE}-\hat{\beta}_{RE}$$
$$\mathrm{var}(d)=\hat{\sigma}_{RE}^2(X^{\bullet\prime}X^{\bullet})^{-1}-\hat{\sigma}_{FE}^2(X^{*\prime}X^{*})^{-1}$$

这个检验统计量渐近服从卡方分布，其自由度是 K。李龙飞和虞吉海（2012）推导了基于极大似然估计的一般空间面板模型的豪斯曼检验。穆特尔和皮法夫梅尔（Mutl and Pfaffermayr，2011）推导了基于空间两阶段最小二乘法的空间面板模型的豪斯曼检验。

一般来说，使用安瑟兰（1988）以及安瑟兰和赫达克（1992）提出的方法可以对固定效应的静态面板数据模型进行估计，但是需要先对模型方程进行去均值化。这种方法的优点是简单，缺点是会产生伴随参数问题。对于短面板数据，即时期跨度固定，空间个体趋近正无穷大，得不到个体固定效应系数的一致估计量。如果不关心个体固定效应只关心自变量的系数，这个问题就不成为问题。另外，如果空间个体固定时期跨度趋于正无穷，这时就不存在伴随参数问题。

李龙飞和虞吉海（2010a）证明了：不包括时间固定效应只包括个体固定效应静态空间面板数据模型，在短面板的情形下，个体固定效应静态空间面板数据模型的 σ^2 将会得到有偏估计，会对统计推断产生问题。如果是双向固定效应模型，那么所有的参数估计量都会得到有偏估计，必须进行校正，否则会对统计推断产生问题。

对于随机效应的静态空间面板数据模型来说，可以使用极大似然方法得到参数的一致估计量。可以使用豪斯曼检验来检验应该使用固定效应静态空间面板数据模型还是使用随机效应静态空间面板数据模型。

大量空间面板数据模型的文献表明，很多研究者把模型设定成随机效应模型。巴尔塔基等（2003）研究了随机效应的空间面板数据模型中的是否存在空间相关性的检验方法。巴尔塔基等（2007b）把他们的

这项研究进一步扩展到包含序列相关的检验。卡普尔等（Kapoor et al.，2007）研究了个体随机效应的空间误差面板数据模型的广义矩估计（GMM）。皮法夫梅尔（Pfaffermayr，2009）研究了随机效应空间自回归组合面板数据模型，他建议使用极大似然方法估计。

随机效应空间面板数据设定流行的原因大概是下面三个：第一，随机效应模型部分使用了横截面数据特征。固定效应模型只是利用数据中的时间序列特征。第二，如果空间个体数比较大时，固定效应模型会产生伴随参数问题，随机效应空间面板数据模型可以避免固定效应空间面板数据模型所造成的自由度损失。第三，随机效应模型可以估计时不变变量的系数，而固定效应模型不可以估计这类变量。

尽管随机效应空间面板数据模型比较流行，但是在采用随机效应空间面板数据模型之前，还必须确定三个条件是否满足。第一，空间个体数是否趋近正无穷大；第二，空间个体是否是空间总体的一个有代表性的样本；第三，需要确定，个体效应是否与解释变量无关。

我们知道如果模型中包含固定效应可以增加模型的拟合程度（Green，2011），但是降低了我们感兴趣变量的显著性（McKinnish，2000）。随机效应可以给出估计的分布，但是不能得到点估计。

2.4 动态空间面板回归模型

动态空间面板模型（spatial dynamic panel data，SDPD）是在静态空间面板模型基础上发展而来的，近年来，动态空间面板数据模型逐渐称为空间计量经济学家们关注的焦点。过去的十五年间，越来越多的空间计量经济学文献开始讨论动态空间面板数据模型的设定以及估计问题。原因就在于横截面空间单方程模型在过去相当长的时间里处于主导地位，随着很多有大量空间个体且很多跨期的数据的出现，空间计量经济学者对面板计量数据模型的兴趣与日俱增。一个动态模型在比较理想的情况下应该能同时处理以下四种关系或者效应：（1）时间相关性，即空间单元的观测值在时间上的相关性，这种关系已经在计量经济学的分支学科时间序列里面得到了很好的解决；（2）空间依赖性，即每个时间点上的空间个体之间的空间相关性，这个问题已经在经典的空间计量经济学文献中得到了比较成功的解决；（3）无法观测的个体效应或（和）时间效应；（4）含有一个或多个的内生性问题。最后两个问题需要面板数据计量经济学来处理。

安瑟兰等（2008）将动态空间面板数据模型分成四类：纯粹空间递归（pure space recursive），即只包含空间时间滞后项（WY_{t-1}）；时间空间递归（time-space recursive），即包含时间滞后项和空间时间滞后项（Y_{t-1}和 WY_{t-1}）；时间空间同步（time-space simultaneous），即包含时间滞后项和空间滞后项（Y_{t-1}和 WY_t）；时间空间动态（time-space dynamic），即包含时间滞后项、空间时间滞后项和空间滞后项（Y_{t-1}、WY_{t-1}和 WY_t）。

广义上来看，如果把是否包含误差项的空间结构考虑进来，我们可以把动态空间面板数据模型分成三类：第一类，包含时间滞后项和空间滞后项，我们可以命名为动态空间滞后面板数据模型；第二类，包含时间滞后项和误差空间结构，我们可以命名为动态空间误差面板数据模型；第三类，第一类和第二类的组合模型，即既包含时间滞后项和空间滞后项也包含误差空间结构，我们可以命名为动态空间自回归组合面板数据模型。

2.4.1 动态空间滞后面板数据模型

虞吉海等（2008）研究了下面具有时间空间类型的固定效应动态空间面板数据模型：

$$Y_{nt}=\mu_n+\lambda WY_{nt}+\gamma Y_{n,t-1}+\rho WY_{n,t-1}+X_{nt}\beta+V_{nt}$$

该固定效应动态空间面板数据模型的似然函数为：

$$\ln L(\theta,\mu)=-\frac{nT}{2}\ln 2\pi-\frac{nT}{2}\ln\sigma^2-\frac{1}{2\sigma^2}\sum_{t=1}^{T}V'_{nt}V_{nt}+T\ln|S(\lambda)|$$

其中，$S(\lambda)=I_n-\lambda W$，$V_{nt}=S(\lambda)Y_{nt}-\mu_n-\gamma Y_{n,t-1}-\rho WY_{n,t-1}-X_{nt}\beta$。

定义 $\widetilde{Y}_{nt}=Y_{nt}-\overline{Y}_{nT}$，$\widetilde{Y}_{n,t-1}=Y_{n,t-1}-\overline{Y}_{nT,-1}$，其中 $\overline{Y}_{nT}=\frac{1}{T}\sum_{t=1}^{T}Y_{nt}$，$\overline{Y}_{nT,-1}=\frac{1}{T}\sum_{t=1}^{T}Y_{n,t-1}$。类似定义 $\widetilde{X}_{nt}=X_{nt}-\overline{X}_{nT}$。

去均值去掉固定效应后，可以得到集中化似然函数为：

$$\ln L(\theta)=-\frac{nT}{2}\ln 2\pi-\frac{nT}{2}\ln\sigma^2-\frac{1}{2\sigma^2}\sum_{t=1}^{T}\widetilde{V}'_{nt}\widetilde{V}_{nt}+T\ln|S(\lambda)|$$

其中，$\widetilde{V}_{nt}=S(\lambda)\widetilde{Y}_{nt}-\gamma\widetilde{Y}_{n,t-1}-\rho W\widetilde{Y}_{n,t-1}-\widetilde{X}_{nt}\beta$。

李龙飞和虞吉海（2010b）研究了空间固定效应和时间固定效应都存在的动态空间面板数据模型，建议先转换（data transformation approach）去除时间和空间固定效应，再使用准极大似然方法估计该模型，他们并推导了估计量的渐近性质。

李龙飞和虞吉海（2014）研究了空间固定效应和时间固定效应都存在的高阶动态空间面板数据模型：

$$Y_{nt}=\mu_n+\alpha_t l_n+\sum_{j=1}^{p}\lambda_j W_j Y_{nt}+\gamma Y_{n,t-1}+\sum_{j=1}^{p}\rho_j W_j Y_{n,t-1}+X_{nt}\beta+V_{nt}$$

他们建议先进行数据转换（data transformation approach）去除时间固定效应和空间固定效应，再使用广义矩（GMM）方法估计该模型，他们并推导了估计量的渐近性质。

李鲲鹏（2007）研究了固定效应的高阶动态空间面板数据模型：

$$Y_t=\mu+\lambda\sum_{m=1}^{p}\varrho_m W_m Y_t+\sum_{n=1}^{q}Y_{t-n}+\sum_{m=1}^{p}\sum_{n=1}^{q}\gamma_{mn}W_m Y_{t-n}+X_t\beta+e_t$$

他建议去均值去掉固定效应后，再使用准极大似然方法估计该模型，他推导了偏误的显性表达式，也推导了拟极大似然估计量的渐近性质。

2.4.2 动态空间误差面板数据模型

苏和杨（2015）考虑了下面的动态空间误差面板数据模型：

$$y_{it}=\rho y_{i,t-1}+x'_{it}\beta+z_i\gamma+u_{it} \tag{2-22}$$

$$u_{it}=\mu_i+\varepsilon_{it} \tag{2-23}$$

$$\varepsilon_{it}=\lambda W\varepsilon_{it}+v_{it} \tag{2-24}$$

其中，μ_i 是个体效应，既可以是固定效应也可以是随机效应。z_i 是不变的外生解释变量。x_{it}是时变的外生解释变量，它是 $p\times 1$ 维的向量。

上面的模型（2－22）、模型（2－23）和模型（2－24）可以写成下面的向量矩阵形式：

$$y_t=\rho y_{t-1}+x_t\beta+z\gamma+u_t \quad u_t=\mu+B^{-1}v_t \tag{2-25}$$

其中，$B=I-\lambda W$。

他们集中讨论短面板情形，即空间个体趋近正无穷大，而时间跨度固定或者比较小。

由于存在伴随参数问题会导致得不到一致估计量，所以他们采用标准的方法，即对上式进行一阶差分操作，消除固定效应，得到下面的形式：

$$\Delta y_t=\rho\Delta y_{t-1}+\Delta x_t\beta+\Delta u_t \quad \Delta u_t=B^{-1}\Delta v_t \quad t=2，3，\cdots，T$$

从上式我们可以清楚地看到，我们没有定义 Δy_1，因为 Δy_1 取决于 y_0，而 y_0 不可观测。因此，即使 y_0 是外生的，我们也得不到关于 Δy_0 的条件似然函数。为了得到联合分布，我们需要得到 Δy_1 的一个比较好的近似。有了这样一个比较好的预测，可以得到它的边际分布。通过连续替代，他们得到了下面的形式：

$$\Delta y_1=\rho^m\Delta y_{-m+1}+\sum_{j=0}^{m-1}\rho^j\Delta x_{1-j}\beta+\sum_{j=0}^{m-1}\rho^jB^{-1}\Delta v_{1-j}$$

注意，当起始 y_{-m}假设是外生的，则 y_{-m+1}是内生的。y_{-m+1}对 Δy_1 的影响随着 m 变大而变小。当 m 比较小，它的影响是不可忽视的，所以，需要合适的预测是非常重要的。可以把上式分解成 $\Delta y_1=\Delta\eta_1+\Delta\varsigma_1$，其中，$\Delta\eta_1$ 和 $\Delta\varsigma_1$分别表示内生部分和外生部分。具体表达式见下面的形式：

$$\Delta\eta_1=\rho^mE(\Delta y_{-m+1})+\sum_{j=0}^{m-1}\rho^j\Delta x_{1-j}\beta\equiv\eta_m+\Delta x_1\beta$$

$$\Delta\varsigma_1=\rho^m[\Delta y_{-m+1}-E(\Delta y_{-m+1})]+\sum_{j=0}^{m-1}\rho^jB^{-1}\Delta v_{1-j}$$

其中，$\eta_m=\rho^mE(\Delta y_{-m+1})+\sum_{j=1}^{m-1}\rho^j\Delta x_{1-j}\beta$。显然，观测值 $\Delta x_{1-j}(j=1，2，\cdots，m-1，m\geqslant 2)$ 都是不可获得的。$E(\Delta y_{-m+1})$ 也是不知道的。

因此，$\boldsymbol{\eta}_m$ 是完全不可知的。进一步 $\boldsymbol{\eta}_m$ 是 $n\times 1$ 的向量，不可以作为自由参数进行估计。要不然我们将再次遇到伴随参数问题。萧政等（2002）认为要处理这个问题，Δy_1 基于观察值的期望值必须是有限参数的函数，而且只有 $\{x_{it}\}$ 序列是趋势平稳的或者是一阶差分平稳的，这个条件就可以满足。让 $\Delta x=(\Delta x_1, \cdots, \Delta x_T)$。他们假设：（1）基于观测值对 Δx_{1-j} 和 $E(\Delta y_{-m+1})$ 的最优预测是 Δx。（2）使用 Δx 预测 $\boldsymbol{\eta}_m$ 的误差是 $\boldsymbol{v}$，$\boldsymbol{v}$ 服从均值为0，方差为 σ_v^2 的相互独立随机变量。（3）$y_{-m}=E(y_{-m})+e$，其中 e 服从均值为0，方差为 σ_e^2，并且与 $\boldsymbol{v}$ 相互独立随机变量。

根据上式假设，我们立即可以得到 $\boldsymbol{\eta}_m$ 的预测公式，见下面的形式：

$$\boldsymbol{\eta}_m=\boldsymbol{\pi}_1 l_n+\Delta x\boldsymbol{\pi}_2+\boldsymbol{v}\equiv\tilde{\Delta}x\boldsymbol{\pi}+\boldsymbol{v}$$

其中，$\tilde{\Delta}x=(l_n, \tilde{\Delta}x)$，$\boldsymbol{\pi}=(\boldsymbol{\pi}_1, \boldsymbol{\pi}_2')'$。因此，$\Delta\boldsymbol{\eta}_1$ 可以通过 $\Delta\boldsymbol{\eta}_1=\tilde{\Delta}x+\Delta x_1\boldsymbol{\beta}+\boldsymbol{v}$ 来预测。进一步由假设（3），我们可以得到下面的形式：

$$\Delta y_{-m+1}-E(\Delta y_{-m+1})=B^{-1}v_{-m+1}-(1-\rho)e$$

这样，我们就可以得到 $\psi=(\theta')$。因此，我们可以得到关于第一个观察值的差分具有下面的形式：

$$\Delta y_1=\tilde{\Delta}x\boldsymbol{\pi}+\Delta x_1\boldsymbol{\beta}+\boldsymbol{v}+\Delta\varsigma_1\equiv\tilde{\Delta}x\boldsymbol{\pi}+\Delta x_1\boldsymbol{\beta}+\Delta\tilde{u}_1$$

其中，$\Delta\tilde{u}_1=\boldsymbol{v}+\Delta\varsigma_1=\boldsymbol{v}-\boldsymbol{\rho}^m(1-\boldsymbol{\rho})e+\boldsymbol{\rho}^m B^{-1}v_{-m+1}+\sum_{j=0}^{m-1}\boldsymbol{\rho}^j B^{-1}v_{1-j}$。我们记 $\varsigma=\boldsymbol{v}-\boldsymbol{\rho}^m(1-\boldsymbol{\rho})e$。由假设可知，$\varsigma$ 是独立同分布的随机变量，它的均值为0，方差是 $\sigma_\varsigma^2=\sigma_v^2+\sigma_e^2\rho^{2m}(1-\rho)^2$。假设 x_{it} 是严格外生的，根据我们的构建方式，我们可以验证 $E(\varsigma_i\mid\Delta x_{i1}, \cdots, \Delta x_{iT})=0$ 是成立的，并且 ς 和 v_{1-j} 是相互独立的。进一步可以得到下面的结果：

$$E(\Delta\tilde{u}_1\Delta\tilde{u}_1')=\sigma_\varsigma^2 I+\sigma_v^2 c_m(B'B)^{-1}=\sigma_v^2 B^{-1}(\phi BB'+c_m I)B'^{-1}$$

$$E(\Delta\tilde{u}_1\Delta\tilde{u}_2')=-\sigma_v^2(B'B)^{-1}$$

$$E(\Delta\tilde{u}_1\Delta\tilde{u}_t')=0,\ t\geqslant 3$$

其中，$c_m=\dfrac{2}{1+\rho}-\dfrac{\rho^{2m}(1-\rho)}{1+\rho}$，$\phi=\sigma_\varsigma^2/\sigma_v^2$。

我们记 $\Delta u=(\Delta\tilde{u}_1, \Delta\tilde{u}_2, \cdots, \Delta\tilde{u}_T)$，我们可以得到 Δu 的方差是 $\mathrm{Var}(\Delta u)=\sigma_v^2\Omega^*$。其中，$\Omega^*$ 的形式是 $\Omega^*=(I_T\otimes B^{-1})H_E(I_T\otimes B'^{-1})$，

其中 $E=\phi BB'+c_m I$ 以及 H_E 是 $nT\times nT$ 的矩阵，它的形式见下面：

$$H_E=\begin{bmatrix} E & -I & 0 & \cdots & 0 & 0 & 0 \\ -I & 2I & -I & \cdots & 0 & 0 & 0 \\ 0 & -I & 2I & \cdots & 0 & 0 & 0 \\ \vdots & \vdots & \vdots & \ddots & \vdots & \vdots & \vdots \\ 0 & 0 & 0 & \cdots & 2I & -I & 0 \\ 0 & 0 & 0 & \cdots & -I & 2I & -I \\ 0 & 0 & 0 & \cdots & 0 & -I & 2I \end{bmatrix}$$

Ω^* 的表达式对于计算 Ω^* 的行列式和拟矩阵是非常方便的。因为推导得分矩阵和海塞矩阵需要对 Ω^* 进行运算。为了方便推导得分矩阵和海塞矩阵，我们可以进一步把 Ω^* 写成简单的形式，具体形式见下面的公式：

$$\Omega^*=\phi(\ell_1\otimes I)+h_{c_m}\otimes(B'B)^{-1}$$

其中，ℓ_1 是 $T\times T$ 的矩阵，它的左上部元素是 1，其余元素是 0；h_{c_m} 的定义类似 H_E 的定义。

为了简单，我们假定 π 的维度是 k。我们记 $\theta=(\beta', \pi')'$，$\delta=(\rho, \lambda, \phi)'$，$\psi=(\theta', \sigma_v^2, \delta')'$。注意 ψ 是有 $p+k+4$ 个未知参数。根据以上内容我们可以把高斯准对数似然函数写成下面的形式：

$$\ln L(\psi)=-\frac{nT}{2}\ln(2\pi)-\frac{nT}{2}\ln(\sigma_v^2)-\frac{1}{2}\ln|\Omega^*| \\ -\frac{1}{2\sigma_v^2}\Delta u'(\theta, \rho)\Omega^{*-1}\Delta u(\theta, \rho)$$

其中，$\Delta u(\theta, \rho)=\Delta Y^*(\rho)-\Delta X^*\theta$，$\Delta Y^*(\rho)$ 和 ΔX^* 见下面的形式：

$$\Delta Y^*(\rho)=\begin{pmatrix} \Delta y_1 \\ \Delta y_2-\rho\Delta y_1 \\ \vdots \\ \Delta y_T-\rho\Delta y_{T-1} \end{pmatrix}$$

和

$$\Delta X^* = \begin{pmatrix} \Delta x_1 & \tilde{\Delta} x \\ \Delta x_2 & 0_{n\times k} \\ \vdots & \vdots \\ \Delta x_T & 0_{n\times k} \end{pmatrix}$$

极大化上述对数似然函数就可以得到 ψ 的极大似然估计量（MLE）或拟极大似然估计量（QMLE）。根据对数似然函数的一阶条件，我们可以得到 θ 和 σ_v^2 的极大似然估计量或拟极大似然估计量，见下面的形式：

$$\hat{\theta}(\delta) = (\Delta X^{*\prime}\Omega^{*-1}\Delta X^*)\Delta X^{*\prime}\Omega^{*-1}\Delta Y^*(\rho)$$

和

$$\hat{\sigma}_v^2(\delta) = \frac{1}{nT}\tilde{\Delta}u'(\delta)\Omega^{*-1}\tilde{\Delta}u(\delta)$$

其中，$\tilde{\Delta}u$ 与 Δu 相等，只是用 $\hat{\theta}(\delta)$ 代替了 θ 得到的。将 $\hat{\theta}(\delta)$ 和 $\hat{\sigma}_v^2(\delta)$ 的上述表达式代入上述对数似然函数，可以得到集中化的对数似然函数，它的形式见下面：

$$\ln L_c(\delta) = -\frac{nT}{2}[\ln(2\pi)+1] - \frac{nT}{2}\ln(\hat{\sigma}_v^2) - \frac{1}{2}\ln|\Omega^*|$$

极大化上述集中化对数似然函数就可以得到 δ 的极大似然估计量（MLE）或拟极大似然估计量（QMLE）。

2.4.3　动态空间自回归组合面板数据模型

陶长琪和周璇（2016）研究了更为复杂的随机效应动态空间面板数据模型：

$$Y_{nt} = c_n + \lambda WY_{nt} + \gamma Y_{n,t-1} + \rho WY_{n,t-1} + X_{nt}\beta + U_{nt}$$

$$U_{nt} = \mu_n + \varepsilon_{nt}$$

$$\varepsilon_{nt} = \alpha M\varepsilon_{nt} + V_{nt}$$

他们根据孙和杨（2015）的研究，初始值会对模型估计的结果产生重要的影响，所以他们根据帕朗和勒沙杰（2012）的方法，把它分成两种情况：Y_{n0}是外生的和 Y_{n0}是内生的。当 Y_{n0}是外生的时，根据巴尔加瓦和萨根（Bhargava and Sargan，1983）的方法可以得到下面的对数似然函数：

$$\ln L_{nT}(\varsigma,\ c_n)\ =-\frac{nT}{2}\ln 2\pi-\frac{nT}{2}\ln\sigma_v^2-\frac{1}{2}\ln|\Omega|+T|C_n\ (\lambda)|$$
$$-\frac{1}{2\sigma_v^2}\sum_{t=1}^{T}U'_{nt}(\varphi)\Omega^{-1}U_{nt}(\varphi)$$

关于δ集中化的对数似然函数为：

$$\ln L_{nT}^c(\delta)=-\frac{nT}{2}[\ln(2\pi)+1]-\frac{nT}{2}\ln[\hat{\sigma}_v^2(\delta)]$$
$$-\frac{1}{2}\ln|\Omega|+T|C_n(\lambda)|$$

当Y_{n0}是内生的时，在这种情况下，x_0包含信息不能被忽略，这时系统很复杂。

可以得到下面形式的对数似然函数：

$$\ln L_{nT}(\varsigma,\ c_n)=-\frac{n(T+1)}{2}\ln 2\pi-\frac{n(T+1)}{2}\ln\sigma_v^2-\frac{1}{2}\ln|\Omega^*|$$
$$+(T+1)|C_n(\lambda)|-\frac{1}{2\sigma_v^2}\sum_{t=1}^{T}u'^*(\theta,\lambda)\Omega^{-1*}u^*(\theta,\lambda)$$

集中化的对数似然函数为下面的形式：

$$\ln L_{nT}^c(\delta_1)=-\frac{n(T+1)}{2}[\ln(2\pi)+1]-\frac{n(T+1)}{2}\ln[\sigma_v^2(\delta_1)]$$
$$-\frac{1}{2}\ln|\Omega^*|+(T+1)|C_n(\lambda)|$$

陶长琪和周璇研究发现，准极大似然估计是有效的估计方法，但是他们的研究没有给出偏误的显性表达式，他们也没有推导估计量的渐近性质。

另一种受欢迎的估计动态空间面板数据模型的方法是广义矩估计方法（GMM）。广义矩估计方法通过设定必须满足的矩条件，并求解极值得到参数的估计量的方法。我们在估计动态空间面板数据模型时，需要找到Y_{t-1}的工具变量，即工具变量需要满足与Y_{t-1}相关但是与误差项不相关的变量。我们可以使用被解释变量的差分值和被解释变量的滞后水平值作为工具变量。

周璇和陶长琪（2017）基于陶长琪和周璇（2016）的模型，研究空间面板豪斯曼检验、空间面板拉格朗日乘子（LM）检验和空间面板似然比（LR）检验。

空间面板豪斯曼检验，原假设是随机效应，备择假设是固定效应。他们构造的空间面板豪斯曼检验统计量为：

$$H_N = NT(\theta_{FGLS} - \theta_{FW})'(\sum_W - \sum_{GLS})^{-1}(\theta_{FGLS} - \theta_{FW})$$

本斯托克和费尔森施泰因（Beenstock and Felsenstein，2007）认为，本质上空间面板应该默认为随机效应模型，因为固定效应模型会丧失大量的自由度，会降低估计效率。但是空间研究具有一个显著的特点是研究者不会只从某一特定研究区域内抽取有限截面作为观测样本，通常他们会调查某一特定研究区域内所有的空间个体。所以固定效应比随机效应更为重要，即使空间面板豪斯曼检验不显著拒绝原假设，也应该采用固定效应模型。

2.5 小　　结

本章系统地梳理空间计量经济学的基本理论和发展脉络。本章 2.1 节首先介绍了空间相关的概念，然后介绍了空间权重矩阵的设定问题。2.2 节分别对空间滞后模型、空间杜宾模型和空间误差模型的极大似然估计方法作了介绍；由于空间计量模型中包含空间交互效应，因此给空间计量模型的参数解释带来了困难，然后对参数的解释问题进行了说明，分解为直接效应、间接效应和总效应。2.3 节分别对空间滞后面板模型、空间杜宾面板模型和空间误差面板模型的固定效应和随机效应的极大似然估计方法作了详细介绍，在空间面板中固定效应与随机效应选择是一个重要问题，我们介绍了豪斯曼检验。2.4 节介绍了动态空间面板数据模型的分类，一般分为动态空间滞后面板数据模型、动态空间误差面板数据模型和动态空间组合面板数据模型。然后介绍了固定效应动态空间滞后面板数据模型的估计方法，具体介绍了偏误校正的虚拟变量最小二乘法（LSDV）。接下来介绍了固定效应动态空间误差面板数据模型的极大似然估计。最后，介绍了随机效应动态空间组合面板数据模型的极大似然估计，也分为初始观测值内生和外生两种情况，我们分别进行了分析。

第 3 章

固定效应一般动态空间面板模型研究

3.1 模型描述

空间计量经济学起初重点关注带有一种类型的内生交互效应的模型，或者是空间滞后模型或者空间误差模型。但是无论空间滞后模型还是空间误差模型过于局限。科勒简（Kelejian）在 2007 年第一届空间计量经济学协会世界大会的主旨演讲中，提倡使用包括被解释变量空间滞后项和误差项交互效应的模型，所以本书考虑下面固定效应一般动态空间面板模型（Fixed effect general spatial dynamic panel model）：

$$Y_t=\mu+\lambda WY_t+\varrho Y_{t-1}+\gamma WY_{t-1}+X_t\beta+U_t,\ U_t=\rho MU_t+e_t \qquad (3-1)$$

其中，$Y_t=(y_{1t},\ y_{2t},\ \cdots,\ y_{Nt})'$是 $N\times1$ 的列向量，它是因变量。$e_t=(e_{1t},\ e_{2t},\ \cdots,\ e_{Nt})'$也是 $N\times1$ 的列向量，并且 e_{it}是独立同分布的均值为 0、方差为 σ^{*2}的随机变量。Y_{t-1}是被解释变量的时间滞后项，反映可以观测但是不可度量的变量对因变量的影响。WY_t 是被解释变量的空间滞后项，反映空间个体的空间交互效应。WY_{t-1}是被解释变量的空间时间滞后项，反映可以观测但是不可度量的变量空间效应。W 是 $N\times N$ 的已知空间权重矩阵，更准确的写法为 W_N，因为它的维度是随着 N 而变化的，我们这样写是为了符号的简洁。X_t 是由 k 维外生解释变量构成的 $N\times k$ 维的数据矩阵。μ 是 N 维固定效应或者个体效应列向量。e_{it} 是独立同分布（i. i. d）的（更详细的描述见下面的假设 A）。M 是 $N \times N$ 的关于误差项的已知空间权重矩阵。我们允许 M 和 W 是不一样的。MU_t 是误差项的空间滞后项，反映不可观测因素的空间交互效应。λ 被称为空间自回归系数或者说表示因变量空间滞后项 WY_t 系数，它反映了被解释变量空间滞后项对当前被解释变量的影响；ϱ 表示因变量时间滞后项 Y_{t-1} 系数，它反映了被解释变量时间滞后项对当前被解释变量的影响；γ 因变量时间空间滞后项 WY_{t-1} 系数，它反映了被解释变量时间空间滞后项对当前被解释变量的影响；β 表示协变量 X_t 系数向量；ρ 表示误差项的自回归系数。

之所以我们在本书中只研究固定效应，第一，因为在空间面板模型的研究中，通常固定效应模型比随机效应模型更为流行，这是因为空间计量经济学家更喜欢研究一个国家或一个地区的所有空间个体行为；第二，一般来说固定效应模型比随机效应模型稳健，且计算更加简单（Lee and Yu，2010a）。

本书的模型也可以称为固定效应动态空间自回归组合面板模型（Fixed effect spatial dynamic autoregressive combined panel model）或者按照埃尔霍斯特（Elhorst，2010a）的命名方法，我们可以把它称为固定效应动态空间科勒简－普鲁哈面板模型（Fixed effect spatial dynamic Kelejian－Prucha panel model）或者可以称为固定效应动态自回归面板模型（Fixed effect spatial dynamic autoregressive autoregressive panel model）或者可以称为固定效应动态克里夫－奥德面板模型（Fixed effect spatial dynamic Cliff－Ord panel model）。

本书的模型既考虑到空间效应、时间效应和时空效应，又考虑到误差的空间效应，使得模型具有更强的适用性和更大的灵活性。如果对模型施加适当的约束，本书模型可以退化为虞吉海等（Yu et al.，2008）时间空间动态类的动态空间自回归数据模型，或者埃尔霍斯特（Elhorst，2005）动态空间误差数据模型或者李龙飞和虞吉海（2010a）空间面板数据模型等。

本书并没有加入解释变量的外生交互效应构成一般的动态空间嵌套

面板数据模型的原因是这种模型的估计不会产生任何计量经济学问题。对于理论计量经济学来说，本书的模型就足够了。

在全书中，$*$表示真实值。我们定义 $D(\lambda)=I_N-\lambda W$ 和 $R(\Phi)=\varrho I_N+\gamma W$ 以及 $S(\rho)=I_N-\rho M$。其中，$\Phi=(\varrho,\ \gamma,\ \beta')'$。在真值处，$D^*=I_N-\lambda^* W$ 和 $R^*=\varrho^* I_N+\gamma^* W$，以及 $S^*=I_N-\rho^* W$。上面模型（3－1）可以等价写成下面的形式：

$$D^* Y_t=\mu^*+R^* Y_{t-1}+X_t\beta^*+S^{*-1}e_t \tag{3-2}$$

记 L 为滞后算子，则上式可以写成关于滞后算子 L 的形式：

$$(D^*-R^* L)Y_t=\mu^*+X_t\beta^*+S^{*-1}e_t$$

记 $\mathbb{R}^*(L)=D^*-R^* L$。如果 $\mathbb{R}^*(L)$ 可逆，则我们可以得到下面的形式：

$$\begin{aligned} Y_t &=\mathbb{R}^*(L)^{-1}\mu^*+\mathbb{R}^*(L)^{-1}X_t\beta^*+\mathbb{R}^*(L)^{-1}S^{*-1}e_t \\ &=\mathbb{D}^{*-1}\mu^*+\sum_{v=0}^{\infty}B_v^* X_{t-v}\beta^*+\sum_{v=0}^{\infty}B_v^* S^{*-1}e_{t-v} \end{aligned} \tag{3-3}$$

其中，$\mathbb{D}^*=D^*-R^*$。矩阵 B_v^* 是由下列递归决定的：

$$B_\tau^*=D^{*-1}R^* B_{\tau-1}^* \tag{3-4}$$

其中，$B_0^*=D^{*-1}$，如果 $\tau<0$，$B_\tau^*=0$。

我们记 $r=k+2$，它表示 Φ 的维度。我们定义 $N\times r$ 的 χ_t 矩阵，见下面的形式：

$$\chi_t=[Y_{t-1},\ WY_{t-1},\ X_t]$$

如果 $S(\rho)$ 可逆，则模型（3－1）我们可以写成下面的紧凑形式：

$$Y_t=\mu+\lambda WY_t+\chi_t\Phi+S^{-1}(\rho)e_t$$

3.2　对数似然函数

我们让 $\theta=(\lambda,\ \Phi',\ \rho,\ \sigma^2)'$表示待估参数。假设 e_{it} 是独立同分布的，并且均值为0，具有相同的方差 σ^2。本书采用拟极大似然方法估计，目标函数可以写成下面的形式：

$$l^{*}(\theta,\mu) = -\frac{1}{2}\ln\sigma^{2} - \frac{1}{2N\bar{T}\sigma^{2}}\sum_{t=2}^{T} Z_{t}(\mu,\lambda,\Phi,\rho)'Z_{t}(\mu,\lambda,\Phi,\rho) + \frac{1}{N}\ln|D(\lambda)| + \frac{1}{N}\ln|S(\rho)| \qquad (3-5)$$

其中，$\bar{T}=T-1$，$D(\lambda)=I_N-\lambda W$，$S(\rho)=I_N-\rho M$。$Z_t(\mu,\lambda,\Phi,\rho)=S(\rho)[D(\lambda)Y_t-\chi_t\Phi-\mu]$。

由于固定效应的存在，待估参数的个数随着空间个体数的增加而增长，即发生了通常所说的伴随参数问题，所以我们需要先消除固定效应，消除固定效应之后待估参数只有 $k+5$ 个。给定参数 λ，Φ，ρ，我们很容易可以看出 μ 取下面的值可以极大化对数似然函数：

$$\mu = D(\lambda)\left[\frac{1}{T-1}\sum_{t=2}^{T} Y_t\right] - \left[\frac{1}{T-1}\sum_{t=2}^{T}\chi_t\right]\Phi$$

将上面的表达式代入公式（3－5），我们就可以去掉固定效应 μ，可以得到下面形式的集中化的似然函数：

$$l(\theta) = -\frac{1}{2}\ln\sigma^{2} - \frac{1}{2N\bar{T}\sigma^{2}}\sum_{t=2}^{T}\dot{Z}_{t}(\lambda,\Phi,\rho)'\dot{Z}_{t}(\lambda,\Phi,\rho) + \frac{1}{N}\ln|D(\lambda)| + \frac{1}{N}\ln|S(\rho)| \qquad (3-6)$$

其中，$\dot{Z}_t(\lambda,\Phi,\rho)=S(\rho)[D(\lambda)\dot{Y}_t-\dot{\chi}_t\Phi]$，$\dot{Y}_t=Y_t-\frac{1}{\bar{T}}\sum_{t=2}^{T}Y_t$，$\dot{\chi}_t=\chi_t-\frac{1}{\bar{T}}\sum_{t=2}^{T}\chi_t$。在整篇文章中，对于任意的向量或者矩阵 v_t，我们使用 $\dot{v}_t$ 表示 $v_t-\bar{T}^{-1}\sum_{s=2}^{T}v_s$。

注意我们通过去均值的方法去掉了动态空间面板数据模型的固定效应，但是这种技术会导致偏误，这种偏误被称为尼克尔（Nickell，1981）偏误。当时期跨度 T 趋于正无穷大时，这种偏误会消失，就可以得到一致的估计量。

在经验研究中，执行拟极大似然估计是非常关键的问题。我们指出参数 Φ 和 σ^2 可以去掉，所以最终是关于参数 λ 和 ρ 的最优化问题。

3.3 模型假设

为了之后的渐近分析，我们作如下假设。

假设1：$e_{it}(i=1, 2, \cdots, N;\ t=-1, 0, 1, \cdots, T)$ 是独立同分布的，并且均值为0，具有相同的方差 σ^{*2}，进一步假定对于所有的 i 和 t，$\mathbb{E}(|e_{it}|^{4+c})<\infty$，其中 $c>0$。假设1表示随机扰动项是随机的，这是空间计量文献中关于拟极大似然估计的基本假设，见（Lee，2004；Yu et al.，2008；Lee and Yu，2010a 等）。

假设2：我们记 $D(\lambda)=I_N-\lambda W$ 和 $S(\rho)=I_N-\rho M$。我们假设对所有的 $\lambda\in\mathbb{R}_\lambda$ 和 $\rho\in\mathbb{R}_\rho$，$D(\lambda)$ 和 $S(\rho)$ 是可逆的，其中，$\mathbb{R}_\lambda$ 和 $\mathbb{R}_\rho$ 都是紧集。并且假定 λ^* 是 $\mathbb{R}_\lambda$ 的内点，ρ^* 是 $\mathbb{R}_\rho$ 的内点。$D(\lambda^*)$ 和 $S(\rho^*)$ 是可逆的，这是本模型定义良好的必要条件。一旦 $D(\lambda^*)$（或者 $S(\rho^*)$）可逆，我们就可以在 λ^*（或者 ρ^*）邻域使得 $D(\lambda)$（或者 $S(\rho)$）是可逆的，因为 $|D(\lambda)|$（或者 $|S(\rho)|$）是连续函数。这种局部可逆性可以推广到全局可逆性。假设2成立的充分条件是 λW 和 ρM 的正的实的特征根位于［0.1）之间（Lee，2004；Yu et al.，2008；Lee and Yu，2010a 等）。

假设3：W 和 M 是外生空间权重矩阵，它们的对角元素为0。而且 W 和 M 是关于 $\|.\|_1$ 和 $\|.\|_\infty$ 范数有界的，$D(\lambda)^{-1}$ 和 $S(\rho)^{-1}$ 也是关于 $\|.\|_1$ 和 $\|.\|_\infty$ 范数有界的。对于任意 $N\times N$ 的矩阵 M，$\|M\|_1$ 表示列和范数，即 $\|M\|_1=\max_{1\leqslant j\leqslant N}\sum_{i=1}^{N}|m_{ij}|$。对于任意 $N\times N$ 的矩阵 M，$\|M\|_\infty$ 表示行和范数，即 $\|M\|_\infty=\max_{1\leqslant i\leqslant N}\sum_{j=1}^{N}|m_{ij}|$。其中 m_{ij} 是矩阵 M 的第 (i, j) 个元素。假设3是关于空间权重矩阵的约束。这是空间计量文献标准的假设，见科勒简和普鲁哈（Kelejian and Prucha，1998；Kelejian and Prucha，1999）以及李龙飞（Lee，2004）等。外生空间权重矩阵简化了理论分析，但是它排除了一些有趣的应用，例如曲和李龙飞（Qu and Lee，2015）近来研究了允许内生空间权重矩阵情形。

假设4：真值$\theta^* = (\lambda^*, \Phi^{*\prime}, \rho^*, \sigma^{*2})'$位于紧集内。$\lambda$ 和ρ 是在一个紧集 $\mathbb{R}_\lambda \times \mathbb{R}_\rho$ 里估计的。这个模型的似然函数可以简化为关于 λ 和 ρ 的非线性函数，一旦求出 λ 和 ρ，这个模型对其他参数来说都是线性的。对于非线性目标函数，参数位于紧集是必要的，例如相关讨论见延里希（Jennrich，1969）。这样要求的原因是 λ 和 ρ 在一个紧的子集里估计，其他参数不受到这种限制。

假设5：$|D^* - R^* x| = 0$ 的特征根位于单位圆外，而且 $\sum_{v=0}^{\infty} \| B_v^* \|_1$ 和 $\sum_{v=0}^{\infty} \| B_v^* \|_\infty$ 以及 $\sum_{v=0}^{\infty} \| \breve{B}_v^* \|_1$ 和 $\sum_{v=0}^{\infty} \| \breve{B}_v^* \|_1$ 是有界的，其中 B_v^* 的定义见公式（3－4），$\breve{B}_v^* = B_v^* S^{*-1}$。假设 5 是关于移动平均表达式，即公式（3－3）的系数的限制，这与虞吉海等（2008）的假设 6 是一致的。这个条件可以看作是关于时间序列文献中绝对可和条件的扩展，在这个条件下，Y_t 是平稳的序列，这是进行拟极大似然估计量极限分布的必要条件。同时这个假设意味着 $(D^* - R^*)^{-1} - \sum_{v=0}^{\infty} B_v^* = 0$ 。

假设6：X_t 的元素是非随机的，并且是有界的。进一步假定矩阵 $\Xi = \lim_{N,T\to\infty} \frac{1}{NT} \mathbb{E}[\tilde{\chi}_t' S(\rho)' S(\rho) S^{*-1} S^{*-1\prime} S(\rho)' S(\rho) \tilde{\chi}_t]$ 是严格正定的，并且它的最大特征值是有界的。其中，$\tilde{\chi}_t = [\tilde{Y}_{t-1}, W\tilde{Y}_{t-1}, \dot{X}_t]$，$\tilde{Y}_t = \sum_{v=0}^{\infty} B_v^* \dot{X}_{t-v} \beta^* + \sum_{v=0}^{\infty} B_v^* S^{*-1} e_{t-v}$ 。假设6 要求 $\tilde{\chi}_t$列满秩。

假设7：对所有的 $\lambda \in \mathbb{R}_\lambda$ 和$\rho \in \mathbb{R}_\rho$，并且（λ，ρ，σ^2）$\neq$（λ^*，ρ^*，σ^{*2}），有下面的结果：

$$\lim_{N\to\infty} \inf \Big\{ \frac{1}{2N} ln \left| \frac{\sigma^{*2}}{\sigma^2} [S(\rho)\mathcal{F}(\lambda)S^{*-1}]'[S(\rho)\mathcal{F}(\lambda)S^{*-1}] \right|$$

$$- \frac{1}{2N} tr \Big[\frac{\sigma^{*2}}{\sigma^2} [S(\rho)\mathcal{F}(\lambda)S^{*-1}]'[S(\rho)\mathcal{F}(\lambda)S^{*-1}] \Big] + \frac{1}{2} \Big\} > 0$$

其中，$\mathcal{F}(\lambda) = D(\lambda) D^{*-1}$。假设7 可以看作识别 λ 的条件。

假设 8：$\hat{\rho}$ 在紧集 $\mathbb{R}_\rho$ 中估计。并且，有下面的结果：

$$\inf_{\rho \in \mathbb{R}_\rho} \tau_{\min}\{\sum_{t=2}^{T}(G^*\dot{\chi}_t\Phi^*)'S(\hat{\rho})'S(\hat{\rho})G^*\dot{\chi}_t\Phi^* - [\sum_{t=2}^{T}\dot{\chi}_t'S(\hat{\rho})'S(\hat{\rho})G^*\dot{\chi}_t\Phi^*]' [\sum_{t=2}^{T}\dot{\chi}_t'S(\hat{\rho})'S(\hat{\rho})\dot{\chi}_t]^{-1}[\sum_{t=2}^{T}\dot{\chi}_t'S(\hat{\rho})'S(\hat{\rho})G^*\dot{\chi}_t\Phi^*]\} > 0$$

假设 8 施加这个条件是为了识别 ρ。

我们指出对于任意 $N \times N$ 的矩阵 M, $\|M\|_1 < \infty$ 和 $\|M\|_\infty < \infty$，都是针对 $N \to \infty$ 的情形，当 N 是有限的情形，这个条件自然满足。

3.4　拟极大似然估计量的渐近性质

我们首先定义本模型的拟极大似然估计量。记 $\Theta = \mathbb{R}_\lambda \times \mathbb{R}^r \times \mathbb{R}_\rho \times \mathbb{R}_{\sigma^2}$，其中 r 是 Φ 的维度，这里给出的参数空间是由于本书模型假设 4。则拟极大似然估计量定义如下：

$$\hat{\theta} = \underset{\theta \in \Theta}{argmax} l(\theta) \tag{3-7}$$

其中，$l(\theta)$ 的表达式见公式（3－6）。实际上，很难得到 $l(\theta)$ 的准确极大值。我们可以使用条件：

$$l(\hat{\theta}) \geqslant \sup_{\theta \in \Theta} l(\theta) - |o_p[\max(N^{-1}\bar{T}^{-1}, \bar{T}^{-2})]| \tag{3-8}$$

定义拟极大似然估计量，其中，$\bar{T} = T - 1$。下面的定理表明拟极大似然估计量是渐近一致的。

定理 3.1

$\hat{\theta}$ 表达式见公式（3－7）或公式（3－8）。在模型假设 1－8 成立的条件下，当 N，$T \to \infty$，$\hat{\theta} \xrightarrow{p} \theta^*$。定理详细证明见本章 3.5 节。

为了介绍拟极大似然估计量的极限分布，我们首先引入几个符号。定义 $k+5$ 维的列向量：

$$\Delta_N = \left[N^{-1}tr(\mathbb{W}\mathbb{D}^{*-1}),\ N^{-1}tr(\mathbb{D}^{*-1}),\ N^{-1}tr(\mathbb{W}\mathbb{D}^{*-1}),\ 0_{1\times k},\ N^{-1}tr(H^*),\ \frac{1}{2\sigma^{*2}}\right]'$$

其中，$\mathbb{D}^* = D^* - R^*$。进一步我们定义两个矩阵 $\Omega_{0,NT}$ 和 $\Omega_{1,NT}$，具体见下面的形式：

$$\Omega_{0,NT}=\frac{1}{N\overline{T}\sigma^{*2}}\begin{bmatrix}\sum_{t=2}^{T}\mathbb{E}(\widetilde{Y}_t'W'S^{*\prime}S^{*}W\widetilde{Y}_t) & \sum_{t=2}^{T}\mathbb{E}(\widetilde{Y}_t'W'S^{*\prime}S^{*}\chi_t) & 0\\ \sum_{t=2}^{T}\mathbb{E}(\widetilde{Y}_t'W'S^{*\prime}S^{*}\chi_t)' & \sum_{t=2}^{T}\mathbb{E}(\chi_t'S^{*\prime}S^{*}\chi_t) & 0\\ 0 & 0 & \frac{N\overline{T}}{(2\sigma^{*2})}\end{bmatrix}$$

$$+\frac{1}{N}\begin{bmatrix}tr(G^{*}G^{*}) & 0 & tr(H^{a*}\ddot{G}^{*}) & \frac{tr(G^{*})}{\sigma^{*2}}\\ 0 & 0 & 0 & 0\\ tr(H^{a*}\ddot{G}^{*}) & 0 & tr(H^{a*}H^{*}) & \frac{tr(H^{*})}{\sigma^{*2}}\\ \frac{tr(G^{*})}{\sigma^{*2}} & 0 & \frac{tr(H^{*})}{\sigma^{*2}} & 0\end{bmatrix}$$

和

$$\Omega_{1,NT}=\frac{\kappa_4^{*}-3\sigma^{*4}}{N\sigma^{*4}}\begin{bmatrix}tr(\ddot{G}^{*}\circ\ddot{G}^{*}) & 0 & tr(\ddot{G}^{*}\circ H^{*}) & \frac{tr(G^{*})}{(2\sigma^{*2})}\\ 0 & 0 & 0 & 0\\ tr(H^{*}\circ\ddot{G}^{*}) & 0 & tr(H^{*}\circ H^{*}) & \frac{tr(H^{*})}{(2\sigma^{*2})}\\ \frac{tr(G^{*})}{(2\sigma^{*2})} & 0 & \frac{tr(H^{*})}{(2\sigma^{*2})} & N(4\sigma^{*4})^{-1}\end{bmatrix}$$

其中，$G^{*}=WD^{*-1}$，$\ddot{G}^{*}=S^{*}G^{*}S^{*-1}$，$H^{*}=MS^{*-1}$，$H^{a*}=H^{*}+H^{*\prime}$，$\kappa_4^{*}=\mathbb{E}(e_{it}^{4})$。$\circ$表示哈德马乘积（Hadamard product）。

定理 3.2

在模型假设 1 ~ 8 成立的条件下，当 N，$T\rightarrow\infty$，$N/T^3\rightarrow 0$，我们可以得到下面的结果：

$$\sqrt{N\overline{T}}\left(\hat{\theta}-\theta^{*}+\frac{1}{T}\Omega_0^{-1}\Delta\right)\xrightarrow{d}N[0,\ \Omega_0^{-1}(\Omega_0+\Omega_1)\Omega_0^{-1}]$$

其中，$\Delta=\lim_{N\rightarrow\infty}\Delta_N$，$\Omega_0=\lim\limits_{N,T\rightarrow\infty}\Omega_{0,NT}$和 $\Omega_1=\lim\limits_{N,T\rightarrow\infty}\Omega_{1,NT}$。$\frac{1}{T}\Omega_0^{-1}\Delta$是拟极大似然估计量的理论偏误校正表达式，它的估计值可以通过相应

的拟极大似然估计量代入得到。$\Omega_0^{-1}(\Omega_0+\Omega_1)\Omega_0^{-1}$ 是拟极大似然估计量的理论方差协方差，它的估计值也可以通过相应的拟极大似然估计量代入得到。定理详细证明见本章2.6节。

推论3.1

在模型假设1～8成立的条件下，并且 e_{it} 服从正态分布时，当 N，$T\to\infty$，$N/T^3\to 0$，我们可以得到下面的结果：

$$\sqrt{NT}(\hat{\theta}-\theta^*+\frac{1}{T}\Omega_0^{-1}\Delta)\xrightarrow{d}N(0,\Omega_0^{-1})$$

其中，$\Delta=\lim_{N\to\infty}\Delta_N$，$\Omega_0=\lim\limits_{N,T\to\infty}\Omega_{0,NT}$。

证明推论3.1：因为当 e_{it} 服从正态分布时，$\kappa_4^*=\mathbb{E}(e_{it}^4)=3\sigma^{*4}$，所以定理3.2中的 Ω_1 为0矩阵。所以推论3.1成立，其可以看作定理3.2的特殊情况。

注意我们求拟极大似然估计量不是通过一阶条件求得的，因此我们在这里并没有写出一阶条件。一阶条件是在证明定理3.2时才是必要的，定理3.1的证明并不需要一阶条件。

3.5 渐近一致性的证明

现在开始证明定理3.1，在证明该定理之前，我们给出几个引理并给出详细证明。

3.5.1 引理及证明

引理3.1

(a) $\|\breve{W}\|_1\vee\|\breve{W}\|_\infty\leqslant C$

(b) $\|\breve{W}'\breve{W}\|_1\vee\|\breve{W}'\breve{W}\|_\infty\leqslant C$

(c) $\|\breve{W}'G^*\|_1\vee\|\breve{W}'G^*\|_\infty\leqslant C$

(d) $\|\breve{G}^*\widehat{G}^*\|_1\vee\|\breve{G}^*\widehat{G}^*\|_\infty\leqslant C$

(e) $\| \widehat{S}'\widehat{S} \|_1 \vee \| \widehat{S}'\widehat{S} \|_\infty \leqslant C$

(f) $\| \widehat{G}^* \widehat{S} \|_1 \vee \| \widehat{G}^* \widehat{S} \|_\infty \leqslant C$

(g) $\| \widehat{G}'^* \widehat{G}^* \|_1 \vee \| \widehat{G}'^* \widehat{G}^* \|_\infty \leqslant C$

其中，$\breve{W} = S^{*\prime}S^* W$，$\breve{G}^* = S(\rho) G^*$，$\widehat{G}^* = S(\rho) G^* S^{*-1}$，$\widehat{S} = S(\rho) S^{*-1}$。该引理的详细技术证明见李龙飞（Lee，2004）。

引理 3.2

(a′) $\frac{1}{N\overline{T}} \sum_{t=2}^{T} \dot{Y}'_{t-m} S^{*\prime} S^* W \dot{Y}_{t-n} = \frac{1}{N\overline{T}} \sum_{t=2}^{T} \mathbb{E}[\tilde{Y}'_{t-m} S^{*\prime} S^* W \tilde{Y}_{t-n}] + o_p(1)$，$m = n = 0, 1$

(b′) $\frac{1}{N\overline{T}} \sum_{t=2}^{T} \dot{Y}'_{t-m} S^{*\prime} S^* W \dot{X}_t = \frac{1}{N\overline{T}} \sum_{t=2}^{T} \mathbb{E}[\tilde{Y}'_{t-1} S^{*\prime} S^* W \dot{X}_t] + o_p(1), m = 0, 1$

其中，W 矩阵是非随机矩阵。

(a) $\frac{1}{N\overline{T}} \sum_{t=2}^{T} \dot{\chi}'_t S(\hat{\rho})' S(\hat{\rho}) \dot{\chi}_t = \frac{1}{N\overline{T}} \sum_{t=2}^{T} \mathbb{E}[\tilde{\chi}'_t S^{*\prime} S^* \tilde{\chi}_t] + o_p(1)$

(b) $\frac{1}{N\overline{T}} \sum_{t=2}^{T} \dot{\chi}'_t S(\hat{\rho})' S(\hat{\rho}) G^* \dot{\chi}_t \Phi^* = \frac{1}{N\overline{T}} \sum_{t=2}^{T} \mathbb{E}[\tilde{\chi}_t S^{*\prime} S^* G^* \tilde{X}_t \Phi^*] + o_p(1)$

(c) $\frac{1}{N\overline{T}} \sum_{t=2}^{T} \dot{\chi}'_t G^{*\prime} S(\hat{\rho})' S(\hat{\rho}) G^* \dot{\chi}_t \Phi^* = \frac{1}{N\overline{T}} \sum_{t=2}^{T} \mathbb{E}[\tilde{\chi}_t G^{*\prime} S^{*\prime} S^* G^* \tilde{X}_t \Phi^*] + o_p(1)$

(d) $\mathbb{E}\Big[\frac{1}{N\overline{T}} \sum_{t=2}^{T} \Phi^{*\prime}(\dot{\chi}_t - \tilde{\chi}_t) S(\rho)' S(\rho) S^{*-1} e_t\Big]^2 = O_p(\overline{T}^2)$

(e) $\mathbb{E}\Big[\frac{1}{N\overline{T}} \sum_{t=2}^{T} \Phi^{*\prime}(\dot{\chi}_t - \tilde{\chi}_t) G^{*\prime} S(\rho)' S(\rho) G^* S^{*-1} e_t\Big]^2 = O_p(\overline{T}^2)$

证明：

我们首先给出下列两个非常重要的结果：

$$\frac{1}{N}\Big(\sum_{v=0}^{\infty} \breve{B}_v^* \bar{e}_{-m-v}\Big)' \breve{W} \Big(\sum_{u=0}^{\infty} \breve{B}_v^* \bar{e}_{-n-u}\Big) = O_p(\overline{T}^{-1}) \quad (3-9)$$

和

$$\frac{1}{N\overline{T}} \sum_{t=2}^{T} \tilde{Y}'_{t-m} \breve{W} \tilde{Y}_{t-n} - \frac{1}{N\overline{T}} \sum_{t=2}^{T} \mathbb{E}[\tilde{Y}'_{t-m} \breve{W} \tilde{Y}_{t-n}] = O_p(N^{-1/2} \overline{T}^{-1/2}) \quad (3-10)$$

其中，$\breve{B}_v^* = B_v^* S^{*-1}$。

现在考虑公式（3－9），由 $\bar{e}_{-n}$的定义，公式（3－9）的左手边等于下面的形式：

$$\frac{1}{N\bar{T}^2}\sum_{u,v=0}^{\infty}\sum_{t,s=2}^{T} e'_{s-m-v}\breve{B}_v^{*\prime}\breve{W}\breve{B}_u^* e_{t-n-u} \tag{3－11}$$

所以我们有下面的结果：

$$\mathbb{E}\left[\frac{1}{N}\left(\sum_{v=0}^{\infty}\breve{B}_v^*\bar{e}_{-m-v}\right)'\breve{W}\left(\sum_{u=0}^{\infty}\breve{B}_u^*\bar{e}_{-n-u}\right)\right]^2$$

$$= \frac{1}{N^2\bar{T}^4}\sum_{u,v,u',v'=0}^{\infty}\sum_{t,s,t',s'=2}^{T}\mathbb{E}(e'_{s-m-v}\breve{B}_v^{*\prime}\breve{W}\breve{B}_u^* e_{t-n-u}e'_{s'-m-v'}\breve{B}_{v'}^{*\prime}\breve{W}\breve{B}_{u'}^* e_{t'-n-u'}) \tag{3－12}$$

除了（1）$s-v-m=t-u-n$ 并且 $s'-v'-m=t'-u'-n$；（2）$s-v=t'-u'$并且 $t-u=s'-v'$；（3）$s-v-m=t'-u'-n$ 并且 $t-u-n=s'-v'-m$ 这三种情况外，$\mathbb{E}(e'_{s-m-v}\breve{B}_v^{*\prime}\breve{W}\breve{B}_u^* e_{t-n-u}e'_{s'-m-v'}\breve{B}_{v'}^{*\prime}\breve{W}\breve{B}_{u'}^* e_{t'-n-u'})$ 这一项都是0。这三种情况都包含特殊情形 $s-v-m=t-u-n=s'-v'-m=t'-u'-n$。有了这些分析，公式（3－12）等价于下面的形式：

$$\left[\frac{\sigma^{*2}}{N\bar{T}^2}\sum_{u,v=0}^{\infty}\left[(\bar{T}-|(v+m)-(u+n)|)\vee 0\right]tr(\breve{B}_v^{*\prime}\breve{W}\breve{B}_u^*)\right]^2+\frac{\sigma^{*4}}{N^2\bar{T}^4}$$

$$\sum_{u,v,u',v'=0}^{\infty}\left[(\bar{T}-|v-v'|)\vee 0\right]\left[(\bar{T}-|u-u'|)\vee 0\right]tr(\breve{B}_{u'}^{*\prime}\breve{W}\breve{B}_{v'}^*\breve{B}_v^{*\prime}\breve{W}\breve{B}_u^*)$$

$$+\frac{\sigma^{*4}}{N^2\bar{T}^4}\sum_{u,v,u',v'=0}^{\infty}\left[(\bar{T}-|v+m-u'-n|)\vee 0\right]\left[(\bar{T}-|u+n-v'-m|)\vee 0\right]$$

$$tr(\breve{B}_v^{*\prime}\breve{W}\breve{B}_u^*\breve{B}_{v'}^{*\prime}\breve{W}\breve{B}_{u'}^*)+\frac{\kappa_4^*-3\sigma^{*4}}{N^2\bar{T}^4}\sum_{u,v,u',v'=0}^{\infty}\left\{\left[\bar{T}-\bar{\delta}+\underline{\delta}\right]\vee 0\right\}$$

$$tr\left[(\breve{B}_v^{*\prime}\breve{W}\breve{B}_u^*)\circ(\breve{B}_{v'}^{*\prime}\breve{W}\breve{B}_{u'}^*)\right] \tag{3－13}$$

其中，$\bar{\delta}=v\vee u\vee v'\vee u'$，$\underline{\delta}=v\wedge u\wedge v'\wedge u'$，$\kappa_4^*=\mathbb{E}(e_{it}^4)$。

现在首先考虑公式（3－13）的第一项，因为 $\|\breve{W}\|_1\vee\|\breve{W}\|_\infty\leqslant C$，我们有对于任意的 i，j，$|(\breve{W})_{ij}|\leqslant C$，因此，我们有下面的结果：

$$\left|\frac{\sigma^{*2}}{N\bar{T}^2}\sum_{u,v=0}^{\infty}\left[(\bar{T}-|(v+m)-(u+n)|)\vee 0\right]tr(\breve{B}_v^{*\prime}\breve{W}\breve{B}_u^*)\right|$$

$$\leqslant \frac{\sigma^{*2}}{N\overline{T}}\sum_{u,v=0}^{\infty}\sum_{i=1}^{N}\sum_{j=1}^{N}\sum_{l=1}^{N}|\breve{B}_{ji,v}^{*}|\cdot|(\breve{W})_{jl}|\cdot|\breve{B}_{li,u}^{*}|$$

$$\leqslant C\frac{\sigma^{*2}}{N\overline{T}}\sum_{u,v=0}^{\infty}\sum_{i=1}^{N}\sum_{j=1}^{N}\sum_{l=1}^{N}|\breve{B}_{ji,v}^{*}|\cdot|\breve{B}_{li,u}^{*}|$$

$$\leqslant C\frac{\sigma^{*2}}{N\overline{T}}\sum_{j=1}^{N}[\sum_{v=0}^{\infty}\sum_{i=1}^{N}|\breve{B}_{ji,v}^{*}|(\sum_{u=0}^{\infty}\sum_{l=1}^{N}|\breve{B}_{li,u}^{*}|)]$$

根据本章模型的第5个假设，我们知道 $\sum_{v=0}^{\infty}\|\breve{B}_{v}^{*}\|_{1}\leqslant C$，这意味着对所有的 i，都有 $\sum_{u=0}^{\infty}\sum_{l=1}^{N}|\breve{B}_{li,u}^{*}|\leqslant C$，因此上式的界是：

$$C^{2}\frac{\sigma^{*2}}{N\overline{T}}\sum_{j=1}^{N}[\sum_{v=0}^{\infty}\sum_{i=1}^{N}|\breve{B}_{ji,v}^{*}|]$$

再一次，利用假设我们知道，$\sum_{v=0}^{\infty}\sum_{i=1}^{N}|\breve{B}_{ji,v}^{*}|\leqslant\sum_{v=0}^{\infty}\|\breve{B}_{v}^{*}\|_{\infty}\leqslant C$，因此我们有下面的结果：

$$\left|\frac{\sigma^{*2}}{N\overline{T}^{2}}\sum_{u,v=0}^{\infty}[(\overline{T}-|(v+m)-(u+n)|)\vee 0]tr(\breve{B}_{v}^{*\prime}\breve{W}\breve{B}_{u}^{*})\right|=O\left(\frac{1}{\overline{T}}\right)$$

这意味着公式（3－13）的第一项是 $O\left(\frac{1}{\overline{T}^{2}}\right)$。

现在考虑公式（3－13）的第二项，注意到 $|(\breve{W})_{ij}|\leqslant C$，所以公式（3－13）的第二项的界是：

$$\frac{\sigma^{*4}}{N^{2}\overline{T}^{2}}\sum_{u,v,u',v'=0}^{\infty}|tr(\breve{B}_{u'}^{*\prime}\breve{W}\breve{B}_{v'}^{*}\breve{B}_{v}^{*\prime}\breve{W}\breve{B}_{u}^{*})|$$

$$\leqslant\frac{\sigma^{*4}}{N^{2}\overline{T}^{2}}\sum_{u,v,u',v'=0}^{\infty}\sum_{i,j,j',l,l',d=1}^{N}|\breve{B}_{ji,u'}^{*\prime}(\breve{W})_{lj}\breve{B}_{ld,v'}^{*}\breve{B}_{l'd,v}^{*\prime}(\breve{W})_{l'j'}\breve{B}_{j'i,u}^{*}|$$

$$\leqslant C\frac{\sigma^{*4}}{N^{2}\overline{T}^{2}}\sum_{v,u',v'=0}^{\infty}\sum_{i,j,l,l',d=1}^{N}|\breve{B}_{ji,u'}^{*}(\breve{W})_{lj}\breve{B}_{ld,v'}^{*}\breve{B}_{l'd,v}^{*}|(\sum_{j'=1}^{N}\sum_{u=0}^{\infty}\breve{B}_{j'i,u}^{*})$$

$$\leqslant C^{2}\frac{\sigma^{*4}}{N^{2}\overline{T}^{2}}\sum_{v,u',v'=0}^{\infty}\sum_{i,j,l,l',d=1}^{N}|\breve{B}_{ji,u'}^{*}(\breve{W})_{lj}\breve{B}_{ld,v'}^{*}\breve{B}_{l'd,v}^{*}|$$

$$\leqslant C^{2}\frac{\sigma^{*4}}{N^{2}\overline{T}^{2}}\sum_{v,v'=0}^{\infty}\sum_{l,l',d=1}^{N}\{[\sum_{j=1}^{N}(\sum_{u'=0}^{\infty}\sum_{i=1}^{N}|\breve{B}_{ji,u'}^{*}|)(\breve{W})_{lj}]\cdot|\breve{B}_{ld,v'}^{*}\breve{B}_{l'd,v}^{*}|\}$$

$$\leqslant C^{4}\frac{\sigma^{*4}}{N^{2}\overline{T}^{2}}\sum_{v,v'=0}^{\infty}\sum_{l,l',d=1}^{N}|\breve{B}_{ld,v'}^{*}\breve{B}_{l'd,v}^{*}|$$

$$\leqslant C^4 \frac{\sigma^{*4}}{N^2\overline{T}^2}\sum_{d=1}^{N}\left[\sum_{v'=0}^{\infty}\sum_{l=1}^{N}|\breve{B}^*_{ld,v'}|\right]\sum_{v=0}^{\infty}\sum_{l'=1}^{N}|\breve{B}^*_{l'd,v}|$$

$$\leqslant C^6 \frac{\sigma^{*4}}{N\overline{T}^2}$$

因此，公式（3－13）的第二项是 $O\left(\frac{1}{N\overline{T}^2}\right)$。同理可得，公式（3－13）的第三项也是 $O\left(\frac{1}{N\overline{T}^2}\right)$。现在考虑公式（3－13）的最后一项，它的界是：

$$\frac{\kappa_4^* - 3\sigma^{*4}}{N^2\overline{T}^3}\sum_{u,v,u',v'=0}^{\infty}\sum_{i,j,j',l,l'=1}^{N}|\breve{B}^*_{ji,v}(\breve{W})_{jl}\breve{B}^*_{li,u}\breve{B}^*_{j'i,v'}(\breve{W})_{j'l'}\breve{B}^*_{l'i,u'}|$$

$$\leqslant C^2 \frac{\kappa_4^* - 3\sigma^{*4}}{N^2\overline{T}^3}\sum_{u,v,u',v'=0}^{\infty}\sum_{i,j,j',l,l'=1}^{N}|\breve{B}^*_{ji,v}\breve{B}^*_{li,u}\breve{B}^*_{j'i,v'}\breve{B}^*_{l'i,u'}|$$

$$\leqslant C^2 \frac{\kappa_4^* - 3\sigma^{*4}}{N^2\overline{T}^3}\sum_{u,v=0}^{\infty}\sum_{i,j,l=1}^{N}|\breve{B}^*_{ji,v}\breve{B}^*_{li,u}|\left(\sum_{v'=0}^{\infty}\sum_{j'=1}^{N}|\breve{B}^*_{j'i,v'}|\right)\left(\sum_{u'=0}^{\infty}\sum_{l'=1}^{N}|\breve{B}^*_{l'i,u}|\right)$$

$$\leqslant C^4 \frac{\kappa_4^* - 3\sigma^{*4}}{N^2\overline{T}^3}\sum_{u,v=0}^{\infty}\sum_{i,j,l=1}^{N}|\breve{B}^*_{ji,v}\breve{B}^*_{li,u}|$$

$$\leqslant C^4 \frac{\kappa_4^* - 3\sigma^{*4}}{N^2\overline{T}^3}\sum_{i=1}^{N}\left(\sum_{u=0}^{\infty}\sum_{l=1}^{N}|\breve{B}^*_{li,u}|\right)\left(\sum_{v=0}^{\infty}\sum_{j=1}^{N}|\breve{B}^*_{ji,v}|\right)$$

$$\leqslant C^6 \frac{\kappa_4^* - 3\sigma^{*4}}{N\overline{T}^3}$$

所以，公式（3－13）的最后一项是 $O\left(\frac{1}{N\overline{T}^3}\right)$，综合以上结果我们可以得到下面的结果：

$$\mathbb{E}\left[\frac{1}{N}\left(\sum_{v=0}^{\infty}\breve{B}^*_v\bar{e}_{-m-v}\right)'\breve{W}\left(\sum_{u=0}^{\infty}\breve{B}^*_v\bar{e}_{-n-u}\right)\right]^2 = O\left(\frac{1}{\overline{T}^2}\right)$$

所以公式（3－9）成立，我们得到了第一个重要结果。

现在考虑公式（3－10），根据 $\widetilde{Y}_t$ 的定义，只需证明下面的结果：

$$\frac{1}{N\overline{T}}\sum_{t=2}^{T}\left(\sum_{v=0}^{\infty}B^*_v\dot{X}_{t-m-v}\beta^*\right)'\breve{W}\left(\sum_{u=0}^{\infty}\breve{B}^*_u e_{t-n-u}\right) = O_p\left(\frac{1}{\sqrt{N\overline{T}}}\right) \qquad (3-14)$$

和

$$\frac{1}{N\overline{T}}\sum_{t=2}^{T}\left(\sum_{v=0}^{\infty}\breve{B}_v^*e_{t-m-v}\right)'\breve{W}\left(\sum_{u=0}^{\infty}\breve{B}_u^*e_{t-n-u}\right)$$
$$-\frac{1}{N\overline{T}}\sum_{t=2}^{T}\mathbb{E}\left[\left(\sum_{v=0}^{\infty}\breve{B}_v^*e_{t-m-v}\right)'\breve{W}\left(\sum_{u=0}^{\infty}\breve{B}_u^*e_{t-n-u}\right)\right]=O_p\left(\frac{1}{\sqrt{N\overline{T}}}\right)\tag{3-15}$$

令 $\mathbb{X}_{t-m}=\breve{W}'\sum_{v=0}^{\infty}B_v^*\dot{X}_{t-m-v}\boldsymbol{\beta}^*$，根据本章模型假设5和假设6容易得到 $\mathbb{X}_{t-m}$是非随机和有界的。令 $\mathbb{X}_{it-m}$表示 $\mathbb{X}_{t-m}$的第 i 个元素。则有下面的结果：

$$\mathbb{E}\left[\frac{1}{N\overline{T}}\sum_{t=2}^{T}\mathbb{X}'_{t-m}\left(\sum_{u=0}^{\infty}\breve{B}_u^*e_{t-n-u}\right)\right]^2$$
$$=\frac{\sigma^{*2}}{N^2\overline{T}^2}\sum_{v=0}^{\infty}\sum_{u=0}^{\infty}\sum_{t=2+|u-v|}^{T}\mathbb{X}'_{t-m}\breve{B}_u^*\breve{B}_v^{*\prime}\mathbb{X}_{t-m+v-u}$$
$$\leqslant\frac{\sigma^{*2}}{N^2\overline{T}^2}\sum_{v=0}^{\infty}\sum_{u=0}^{\infty}\sum_{t=2+|u-v|}^{T}\left|\sum_{i,j,l=1}^{N}\mathbb{X}_{i,t-m}\breve{B}_{ij,u}^*\breve{B}_{lj,v}^*\mathbb{X}_{l,t-m+v-u}\right|$$
$$\leqslant C^2\frac{\sigma^{*2}}{N^2\overline{T}}\sum_{v=0}^{\infty}\sum_{u=0}^{\infty}\sum_{i,j,l=1}^{N}|\breve{B}_{ij,u}^*|\cdot|\breve{B}_{lj,v}^*|$$
$$\leqslant C^2\frac{\sigma^{*2}}{N\overline{T}}\frac{1}{N}\sum_{j=1}^{N}\left[\left(\sum_{u=0}^{\infty}\sum_{i=1}^{N}|\breve{B}_{ij,u}^*|\right)\left(\sum_{v=0}^{\infty}\sum_{l=1}^{N}|\breve{B}_{lj,v}^*|\right)\right]$$
$$=C^4\frac{\sigma^{*2}}{N\overline{T}}$$

所以公式（3－14）成立。接下来我们考虑公式（3－15）。令 $\mathbb{Y}_{vu}=\breve{B}_v^{*\prime}\breve{W}\breve{B}_u^*$。则公式（3－15）的左手边等于下面的形式：

$$\frac{1}{N\overline{T}}\sum_{t=2}^{T}\sum_{v=0}^{\infty}e'_{t-m-v}\mathbb{Y}_{vu}e_{t-n-u}-\frac{1}{N\overline{T}}\sum_{t=2}^{T}\sum_{v=0}^{\infty}\mathbb{E}(e'_{t-m-v}\mathbb{Y}_{vu}e_{t-n-u})$$

进一步，上面表达式的方差等于下面的形式：

$$\frac{2\sigma^{*4}}{N^2\overline{T}^2}\sum_{u,v,w=0}^{\infty}\left[(\overline{T}-|w-v|)\vee 0\right]tr(\mathbb{Y}_{vu}\mathbb{Y}_{w,w+u-v})1(w+u-v\geqslant 0)$$
$$+\frac{\sigma^{*4}}{N^2\overline{T}^2}\sum_{v,w=0}^{\infty}\left[(\overline{T}-|n+u-m-v|)\vee 0\right]tr(\mathbb{Y}_{vu}\mathbb{Y}_{w,2m-2n+w+v-u})1$$
$$(2m-2n+w+v-u\geqslant 0)+\frac{\kappa_4^*-3\sigma^{*4}}{N^2\overline{T}^2}\sum_{v,w=0}^{\infty}\left[(\overline{T}-|w-v|)\vee 0\right]$$

$$tr(\mathbb{Y}_{v,m+v-n} \circ \mathbb{Y}_{w,w+m-n})1(m+v-n \geqslant 0 \cap m+w-n \geqslant 0) \tag{3-16}$$

为了表述的方便，我们假设：如果 $v<0$，则 $B_v^*=0$。则公式（3-16）的第一项的上界是下面的形式：

$$\frac{2\sigma^{*4}}{N^2\overline{T}}\sum_{u,v,w=0}^{\infty} tr(\breve{B}'^{*}_{w+u-v}\breve{W}'\breve{B}_w^*\breve{B}_v^*\breve{W}\breve{B}_u^*)$$

$$\leqslant \frac{2\sigma^{*4}}{N^2\overline{T}}\sum_{u,v,w=0}^{\infty}\sum_{i,j,l,b,d,f=1}^{N}|\breve{B}^*_{ij,w+u-v}(\breve{W})_{lj}\breve{B}^*_{lb,w}\breve{B}^*_{db,v}(\breve{W})_{df}\breve{B}^*_{fi,u}|$$

$$\leqslant \frac{2\sigma^{*4}}{N^2\overline{T}}\sum_{u,v,w=0}^{\infty}\sum_{i,l,b,d,f=1}^{N}|\breve{B}^*_{lb,w}\breve{B}^*_{db,v}(\breve{W})_{df}\breve{B}^*_{fi,u}|[\sum_{j=1}^{N}|\breve{B}^*_{ij,w+u-v}(\breve{W})_{lj}|]$$

$$\leqslant C\frac{2\sigma^{*4}}{N^2\overline{T}}\sum_{u,v,w=0}^{\infty}\sum_{i,l,b,d,f=1}^{N}|\breve{B}^*_{lb,w}\breve{B}^*_{db,v}(\breve{W})_{df}\breve{B}^*_{fi,u}|$$

$$\leqslant C\frac{2\sigma^{*4}}{N^2\overline{T}}\sum_{v,w=0}^{\infty}\sum_{b,d=1}^{N}|\breve{B}^*_{lb,w}\breve{B}^*_{db,v}|[\sum_{f=1}^{N}|(\breve{W})_{df}|(\sum_{u=0}^{\infty}\sum_{i=1}^{N}|\breve{B}^*_{fi,u}|)]$$

$$\leqslant C^3\frac{2\sigma^{*4}}{N^2\overline{T}}\sum_{v,w=0}^{\infty}\sum_{b,d=1}^{N}|\breve{B}^*_{lb,w}\breve{B}^*_{db,v}|$$

$$\leqslant C^3\frac{2\sigma^{*4}}{N\overline{T}}\frac{1}{N}\sum_{b=1}^{N}[(\sum_{w=0}^{\infty}\sum_{l=1}^{N}|\breve{B}^*_{lb,w}|)(\sum_{v=0}^{\infty}\sum_{d=1}^{N}|\breve{B}^*_{db,v}|)]$$

$$\leqslant C^5\frac{2\sigma^{*4}}{N\overline{T}}$$

所以，公式（3-16）的第一项是 $O\left(\frac{1}{N\overline{T}}\right)$，公式（3-16）的第二项也是 $O\left(\frac{1}{N\overline{T}}\right)$，其证明方法与证明公式（3-16）的第一项相似，我们这里就省略了。现在考虑公式（3-16）的第三项，它的上界是下面的形式：

$$\frac{\kappa_4^* - 3\sigma^{*4}}{N^2\overline{T}}\sum_{v,w=0}^{\infty}|tr[(\breve{B}_v^{*\prime}\breve{W}'\breve{B}^*_{m+v-n})\circ(\breve{B}_w^{*\prime}\breve{W}'\breve{B}^*_{w+m-n})]|$$

$$\leqslant \frac{\kappa_4^* - 3\sigma^{*4}}{N^2\overline{T}}\sum_{v,w=0}^{\infty}\sum_{i,j,j',l,l'=1}^{N}|\breve{B}^*_{ji,v}(\breve{W})_{jl}\breve{B}^*_{li,m+v-n}\breve{B}^*_{j'i,w}(\breve{W})_{j'l'}\breve{B}^*_{l'i,w+m-n}|$$

$$\leqslant \frac{\kappa_4^* - 3\sigma^{*4}}{N^2\overline{T}}\sum_{v,w=0}^{\infty}\sum_{i,j,j'=1}^{N}|\breve{B}^*_{ji,v}\breve{B}^*_{j'i,w}|(\sum_{l=1}^{N}|(\breve{W})_{jl}\breve{B}^*_{li,m+v-n}|)$$

$$\left(\sum_{l=1}^{N}\left|(\breve{W})_{j'l'}\breve{B}^{*}_{l'i,w+m-n}\right|\right)\leqslant C^{2}\frac{\kappa_4^{*}-3\sigma^{*4}}{N^{2}\overline{T}}\sum_{v,w=0}^{\infty}\sum_{i,j,j'=1}^{N}\left|\breve{B}^{*}_{ji,v}\breve{B}^{*}_{j'i,w}\right|$$

$$\leqslant C^{2}\frac{\kappa_4^{*}-3\sigma^{*4}}{N\overline{T}}\frac{1}{N}\sum_{i=1}^{N}\left[\left(\sum_{v=0}^{\infty}\sum_{j=1}^{N}\left|\breve{B}^{*}_{ji,v}\right|\right)\left(\sum_{w=0}^{\infty}\sum_{j'=1}^{N}\left|\breve{B}^{*}_{j'i,w}\right|\right)\right]$$

$$\leqslant C^{4}\frac{\kappa_4^{*}-3\sigma^{*4}}{N\overline{T}}$$

因此，公式（3－16）的第三项也是 $O\left(\frac{1}{N\overline{T}}\right)$，总结以上关于公式（3－16）的三项结果，我们可以得到下面的结果：

$$\mathbb{E}\left[\frac{1}{N\overline{T}}\sum_{t=2}^{T}\sum_{v=0}^{\infty}e'_{t-m-v}\mathbb{Y}_{vu}e_{t-n-u}-\frac{1}{N\overline{T}}\sum_{t=2}^{T}\sum_{v=0}^{\infty}\mathbb{E}(e'_{t-m-v}\mathbb{Y}_{vu}e_{t-n-u})\right]^{2}=O\left(\frac{1}{N\overline{T}}\right)$$

这意味着公式（3－15）成立，给定公式（3－14）和公式（3－15）成立，所以公式（3－10）成立。这样我们得到了第二个重要结果。

现在我们利用公式（3－9）和公式（3－10）来证明引理 3.2 公式（a′）。引理 3.2 公式（a′）的左手边可以写成下面的形式：

$$\frac{1}{N\overline{T}}\sum_{t=2}^{T}\dot{Y}'_{t-m}\breve{W}\dot{Y}_{t-n}=\frac{1}{N\overline{T}}\sum_{t=2}^{T}(\dot{Y}_{t-m}-\widetilde{Y}_{t-m})'\breve{W}(\dot{Y}_{t-n}-\widetilde{Y}_{t-n})+\frac{1}{N\overline{T}}\sum_{t=2}^{T}\widetilde{Y}'_{t-m}\breve{W}\widetilde{Y}_{t-n}$$
$$+\frac{1}{N\overline{T}}\sum_{t=2}^{T}(\dot{Y}_{t-m}-\widetilde{Y}_{t-m})'\breve{W}\widetilde{Y}_{t-n}+\frac{1}{N\overline{T}}\sum_{t=2}^{T}\widetilde{Y}'_{t-m}\breve{W}(\dot{Y}_{t-n}-\widetilde{Y}_{t-n})\tag{3-17}$$

根据 $\dot{Y}_{t-m}$ 和 $\widetilde{Y}_{t-m}$ 的定义，公式（3－17）右手边第一项是 $\frac{1}{N}\left(\sum_{v=0}^{\infty}\breve{B}^{*}_{v}\bar{e}_{-m-v}\right)'\breve{W}\left(\sum_{u=0}^{\infty}\breve{B}^{*}_{u}\bar{e}_{-n-u}\right)$，由公式（3－9）可知，它是 $o_p(1)$，第二项根据公式（3－10）可知，它等于 $\frac{1}{N\overline{T}}\sum_{t=2}^{T}\mathbb{E}(\widetilde{Y}'_{t-m}\breve{W}\widetilde{Y}_{t-n})+o_p(1)$，它的第三项等于下面的形式：

$$\frac{1}{N\overline{T}}\sum_{t=2}^{T}\left(\sum_{v=0}^{\infty}\breve{B}^{*}_{v}\bar{e}_{-m-v}\right)'\breve{W}\widetilde{Y}_{t-n}$$

它的范数界是下面的形式：

$$\left[\frac{1}{N\overline{T}}\sum_{t=2}^{T}\left\|\sum_{v=0}^{\infty}\breve{B}^{*}_{v}\bar{e}_{-m-v}\right\|^{2}\right]^{1/2}\left[\frac{1}{N\overline{T}}\sum_{t=2}^{T}\left\|\breve{W}\widetilde{Y}_{t-n}\right\|^{2}\right]^{1/2}\tag{3-18}$$

现在首先考虑公式（3－18）的第一个方括号里的表达式，它等于下面的形式：

$$tr\Big[\frac{1}{N\overline{T}}\sum_{t=2}^{T}(\sum_{v=0}^{\infty}\breve{B}_v^{*}\bar{e}_{-m-v})'(\sum_{v=0}^{\infty}\breve{B}_v^{*}\bar{e}_{-n-v})\Big]$$

令 $\breve{W}=I_N$，利用公式（3－9），所以我们可以得到，它是 $O_p(T^{-1})$。接下来考虑公式（3－18）的第二个方括号里的表达式，它等于下面的形式：

$$tr\Big[\frac{1}{N\overline{T}}\sum_{t=2}^{T}\tilde{Y}'_{t-n}\breve{W}'\breve{W}\tilde{Y}_{t-n}\Big]=tr\Big[\frac{1}{N\overline{T}}\sum_{t=2}^{T}\mathbb{E}(\tilde{Y}'_{t-n}\breve{W}'\breve{W}\tilde{Y}_{t-n})\Big]+o_p(1)$$

其中，等式是因为 $\|\breve{W}'\breve{W}\|_1\vee\|\breve{W}'\breve{W}\|_\infty\leqslant C$（引理 3.1）和公式（3－10），通过上面分析，我们知道公式（3－18）是 $O_p(T^{-1/2})$ 的，并且这意味着公式（3－17）的第三项也是 $O_p(T^{-1/2})$ 的，与证明表达式（3－17）的第三项类似，我们这里就省略了。同理，我们可以证明公式（3－17）的第四项也是 $O_p(T^{-1/2})$，有了以上结果，所以引理 3.2 公式（a′）成立。

现在我们考虑引理 3.2 公式（b′），对于任意的 $m=0$，1，我们要证明下面的结果：

$$\frac{1}{N\overline{T}}\sum_{t=2}^{T}(\dot{Y}_{t-m}-\tilde{Y}_{t-m})\breve{W}\dot{X}_t=O_p(N^{-1/2}T^{-1/2})\qquad(3-19)$$

和

$$\frac{1}{N\overline{T}}\sum_{t=2}^{T}\tilde{Y}'_{t-m}\breve{W}\dot{X}_t=\frac{1}{N\overline{T}}\sum_{t=2}^{T}\mathbb{E}(\tilde{Y}'_{t-m}\breve{W}\dot{X}_t)+O_p(N^{-1/2}T^{-1/2})\qquad(3-20)$$

首先考虑公式（3－19），根据 $\dot{Y}_{t-m}$和 $\tilde{Y}_{t-m}$的定义，公式（3－19）左手边第一项等于下面的形式：

$$\frac{1}{N\overline{T}}\sum_{t=2}^{T}(\sum_{v=0}^{\infty}\breve{B}_v^{*}e_{t-m-v})'\breve{W}\overline{X}$$

令 $\overline{X}_l$ 表示 X_l 的第 l 列，其中 $l=1$，2，…，k，只需要考虑下面的结果：

$$\frac{1}{N\overline{T}}\sum_{t=2}^{T}(\sum_{v=0}^{\infty}\breve{B}_v^{*}\bar{e}_{-m-v})'\breve{W}\overline{X}_l$$

现在考虑 $\mathbb{E}\Big[\frac{1}{N\overline{T}}\sum_{t=2}^{T}\sum_{v=0}^{\infty}(\breve{B}_v^{*}\bar{e}_{t-m-v})'\breve{W}\overline{X}_l\Big]^2$，它等于下面的形式：

$$\frac{1}{N^2\overline{T}^2}\sum_{s,t=2}^{T}\left(\sum_{u,v=0}^{\infty}\mathbb{E}(\overline{X}_{lt}'\breve{W}'\breve{B}_v^{*}e_{s-m-v}e_{t-m-u}')\breve{B}_u^{*\prime}\breve{W}\overline{X}_l\right)$$

$$=\frac{\sigma^{*2}}{N^2\overline{T}^2}\sum_{u,v=0}^{\infty}[(\overline{T}-|v-u|)\vee 0]\overline{X}_l'\breve{W}'\breve{B}_v^{*}\breve{B}_u^{*\prime}\breve{W}\overline{X}_t$$

$$\leqslant\frac{\sigma^{*2}}{N^2\overline{T}}\sum_{u,v=0}^{\infty}\overline{X}_l'\breve{W}'\breve{B}_v^{*}\breve{B}_u^{*\prime}\breve{W}\overline{X}_{lt}$$

$$\leqslant\frac{\sigma^{*2}}{N^2\overline{T}}\sum_{u,v=0}^{\infty}\sum_{i,j,l,b,d=1}^{N}|\overline{X}_{il}(\breve{W})_{ji}\breve{B}_{ji,v}^{*}\breve{B}_{bl,u}^{*}(\breve{W})_{bd}\overline{X}_{dl}|$$

$$\leqslant\frac{\sigma^{*2}}{N^2\overline{T}}\sum_{u,v=0}^{\infty}\sum_{j,l,b=1}^{N}|\breve{B}_{ji,v}^{*}\breve{B}_{bl,u}^{*}|\left[\left(\sum_{i=1}^{N}|\overline{X}_{il}(\breve{W})_{ji}|\right)\left(\sum_{d=1}^{N}|(\breve{W})_{bd}\overline{X}_{dl}|\right)\right]$$

$$\leqslant C^2\frac{\sigma^{*2}}{N^2\overline{T}}\sum_{u,v=0}^{\infty}\sum_{j,l,b=1}^{N}|\breve{B}_{ji,v}^{*}\breve{B}_{bl,u}^{*}|$$

$$\leqslant C^2\frac{\sigma^{*2}}{N^2\overline{T}}\left[\sum_{l=1}^{N}\left(\sum_{v=0}^{\infty}\sum_{j=1}^{N}|\breve{B}_{jl,v}^{*}|\right)\left(\sum_{u=0}^{\infty}\sum_{b=1}^{N}|\breve{B}_{bl,u}^{*}|\right)\right]$$

$$\leqslant C^4\frac{\sigma^{*2}}{N\overline{T}}$$

这意味着公式（3－19）成立。考虑公式（3－20），根据 $\widetilde{Y}_{t-m}$的定义，我们只需要证明下面的结果：

$$\frac{1}{N\overline{T}}\sum_{t=2}^{T}\left(\sum_{v=0}^{\infty}\breve{B}_v^{*}e_{t-m}\right)'\breve{W}\dot{X}_t=O_p(N^{-1/2}T^{-1/2})$$

令 $\breve{W}\dot{X}_t=\mathbb{X}_t$，证明过程与证明公式（3－14）类似，因此证明过程略。给定公式（3－19）和公式（3－20），因此公式（b′）成立。

现在证明引理3.2的第二部分，首先考虑表达式（a），根据定理证明过程，我们已经证明 $\hat{\rho}\xrightarrow{p}\rho^{*}$，所有容易得到 $S(\hat{\rho})'S(\hat{\rho})=S^{*\prime}S^{*}+o_p(1)$。

根据定义，

$$\dot{\chi}_t=[\dot{Y}_{t-1},\ W\dot{Y}_{t-1},\ \dot{X}_t]$$

我们容易知道 $\frac{1}{N\overline{T}}\sum_{t=2}^{T}\dot{\chi}_tS(\hat{\rho})'S(\hat{\rho})\dot{\chi}_t$ 的元素，或者是 $\frac{1}{N\overline{T}}\sum_{t=2}^{T}\dot{Y}_{t-1}'S(\hat{\rho})'S(\hat{\rho})W\dot{Y}_{t-1}$ 或者是 $\frac{1}{N\overline{T}}\sum_{t=2}^{T}\dot{Y}_{t-1}'S(\hat{\rho})'S(\hat{\rho})\dot{Y}_{t-1}$ 或者是 $\frac{1}{N\overline{T}}\sum_{t=2}^{T}\dot{Y}_{t-1}'S(\hat{\rho})'$

$S(\hat{\rho})\dot{X}_t$。

首先，$\frac{1}{NT}\sum_{t=2}^{T}\dot{Y}'_{t-1}S(\hat{\rho})'S(\hat{\rho})W\dot{Y}_{t-1}=\frac{1}{NT}\sum_{t=2}^{T}\dot{Y}'_{t-1}S^{*\prime}S^{*}W\dot{Y}_{t-1}+o_p(1)$，利用引理 3.2 的公式（a′），我们可以得到下面的形式：

$$\frac{1}{NT}\sum_{t=2}^{T}\dot{Y}'_{t-1}S(\hat{\rho})'S(\hat{\rho})W\dot{Y}_{t-1}=\frac{1}{NT}\sum_{t=2}^{T}\mathbb{E}[\tilde{Y}'_{t-1}S^{*\prime}S^{*}W\tilde{Y}_{t-1}]+o_p(1)$$

其次，我们可以得到 $\frac{1}{NT}\sum_{t=2}^{T}\dot{Y}'_{t-1}S(\hat{\rho})'S(\hat{\rho})\dot{Y}_{t-1}=\frac{1}{NT}\sum_{t=2}^{T}\dot{Y}'_{t-1}S^{*\prime}S^{*}\dot{Y}_{t-1}+o_p(1)$，令 $W=I_N$，利用引理 3.2 公式（a′），我们可以得到下面的形式：

$$\frac{1}{NT}\sum_{t=2}^{T}\dot{Y}'_{t-1}S(\hat{\rho})'S(\hat{\rho})\dot{Y}_{t-1}=\frac{1}{NT}\sum_{t=2}^{T}\mathbb{E}[\tilde{Y}'_{t-1}S^{*\prime}S^{*}\tilde{Y}_{t-1}]+o_p(1)$$

最后，我们利用 $\frac{1}{NT}\sum_{t=2}^{T}\dot{Y}'_{t-1}S(\hat{\rho})'S(\hat{\rho})\dot{X}_t=\frac{1}{NT}\sum_{t=2}^{T}\dot{Y}'_{t-1}S^{*\prime}S^{*}\dot{X}_t+o_p(1)$，令 $W=I_N$，利用引理 3.2 公式（b′），我们可以得到下面的形式：

$$\frac{1}{NT}\sum_{t=2}^{T}\dot{Y}'_{t-1}S(\hat{\rho})'S(\hat{\rho})\dot{X}_t=\frac{1}{NT}\sum_{t=2}^{T}\mathbb{E}[\tilde{Y}'_{t-1}S^{*\prime}S^{*}\dot{X}_t]+o_p(1)$$

综合以上三个结果，我们可得引理 3.2 公式（a）成立，同理，我们可以知道引理 3.2 公式（b）和引理 3.2 公式（c）也成立，这里证明过程省略。

现在开始考虑引理 3.2 公式（d），由定义知道下面的事实：

$$\dot{\chi}_t-\tilde{\chi}_t=-[\sum_{v=0}^{\infty}\breve{B}_v^{*}\bar{e}_{-v-1},W\sum_{v=0}^{\infty}\breve{B}_v^{*}\bar{e}_{-v-1},\underset{N\times k}{0}] \tag{3-21}$$

其中，$\bar{e}_{-v}=\frac{1}{T}\sum_{t=2}^{T}e_{t-v}$。根据公式（3－21），我们可以得到下面的形式：

$$\frac{1}{NT}\sum_{t=2}^{T}\Phi^{*\prime}(\dot{\chi}_t-\tilde{\chi}_t)e_t=-\frac{1}{N}\varrho^{*}\sum_{v=0}^{\infty}\bar{e}'_{-v-1}\breve{B}^{*\prime}{}_v\bar{e}-\frac{1}{N}\gamma^{*}\sum_{v=0}^{\infty}\bar{e}'_{-v-1}\breve{B}^{*\prime}{}_vW'\bar{e}$$

根据柯西—施瓦茨不等式（Cauchy－Schwarz）不等式，

$$(a_1+a_2)^2\leqslant2(a_1^2+a_2^2)$$

我们可以得到下面的结果：

$$\left[\frac{1}{NT}\sum_{t=2}^{T}\Phi^{*\prime}(\dot{\chi}_t-\tilde{\chi}_t)e_t\right]^2\leqslant2\left[\left(\frac{1}{N}\varrho^{*}\sum_{v=0}^{\infty}\bar{e}'_{-v-1}\breve{B}_v^{*\prime}\bar{e}\right)^2+\left(\frac{1}{N}\gamma^{*}\sum_{v=0}^{\infty}\bar{e}'_{-v-1}\breve{B}_v^{*\prime}W'\bar{e}\right)^2\right]$$

有了上面的结果，要证明引理3.2公式（d），只需要证明下面的结果：

$$\mathbb{E}\Big(\frac{1}{N}\gamma^{*}\sum_{v=0}^{\infty}\bar{e}'_{-v-1}\breve{B}_{v}^{*\prime}W'\bar{e}\Big)^{2}=O(T^{-2}) \tag{3-22}$$

公式（3－22）的左手边等于下面的形式：

$$\frac{1}{N^{2}\bar{T}^{4}}\sum_{u,v=0}^{\infty}\sum_{s,t,s',t'=2}^{T}\mathbb{E}(e_{s-v}\breve{B}_{v}^{*}W'e_{t}e_{s'-u}\breve{B}_{u}^{*}W'e_{t'})$$

我们注意到表达式 $\mathbb{E}(e_{s-v}\breve{B}_{v}^{*\prime}W'e_{t}e_{s'-u}\breve{B}_{u}^{*\prime}W'e_{t'})$，除了下述三种情况之外均为0，这三种情况是：（1）$s-v=t$，$s'-u=t'$；（2）$s-v=s'-u$，$t=t'$；（3）$s-v=t'$，$t=s'-u$。所有这三种情况都包含特殊情况 $s-v=t=s'-u=t'$，所以上式等于下面的形式：

$$\begin{aligned}&\frac{\sigma^{*4}}{N^{2}\bar{T}^{4}}\sum_{u=0}^{\infty}\sum_{v=0}^{\infty}[(\bar{T}-v)\vee 0][(\bar{T}-u)\vee 0]tr(W\breve{B}_{v}^{*})tr(W\breve{B}_{u}^{*})\\&+\frac{\sigma^{*4}}{N^{2}\bar{T}^{4}}\sum_{u=0}^{\infty}\sum_{v=0}^{\infty}[(\bar{T}-v)\vee 0][(\bar{T}-u)\vee 0]tr(W\breve{B}_{v}^{*}W\breve{B}_{u}^{*})\\&+\frac{\sigma^{*4}}{N^{2}\bar{T}^{3}}\sum_{u=0}^{\infty}\sum_{v=0}^{\infty}[(\bar{T}-|u-v|)\vee 0][(\bar{T}-u)\vee 0]tr(W\breve{B}_{v}^{*}W\breve{B}_{u}^{*})\\&+\frac{\kappa_{4}^{*}-3\sigma^{*4}}{N^{2}\bar{T}^{4}}\sum_{u=0}^{\infty}\sum_{v=0}^{\infty}[(\bar{T}-|u-v|)\vee 0][(\bar{T}-u)\vee 0]\\&\quad tr[(W\breve{B}_{v}^{*})\circ(W\breve{B}_{u}^{*})]\end{aligned} \tag{3-23}$$

公式（3－23）的第一项等于下面的形式：

$$\sigma^{*4}\Big[\frac{1}{N\bar{T}^{2}}[(\bar{T}-v)\vee 0]tr(W\breve{B}_{v}^{*})\Big]^{2}\leqslant\sigma^{*4}\Big[\frac{1}{N\bar{T}}\sum_{v=0}^{\infty}|tr(W\breve{B}_{v}^{*})|\Big]^{2}$$

再次注意到 $|W_{ij}|\leqslant C$，所以我们有下列结果：

$$\begin{aligned}\frac{1}{N\bar{T}}\sum_{v=0}^{\infty}|tr(W\breve{B}_{v}^{*})|&\leqslant\frac{1}{N\bar{T}}\sum_{v=0}^{\infty}\sum_{i=1}^{N}\sum_{j=1}^{N}|W_{ij}|\cdot|\breve{B}_{ji,v}^{*}|\\&\leqslant C\frac{1}{N\bar{T}}\sum_{i=1}^{N}\Big(\sum_{v=0}^{\infty}\sum_{j=1}^{N}|\breve{B}_{ji,v}^{*}|\Big)\leqslant C\frac{1}{T}\sum_{v=0}^{\infty}\|\breve{B}_{v}^{*}\|_{1}=O\Big(\frac{1}{\bar{T}}\Big)\end{aligned}$$

因此，公式（3－23）的第一项是 $O(\bar{T}^{-2})$，它的第二项的界是：

$$\frac{\sigma^{*4}}{N^{2}\bar{T}^{2}}\sum_{u=0}^{\infty}\sum_{v=0}^{\infty}|tr(W\breve{B}_{v}^{*}W\breve{B}_{u}^{*})|$$

上式可以进一步写成下面的形式：

$$\frac{\sigma^{*4}}{N^2\overline{T}^2}\sum_{u=0}^{\infty}\sum_{v=0}^{\infty}\sum_{i,j,k,l=1}^{N}|W_{ij}\breve{B}_{jk,v}^{*}W_{kl}\breve{B}_{li,u}^{*}|$$

$$\leqslant C\frac{\sigma^{*4}}{N^2\overline{T}^2}\sum_{u=0}^{\infty}\sum_{v=0}^{\infty}\sum_{i,j,k,l=1}^{N}|\breve{B}_{jk,v}^{*}W_{kl}\breve{B}_{li,u}^{*}|$$

$$\leqslant C^2\frac{\sigma^{*4}}{N^2\overline{T}^2}\sum_{j=1}^{N}\{\sum_{u=0}^{\infty}\sum_{j=1}^{N}|\breve{B}_{jk,v}^{*}|[\sum_{l=1}^{N}W_{kl}(\sum_{v=0}^{\infty}\sum_{i=1}^{N}|\breve{B}_{li,u}^{*}|)]\}$$

$$=O\left(\frac{1}{N\overline{T}^2}\right)$$

公式（3－23）的第三项和第四项分别是$O\left(\frac{1}{N\overline{T}^2}\right)$和$O\left(\frac{1}{N\overline{T}^3}\right)$，公式（3－23）的第三项和第四项和公式（3－13）的第三项和第四项证明类似，我们这里省略了。因此公式（3－23）是$O\left(\frac{1}{\overline{T}^2}\right)$的，所以引理3.2公式（d）成立。

证明引理3.2公式（e）与公式（d）类似，我们这里省略。

引理3.2证明完毕。

引理3.3

(a) $\sup_{\theta\in\Theta}\frac{1}{N\overline{T}\sigma^2}\left|\sum_{t=2}^{T}(\mathcal{F}(\lambda)\dot{\chi}_t\Phi^*)'S(\rho)'S(\rho)\mathcal{F}(\lambda)S^{*-1}\dot{e}_t\right|=o_p(1)$

(b) $\sup_{\theta\in\Theta}\left|\frac{1}{N\overline{T}\sigma^2}\sum_{t=2}^{T}(\mathcal{F}(\lambda)S^{*-1}\dot{e}_t)'S(\rho)'S(\rho)\mathcal{F}(\lambda)S^{*-1}\dot{e}_t-\frac{1}{N}tr\left[\frac{\sigma^{*2}}{\sigma^2}(S(\rho)\mathcal{F}(\lambda)S^{*-1})'S(\rho)\mathcal{F}(\lambda)S^{*-1}\right]\right|=o_p(1)$

(c) $\sup_{\theta\in\Theta}\frac{1}{N\overline{T}\sigma^2}\left|\sum_{t=2}^{T}\dot{e}_t'S^{*-1}\mathcal{F}(\lambda)'S(\rho)'S(\rho)\dot{\chi}_t'\right|=o_p(1)$

(d) $\sup_{\theta\in\Theta}\frac{1}{N\overline{T}\sigma^2}\left|\sum_{t=2}^{T}\Phi^{*'}\dot{\chi}_t'\mathcal{F}(\lambda)'S(\rho)S(\rho)'\dot{\chi}_t\right|=O_p(1)$

其中，$\theta=(\lambda,\ \Phi',\ \rho,\ \sigma^2)'$，其参数空间是$\Theta=\mathbb{R}_\lambda\times\mathbb{R}^r\times\mathbb{R}_\rho\times\mathbb{R}_{\sigma^2}$，我们很容易得到下面公式：

$$\mathcal{F}(\lambda)=D(\lambda)D(\lambda^*)^{-1}=I_N-(\lambda-\lambda^*)G^* \qquad (3-24)$$

证明：

首先考虑引理3.3公式（a），根据公式（3－24），引理3.3公式

（a）的左手边可以写成下面的形式：

$$\sup_{\theta\in\Theta}\frac{1}{\sigma^2}\left|\frac{1}{N\overline{T}}\sum_{t=2}^{T}\Phi^{*\prime}\dot{\chi}_t'S(\rho)'S(\rho)S^{*-1}e_t\right|$$

$$+\sup_{\theta\in\Theta}\frac{1}{\sigma^2}(\lambda-\lambda^*)^2\left|\frac{1}{N\overline{T}}\sum_{t=2}^{T}\Phi^{*\prime}\dot{\chi}'G^{*\prime}S(\rho)'S(\rho)G^*S^{*-1}e_t\right|$$

$$+\sup_{\theta\in\Theta}\frac{1}{\sigma^2}|\lambda-\lambda^*|\left|\frac{1}{N\overline{T}}\sum_{t=2}^{T}\Phi^{*\prime}\dot{\chi}'S(\rho)'S(\rho)G^*S^{*-1}e_t\right|$$

$$+\sup_{\theta\in\Theta}\frac{1}{\sigma^2}|\lambda-\lambda^*|\left|\frac{1}{N\overline{T}}\sum_{t=2}^{T}\Phi^{*\prime}\dot{\chi}'G^*S(\rho)'S(\rho)S^{*-1}e_t\right| \quad (3-25)$$

首先考虑公式（3－25）的第一项，它的界是：

$$\mathbb{E}\left[\frac{1}{N\overline{T}}\sum_{t=2}^{T}\Phi^{*\prime}\dot{\chi}_t'S(\rho)'S(\rho)S^{*-1}e_t\right]^2$$

$$=\mathbb{E}\left[\frac{1}{N\overline{T}}\sum_{t=2}^{T}\Phi^{*\prime}\tilde{\chi}_t'S(\rho)'S(\rho)S^{*-1}e_t+\right.$$

$$\left.\frac{1}{N\overline{T}}\sum_{t=2}^{T}\Phi^{*\prime}(\dot{\chi}_t-\tilde{\chi}_t)'S(\rho)'S(\rho)S^{*-1}e_t\right]^2$$

$$\leqslant 2\mathbb{E}\left[\frac{1}{N\overline{T}}\sum_{t=2}^{T}\Phi^{*\prime}\tilde{\chi}_t'S(\rho)'S(\rho)S^{*-1}e_t\right]^2$$

$$+2\mathbb{E}\left[\frac{1}{N\overline{T}}\sum_{t=2}^{T}\Phi^{*\prime}(\dot{\chi}_t-\tilde{\chi}_t)'S(\rho)'S(\rho)S^{*-1}e_t\right]^2 \quad (3-26)$$

根据本章模型假设 1 和 $\tilde{\chi}_t$的定义，我们可以得到下面的结果：

$$\mathbb{E}\left[\frac{1}{N\overline{T}}\sum_{t=2}^{T}\Phi^{*\prime}\tilde{\chi}_t'S(\rho)'S(\rho)S^{*-1}e_t\right]^2$$

$$=\frac{\sigma^{*2}}{N^2\overline{T}^2}\sum_{t=2}^{T}\Phi^{*\prime}\mathbb{E}(\tilde{\chi}_t'S(\rho)'S(\rho)S^{*-1}S^{*-1\prime}S(\rho)'S(\rho)\tilde{\chi}_t)\Phi^*$$

$$=O(N^{-1}\overline{T}^{-1})$$

其中，最后一个等式根据本章模型假设 6，所以公式（3－26）的第一项是 $O_p(N^{-1}\overline{T}^{-1})$，根据引理 3.2 公式（d），可以得到公式（3－26）的第二项是 $O_p(\overline{T}^{-2})$，根据这些结果，以及模型假设 4 知道 σ^2 是大于 0 的且有界的，我们可以得到公式（3－25）的第一项是 $O_p\left(\frac{1}{\sqrt{N\overline{T}}}\right)+O_p\left(\frac{1}{\overline{T}}\right)$，现

在考虑公式（3－25）的第二项，

$$\mathbb{E}\Big[\frac{1}{N\overline{T}}\sum_{t=2}^{T}\Phi^{*\prime}\dot{\chi}_t'G^{*\prime}S(\rho)'S(\rho)G^{*}S^{*-1}e_t\Big]^2$$

$$\leqslant 2\mathbb{E}\Big[\frac{1}{N\overline{T}}\sum_{t=2}^{T}\Phi^{*\prime}\widetilde{\chi}_t'G^{*\prime}S(\rho)'S(\rho)G^{*}S^{*-1}e_t\Big]^2$$

$$+2\mathbb{E}\Big[\frac{1}{N\overline{T}}\sum_{t=2}^{T}\Phi^{*\prime}(\dot{\chi}_t-\widetilde{\chi}_t)'G^{*\prime}S(\rho)'S(\rho)G^{*}S^{*-1}e_t\Big]^2 \quad (3-27)$$

根据引理3.1公式（d），知道 $\max(\|\breve{G}^{*}\widehat{G}^{*}\|_1\vee\|\breve{G}^{*}\widehat{G}^{*}\|_\infty)$ 是有界的，让 $C=\max(\|\breve{G}^{*\prime}\widehat{G}^{*}\|_1\vee\|\breve{G}^{*\prime}\widehat{G}^{*}\|_\infty)^2$，则 $C\cdot I_N-\breve{G}^{*\prime}\widehat{G}^{*}\breve{G}^{*\prime}\widehat{G}^{*}$ 是正定和半正定的，因此有下面的结果：

$$\mathbb{E}\Big[\frac{1}{N\overline{T}}\sum_{t=2}^{T}\Phi^{*\prime}\widetilde{\chi}_t'G^{*\prime}S(\rho)'S(\rho)G^{*}S^{*-1}e_t\Big]^2$$

$$=\frac{\sigma^{*2}}{N^2\overline{T}^2}\sum_{t=2}^{T}\mathbb{E}(\Phi^{*\prime}\widetilde{\chi}_t'G^{*\prime}S(\rho)'S(\rho)G^{*}S^{*-1}S^{*-1\prime}G^{*\prime}S(\rho)S(\rho)'G^{*}\widetilde{\chi}_t\Phi^{*})$$

$$=\frac{\sigma^{*2}}{N^2\overline{T}^2}\sum_{t=2}^{T}\mathbb{E}(\Phi^{*\prime}\widetilde{\chi}_t'\breve{G}^{*\prime}\widehat{G}^{*}\widehat{G}^{*\prime}\breve{G}^{*}\widetilde{\chi}_t\Phi^{*})$$

$$\leqslant C\frac{\sigma^{*2}}{N^2\overline{T}^2}\sum_{t=2}^{T}\Phi^{*\prime}\mathbb{E}(\widetilde{\chi}_{t'}\widetilde{\chi}_t)\Phi^{*}=O_p(N^{-1}\overline{T}^{-1})$$

这意味着 $\frac{1}{N\overline{T}}\sum_{t=2}^{T}\Phi^{*\prime}\widetilde{\chi}'G^{*\prime}S(\rho)'S(\rho)G^{*}S^{*-1}e_t=O_p(N^{-1/2}\overline{T}^{-1/2})$，由引理3.2公式（e）可以得到公式（3－27）的第二项是 $O_p(\overline{T}^{-2})$，根据以上分析得公式（3－25）的第二项也是 $O_p\left(\frac{1}{\sqrt{N\overline{T}}}\right)+O_p\left(\frac{1}{\overline{T}}\right)$，公式（3－25）第三项和第四项和公式（3－25）第二项的证明相似，所以它们也是 $O_p\left(\frac{1}{\sqrt{N\overline{T}}}\right)+O_p\left(\frac{1}{\overline{T}}\right)$，所以引理3.3公式（a）成立。

现在考虑引理3.3公式（b），它的左手边的界是：

$$\sup_{\theta\in\Theta}\frac{1}{\sigma^2}\Big|\frac{1}{N\overline{T}}\sum_{t=2}^{T}(\mathcal{F}(\lambda)S^{*-1}e_t)'S(\rho)'S(\rho)\mathcal{F}(\lambda)S^{*-1}e_t$$

$$-tr[\sigma^{*2}(S(\rho)\mathcal{F}(\lambda)S^{*-1})'S(\rho)\mathcal{F}(\lambda)S^{*-1}]\Big|$$

$$+\sup_{\theta\in\Theta}\left|\frac{1}{N}(\mathcal{F}(\lambda)S^{*-1}\bar{e}_t)'S(\rho)'S(\rho)\mathcal{F}(\lambda)S^{*-1}\bar{e}_t\right| \quad (3-28)$$

先考虑公式（3－28）第一项，它进一步的界是下面的形式：

$$\sup_{\theta\in\Theta}\frac{1}{\sigma^2}\left|\frac{1}{N\bar{T}}\sum_{t=2}^{T}(S^{*-1}e_t)'S(\rho)'S(\rho)S^{*-1}e_t-\sigma^{*2}tr[(S(\rho)S^{*-1})'S(\rho)S^{*-1}]\right|+\sup_{\theta\in\Theta}\frac{2}{\sigma^2}|\lambda-\lambda^*|\cdot\left|\frac{1}{N\bar{T}}\sum_{t=2}^{T}(G^*S^{*-1}e_t)'S(\rho)'S(\rho)S^{*-1}e_t-\sigma^{*2}tr[(S(\rho)G^*S^{*-1})'S(\rho)S^{*-1}]\right|+\sup_{\theta\in\Theta}\frac{1}{\sigma^2}(\lambda-\lambda^*)^2\cdot\left|\frac{1}{N\bar{T}}\sum_{t=2}^{T}(G^*S^{*-1}e_t)'S(\rho)'S(\rho)G^*S^{*-1}e_t-\sigma^{*2}tr[(S(\rho)G^*S^{*-1})'S(\rho)G^*S^{*-1}]\right|$$

上面的公式可以简写成下面的形式：

$$\sup_{\theta\in\Theta}\frac{1}{\sigma^2}\left|\frac{1}{N\bar{T}}\sum_{t=2}^{T}e_t'\hat{S}'\hat{S}e_t-\sigma^{*2}tr[\hat{S}'\hat{S}]\right|+\sup_{\theta\in\Theta}\frac{2}{\sigma^2}|\lambda-\lambda^*|\cdot\left|\frac{1}{N\bar{T}}\sum_{t=2}^{T}e_t'\hat{G}^{*\prime}\hat{S}e_t-\sigma^{*2}tr[\hat{G}^{*\prime}\hat{S}]\right|+\sup_{\theta\in\Theta}\frac{1}{\sigma^2}(\lambda-\lambda^*)^2\cdot\left|\frac{1}{N\bar{T}}\sum_{t=2}^{T}e_t'\hat{G}'^*\hat{G}^*e_t-\sigma^{*2}tr[\hat{G}'^*\hat{G}^*]\right| \quad (3-29)$$

其中，$\hat{S}=S(\rho)S^{*-1}$。注意到对于非随机矩阵 A，如果 $\|A\|_1\vee\|A\|_\infty\leqslant C$，则有下列非常著名的结果：

$$\mathbb{E}\left[\frac{1}{N\bar{T}}\sum_{t=2}^{T}[e_{t'}Ae_t-tr(\sigma^{*2}A)]\right]^2=\frac{\sigma^{*4}}{N^2\bar{T}}\left[tr(A'A)+tr(A^2)+\frac{\kappa_4^*-3\sigma^{*4}}{\sigma^{*4}}tr(A\circ A)\right]=O_p(N^{-1}\bar{T}^{-1})$$

现在我们考虑下面三个公式：

$$\frac{1}{N\bar{T}}\sum_{t=2}^{T}e_t'\hat{S}'\hat{S}e_t-\sigma^{*2}tr[\hat{S}'\hat{S}],$$

$$\frac{1}{N\bar{T}}\sum_{t=2}^{T}e_t'\hat{G}^{*\prime}\hat{S}e_t-\sigma^{*2}tr[\hat{G}^*\hat{S}],$$

$$\frac{1}{N\overline{T}}\sum_{t=2}^{T} e_t'\widehat{G}'^{*}\widehat{G}^{*}e_t - \sigma^{*2}tr[\widehat{G}'^{*}\widehat{G}^{*}]$$

我们根据引理 3.1 公式（e）、公式（f）和公式（g）知道，$\|\widehat{S}'\widehat{S}\|_1 \vee \|\widehat{S}'\widehat{S}\|_\infty$、$\|\widehat{G}^{*\prime}\widehat{S}\|_1 \vee \|\widehat{G}^{*\prime}\widehat{S}\|_\infty$ 和 $\|\widehat{G}'^{*}\widehat{G}^{*}\|_1 \vee \|\widehat{G}'^{*}\widehat{G}^{*}\|_\infty$ 都是有界的，利用上述重要的结果，所以我们可以得到以上三项表达式都是 $O_p(N^{-1/2}\overline{T}^{-1/2})$，给定这些结果以及模型假设 4 得 λ 和 σ^{-2} 的有界性，公式（3－29）的三项都是 $O_p(N^{-1/2}\overline{T}^{-1/2})$ 的，所以公式（3－28）的第一项是 $O_p(N^{-1/2}\overline{T}^{-1/2})$，利用与公式（3－27）相同的方法，我们可以找到一个常数 C，使得 $C \cdot I_N - S^{*-1\prime}\mathcal{F}(\lambda)'S(\rho)'S(\rho)\mathcal{F}(\lambda)S^{*-1}$ 在参数空间上一致大于 0，因此可以得到公式（3－28）的第二项的界是 $\sup_{\theta\in\Theta}\frac{1}{\sigma^2}\bar{e}'\bar{e} = O_p(\overline{T}^{-1})$，给定这些结果，所以引理 3.3 公式（b）成立。

引理 3.3 公式（c）的证明与公式（3－25）的第三项证明方法是一样的，所以这里省略了。

现在考虑引理 3.3 公式（d），利用公式（3－24），它的左手边的界是：

$$\sup_{\theta\in\Theta}\frac{1}{\sigma^2}\left|\frac{1}{N\overline{T}}\sum_{t=2}^{T}\Phi^{*\prime}\dot{\chi}_t'S(\rho)S(\rho)'\dot{\chi}_t\right| + \sup_{\theta\in\Theta}\frac{1}{\sigma^2}\left|\frac{1}{N\overline{T}}\sum_{t=2}^{T}\Phi^{*\prime}\dot{\chi}_t'G^{*}S(\rho)S(\rho)'\dot{\chi}_t\right|$$

注意到公式 $\frac{1}{N\overline{T}}\sum_{t=2}^{T}\Phi^{*\prime}\dot{\chi}_t'S(\rho)S(\rho)'\dot{\chi}_t$ 和公式 $\frac{1}{N\overline{T}}\sum_{t=2}^{T}\Phi^{*\prime}\dot{\chi}_t G^{*}S(\rho)S(\rho)'\dot{\chi}_t$ 只包括未知参数和观察值，显然它们是 $O_p(1)$，给定这些结果以及模型假设 4 得 λ 和 σ^{-2} 的有界性，所以引理 3.3 公式（d）成立。

3.5.2　定理 3.1 的证明

因为我们可以看到证明公式（3－8）与证明公式（3－7）是相似

的，所以我们只证明公式（3－7）①。我们考虑下面的对数似然函数，

$$l(\theta)=-\frac{1}{2}\ln\sigma^2-\frac{1}{2N\bar{T}\sigma^2}\sum_{t=2}^{T}\dot{Z}_t(\lambda,\Phi,\rho)'\dot{Z}_t(\lambda,\Phi,\rho)+\frac{1}{N}\ln|D(\lambda)|$$
$$+\frac{1}{N}\ln|S(\rho)|+\frac{1}{2}\ln\sigma^{*2}+\frac{1}{2}-\frac{1}{N}\ln|D(\lambda^*)|-\frac{1}{N}\ln|S(\rho^*)| \tag{3-30}$$

我们注意到下面的结果：

$$\dot{Z}_t(\lambda,\Phi,\rho)=S(\rho)[D(\lambda)\dot{Y}_t-\dot{\chi}_t\Phi] \tag{3-31}$$

其中，$\bar{T}=T-1$，$\dot{Y}_t=Y_t-\frac{1}{\bar{T}}\sum_{t=2}^{T}Y_t$，$\dot{\chi}_t=\chi_t-\frac{1}{\bar{T}}\sum_{t=2}^{T}\chi_t$。上面的对数似然函数公式（3－20）与公式（3－7）只差一个常数，并且上面的对数似然函数对我们下面的分析更加方便。

给定 λ 和 ρ 以及 σ^2，对数似然函数公式（3－20）进行最大化，我们可以得到下面的结果：

$$\Phi(\lambda,\rho)=[\sum_{t=2}^{T}\dot{\chi}_t'S(\rho)'S(\rho)\dot{\chi}_t]^{-1}[\sum_{t=2}^{T}\dot{\chi}_t'S(\rho)'S(\rho)D(\lambda)\dot{Y}_t] \tag{3-32}$$

使用公式（3－31）、公式（3－32）可以写成下面的形式：

$$\dot{Z}_t(\lambda,\Phi,\rho)=S(\rho)D(\lambda)\dot{Y}_t-S(\rho)\dot{\chi}_t[\sum_{t=2}^{T}\dot{\chi}_t'S(\rho)'S(\rho)\dot{\chi}_t]^{-1}$$
$$[\sum_{t=2}^{T}\dot{\chi}_t'S(\rho)'S(\rho)D(\lambda)\dot{Y}_t] \tag{3-33}$$

将上述公式（3－33）代入公式（3－30），我们可以得到下面的形式：

$$l(\theta)=-\frac{1}{2}\ln\sigma^2+\frac{1}{N}\ln|D(\lambda)|+\frac{1}{N}\ln|S(\rho)|+\frac{1}{2}\ln\sigma^{*2}+\frac{1}{2}$$
$$-\frac{1}{N}\ln|D(\lambda^*)|-\frac{1}{N}\ln|S(\rho^*)|-\frac{1}{2N\bar{T}\sigma^2}\{\sum_{t=2}^{T}\dot{Y}_tD(\lambda)'S(\rho)'$$
$$S(\rho)D(\lambda)\dot{Y}_t-[\sum_{t=2}^{T}\dot{\chi}_t'S'(\rho)S(\rho)D(\lambda)\dot{Y}_t]'[\sum_{t=2}^{T}\dot{\chi}_t'S'(\rho)S(\rho)\dot{\chi}_t]^{-1}$$

① 更加一般的处理这类渐近最大化可以参考寇叟柔克（Kosorok，2007）的定理 14.4。

$$[\sum_{t=2}^{T}\dot{\chi}_t'S'(\rho)S(\rho)D(\lambda)\dot{Y}_t]\}$$

注意到下面的结果：

$$D(\lambda)\dot{Y}_t = D(\lambda)D^{*-1}(\dot{\chi}_t\Phi^* + S^{*-1}\dot{e}_t) = \mathcal{F}(\lambda)\dot{\chi}_t\Phi^* + \mathcal{F}(\lambda)S^{*-1}\dot{e}_t$$

其中，$\mathcal{F}(\lambda) = D(\lambda)D^{*-1}$。将这个结果代入对数似然函数得到下面的结果：

$$l(\theta) = \ell_1(\theta) + \ell_2(\theta)$$

其中，

$$\begin{aligned}
\ell_1(\theta) = & -\frac{1}{2}\ln\sigma^2 + \frac{1}{N}\ln|D(\lambda)| + \frac{1}{N}\ln|S(\rho)| - \frac{1}{N}\ln|D(\lambda^*)| \\
& - \frac{1}{N}\ln|S(\rho^*)| - \frac{1}{2N}tr\left[\frac{\sigma^{*2}}{\sigma^2}(S(\rho)\mathcal{F}(\lambda)S^{*-1})'S(\rho)\mathcal{F}(\lambda)S^{*-1}\right] \\
& + \frac{1}{2}\ln\sigma^{*2} + \frac{1}{2} - \frac{1}{2N\overline{T}\sigma^2}\{\sum_{t=2}^{T}(\mathcal{F}(\lambda)\dot{\chi}_t\Phi^*)'S(\rho)'S(\rho)\mathcal{F}(\lambda)\dot{\chi}_t\Phi^* \\
& - [\sum_{t=2}^{T}\dot{\chi}_t'S(\rho)'S(\rho)\mathcal{F}(\lambda)\dot{\chi}_t\Phi^*]'[\sum_{t=2}^{T}\dot{\chi}_t'S(\rho)'S(\rho)\dot{\chi}_t]^{-1} \\
& [\sum_{t=2}^{T}\dot{\chi}_t'S(\rho)'S(\rho)\mathcal{F}(\lambda)\dot{\chi}_t\Phi^*]\}
\end{aligned}$$

并且，

$$\begin{aligned}
\ell_2(\theta) = & -\frac{1}{N\overline{T}\sigma^2}\{\sum_{t=2}^{T}(\mathcal{F}(\lambda)\dot{\chi}_t\Phi^*)'S(\rho)'S(\rho)\mathcal{F}(\lambda)S^{*-1}\dot{e}_t\} \\
& - \left\{\frac{1}{2N\overline{T}\sigma^2}\sum_{t=2}^{T}(\mathcal{F}(\lambda)S^{*-1}\dot{e}_t)'S(\rho)'S(\rho)\mathcal{F}(\lambda)S^{*-1}\dot{e}_t\right. \\
& \left. - \frac{1}{2N}tr\left[\frac{\sigma^{*2}}{\sigma^2}(S(\rho)\mathcal{F}(\lambda)S^{*-1})'S(\rho)\mathcal{F}(\lambda)S^{*-1}\right]\right\} \\
& - \left\{\frac{1}{2\sigma^2}\left[\frac{1}{N\overline{T}}\sum_{t=2}^{T}\dot{\chi}_t'S(\rho)'S(\rho)\mathcal{F}(\lambda)S^{*-1}\dot{e}_t\right]'\left[\frac{1}{N\overline{T}}\sum_{t=2}^{T}\dot{\chi}_t'S(\rho)'S(\rho)\dot{\chi}_t\right]^{-1}\right. \\
& \left.\left[\frac{1}{N\overline{T}}\sum_{t=2}^{T}\dot{\chi}_t'S(\rho)'S(\rho)\mathcal{F}(\lambda)S^{*-1}\dot{e}_t\right]\right\} \\
& - \left\{\frac{1}{\sigma^2}\left[\frac{1}{N\overline{T}}\sum_{t=2}^{T}\dot{\chi}_t'S(\rho)'S(\rho)\mathcal{F}(\lambda)\dot{\chi}_t\Phi_t^*\right]'\left[\frac{1}{N\overline{T}}\sum_{t=2}^{T}\dot{\chi}_t'S(\rho)'S(\rho)\dot{\chi}_t\right]^{-1}\right. \\
& \left.\left[\frac{1}{N\overline{T}}\sum_{t=2}^{T}\dot{\chi}_t'S(\rho)'S(\rho)\mathcal{F}(\lambda)S^{*-1}\dot{e}_t\right]\right\}
\end{aligned}$$

我们可以把 $\ell_1(\theta)$ 写成下面的形式：

$$\ell_1(\theta) = \left\{\frac{1}{2N}\ln\left|\frac{\sigma^{*2}}{\sigma^2}(S(\rho)\mathcal{F}(\lambda)S^{*-1})'(S(\rho)\mathcal{F}(\lambda)S^{*-1})\right|\right.$$
$$\left.-\frac{1}{2N}tr\left[\frac{\sigma^{*2}}{\sigma^2}(S(\rho)\mathcal{F}(\lambda)S^{*-1})'S(\rho)\mathcal{F}(\lambda)S^{*-1}\right]+\frac{1}{2}\right\}$$
$$-\frac{1}{2N\bar{T}\sigma^2}\times\Phi^*\{\sum_{t=2}^{T}(\mathcal{F}(\lambda)\dot{\chi}_t)'S(\rho)'S(\rho)\mathcal{F}(\lambda)\dot{\chi}_t$$
$$-[\sum_{t=2}^{T}\dot{\chi}_t'S(\rho)'S(\rho)\mathcal{F}(\lambda)\dot{\chi}_t]'[\sum_{t=2}^{T}\dot{\chi}_t'S(\rho)'S(\rho)\dot{\chi}_t]^{-1}$$
$$[\sum_{t=2}^{T}\dot{\chi}_t'S(\rho)'S(\rho)\mathcal{F}(\lambda)\dot{\chi}_t]\}\Phi^*$$

对所有的 $\theta\in\Theta$，$\ell_1(\theta)$ 的两个公式都是非正的。对于第一个公式，令 $\tau_i(i=1,2,\cdots,N)$ 表示矩阵 $\sigma^{*2}S(\rho)\mathcal{F}(\lambda)S^{*-1}/\sigma^2$ 的特征根，由于矩阵是对称的，所以所有的 τ_i 都是实数，所以 $\ell_1(\theta)$ 的第一个公式等价于下面的形式：

$$\frac{1}{N}\sum_{i=1}^{N}(\ln\tau_i-\tau_i+1)$$

它是非正的，因为函数 $f(x)=\ln x-x+1$ 在 $x=1$ 处取得最大值 0。

现在考虑目标函数，因为 $\hat{\theta}$ 是极大化了对数似然函数，所以我们有 $\ell_1(\hat{\theta})+\ell_2(\hat{\theta})\geqslant\ell_1(\theta^*)+\ell_2(\theta^*)$，或者等价于 $\ell_1(\hat{\theta})-\ell_1(\theta^*)\geqslant\ell_2(\theta^*)-\ell_2(\hat{\theta})$。考虑到引理 3.3 的结果，我们知道 $\ell_2(\theta)=o_p(1)$。有这些结果，我们可以得到 $\ell_1(\hat{\theta})-\ell_1(\theta^*)\geqslant-2\sup_{\theta\in\Theta}|\ell_2(\theta)|=-|o_p(1)|$。根据定义知 $\ell_1(\theta^*)=0$，所以我们得到 $\ell_1(\hat{\theta})=o_p(1)$，但是之前我们已经知道 $\ell_1(\hat{\theta})$ 的两个公式都是非正的，给定这些结果，所以我们可以得到下面的结果：

$$-\frac{1}{2N\bar{T}\sigma^2}\times\Phi^{*'}\{\sum_{t=2}^{T}(\mathcal{F}(\hat{\lambda})\dot{\chi}_t)'S(\hat{\rho})'S(\hat{\rho})\mathcal{F}(\hat{\lambda})\dot{\chi}_t$$
$$-[\sum_{t=2}^{T}\dot{\chi}_t'S(\hat{\rho})'S(\hat{\rho})\mathcal{F}(\hat{\lambda})\dot{\chi}_t]'[\sum_{t=2}^{T}\dot{\chi}_t'S(\hat{\rho})'S(\hat{\rho})\dot{\chi}_t]^{-1}$$
$$[\sum_{t=2}^{T}\dot{\chi}_t'S(\hat{\rho})'S(\hat{\rho})\mathcal{F}(\hat{\lambda})\dot{\chi}_t]\}\Phi^*=o_p(1) \tag{3-34}$$

和

$$\frac{1}{2N}\ln\left|\frac{\sigma^{*2}}{\hat{\sigma}^2}(S(\hat{\rho})\mathcal{F}(\hat{\lambda})S^{*-1})'(S(\hat{\rho})\mathcal{F}(\hat{\lambda})S^{*-1})\right|$$
$$-\frac{1}{2N}tr\left[\frac{\sigma^{*2}}{\hat{\sigma}^2}(S(\hat{\rho})\mathcal{F}(\hat{\lambda})S^{*-1})'S(\hat{\rho})\mathcal{F}(\hat{\lambda})S^{*-1}\right]+\frac{1}{2}=o_p(1) \tag{3-35}$$

注意到下面的结果：

$$\mathcal{F}(\hat{\lambda})=I_N-(\hat{\lambda}-\lambda^*)G^* \tag{3-36}$$

给定公式（3－36），我们可以把公式（3－34）可以写成下面的形式：

$$(\hat{\lambda}-\lambda^*)\frac{1}{2N\overline{T}\sigma^2}\{\sum_{t=2}^{T}(G^*\dot{\chi}_t\Phi^*)'S(\hat{\rho})'S(\hat{\rho})G^*\dot{\chi}_t\Phi^*$$
$$-[\sum_{t=2}^{T}\dot{\chi}_t'S(\hat{\rho})'S(\hat{\rho})G^*\dot{\chi}_t\Phi^*]'[\sum_{t=2}^{T}\dot{\chi}_t'S(\hat{\rho})'S(\hat{\rho})\dot{\chi}_t]^{-1}$$
$$[\sum_{t=2}^{T}\dot{\chi}_t'S(\hat{\rho})'S(\hat{\rho})G^*\dot{\chi}_t\Phi^*]\}(\hat{\lambda}-\lambda^*) \tag{3-37}$$

再考虑到本书模型假设8，我们立刻可以得到 $\hat{\lambda}\xrightarrow{p}\lambda^*$。

因为 $\hat{\lambda}\xrightarrow{p}\lambda^*$，所以公式（3－35）可以写成下面的形式：

$$\frac{1}{2N}\ln\left|\frac{\sigma^{*2}}{\hat{\sigma}^2}(S(\hat{\rho})S^{*-1})'(S(\hat{\rho})S^{*-1})\right|$$
$$-\frac{1}{2N}tr\left[\frac{\sigma^{*2}}{\hat{\sigma}^2}(S(\hat{\rho})S^{*-1})'S(\hat{\rho})S^{*-1}\right]+\frac{1}{2}=o_p(1)$$

我们临时使用 $\iota_i(i=1,2,\cdots,N)$ 表示$\frac{\sigma^{*2}}{\hat{\sigma}^2}(S(\hat{\rho})S^{*-1})'S(\hat{\rho})S^{*-1}$的特征根，由于 $\hat{\rho}$ 和 $\hat{\sigma}^2$ 的有界性，易得对任意的 i 和充分大的 C，$\iota_i\in[C^{-1},C]$，而且存在一个常数 b（例如 $b=\frac{1}{4C^2}$），对所有 $x\in[C^{-1},C]$，都有 $\ln x-x+1\leqslant b(x-1)^2$，有这些结果，我们可以得到下面的结果：

$$\frac{1}{2N}\ln\left|\frac{\sigma^{*2}}{\hat{\sigma}^2}(S(\hat{\rho})S^{*-1})'(S(\hat{\rho})S^{*-1})\right|-\frac{1}{2N}tr\left[\frac{\sigma^{*2}}{\hat{\sigma}^2}(S(\hat{\rho})S^{*-1})'S(\hat{\rho})S^{*-1}\right]+\frac{1}{2}$$
$$=\frac{1}{2N}\sum_{i=1}^{N}(\ln\iota_i-\iota_i+1)\leqslant\frac{b}{2N}\sum_{i=1}^{N}(\iota_i-1)^2$$

$$= \frac{b}{2N}\left\| \frac{\sigma^{*2}}{\hat{\sigma}^2}(S(\hat{\rho})S^{*-1})'S(\hat{\rho})S^{*-1} - I_N \right\|^2$$

这意味着下面的结果：

$$\frac{1}{N}\left\| \frac{\sigma^{*2}}{\hat{\sigma}^2}(S(\hat{\rho})S^{*-1})'S(\hat{\rho})S^{*-1} - I_N \right\|^2 = o_p(1)$$

是成立的。上面结果等价于下面的形式：

$$\frac{1}{N}tr\left[\frac{\sigma^{*2}}{\hat{\sigma}^2}((S(\hat{\rho})S^{*-1})'S(\hat{\rho})S^{*-1} - I_N)' \right.$$

$$\left. \frac{\sigma^{*2}}{\hat{\sigma}^2}((S(\hat{\rho})S^{*-1})'S(\hat{\rho})S^{*-1} - I_N) \right] = o_p(1)$$

上式可以写成下面的形式：

$$\frac{1}{N}tr\ [\hat{\sigma}^{-1}(\sigma^{*2}(S(\hat{\rho})S^{*-1})'S(\hat{\rho})S^{*-1} - \hat{\sigma}^2 I_N)\hat{\sigma}^{-2}$$

$$(\sigma^{*2}(S(\hat{\rho})S^{*-1})'S(\hat{\rho})S^{*-1} - \hat{\sigma}^2 I_N)\hat{\sigma}^{-1}] = o_p(1)$$

由于 $\hat{\sigma}^2$ 的有界性，存在常数 c，使得 $\hat{\sigma}^{-1} \geqslant c$，则我们有下面的结果：

$$o_p(1) = \frac{1}{N}tr\ [\hat{\sigma}^{-1}(\sigma^{*2}(S(\hat{\rho})S^{*-1})'S(\hat{\rho})S^{*-1} - \hat{\sigma}^2 I_N)\hat{\sigma}^{-2}$$

$$(\sigma^{*2}(S(\hat{\rho})S^{*-1})'S(\hat{\rho})S^{*-1} - \hat{\sigma}^2 I_N)\hat{\sigma}^{-1}]$$

$$\geqslant c^4 \frac{1}{N}tr[(\sigma^{*2}(S(\hat{\rho})S^{*-1})'S(\hat{\rho})S^{*-1} - \hat{\sigma}^2 I_N)'$$

$$(\sigma^{*2}(S(\hat{\rho})S^{*-1})'S(\hat{\rho})S^{*-1} - \hat{\sigma}^2 I_N)]$$

$$= c^4 \frac{1}{N}\|(\sigma^{*2}(S(\hat{\rho})S^{*-1})'S(\hat{\rho})S^{*-1} - \hat{\sigma}^2 I_N)\|^2 \geqslant 0$$

所以我们可以得到下面的结果：

$$\frac{1}{N}\|(\sigma^{*2}(S(\hat{\rho})S^{*-1})'S(\hat{\rho})S^{*-1} - \hat{\sigma}^2 I_N)^2\| = 0$$

我们知道 $S(\hat{\rho}) = S^* - (\hat{\rho} - \rho^*)M$，上式我们可以写成下面的形式：

$$\frac{1}{N}\sum_{i=1}^{N}(\sigma^{*2} - \hat{\sigma}^2 - 2(\hat{\rho} - \rho^*)J_{ii}\sigma^{*2} + (\hat{\rho} - \rho^*)^2\sum_{j=1}^{N}J_{ij}^2\sigma^{*2})^2$$

$$+ (\hat{\rho} - \rho^*)^2\frac{1}{N}\sum_{i=1}^{N}\sum_{j=1,j\neq i}^{N}(J_{ij}\sigma^{*2} + J_{ji}\sigma^{*2} -$$

$$(\hat{\rho} - \rho^*)\sum_{p=1}^{N}J_{ip}J_{jp}\sigma^{*2})^2 = o_p(1)$$

其中，J_{ij}表示矩阵 MS^{*-1}的第（i，j）个元素。上式左手边的两个分式都是非负的，所以有下面的结果：

$$\frac{1}{N}\sum_{i=1}^{N}(\sigma^{*2}-\hat{\sigma}^{2}-2(\hat{\rho}-\rho^{*})J_{ii}\sigma^{*2}+(\hat{\rho}-\rho^{*})^{2}\sum_{j=1}^{N}J_{ij}^{2}\sigma^{*2})^{2}=o_{p}(1) \tag{3-38}$$

$$(\hat{\rho}-\rho^{*})^{2}\frac{1}{N}\sum_{i=1}^{N}\sum_{j=1,j\neq i}^{N}(J_{ij}\sigma^{*2}+J_{ji}\sigma^{*2}-(\hat{\rho}-\rho^{*})\sum_{p=1}^{N}J_{ip}J_{jp}\sigma^{*2})^{2}=o_{p}(1) \tag{3-39}$$

公式（3－39），意味着$\hat{\rho}\xrightarrow{p}\rho^{*}$。有了$\hat{\rho}\xrightarrow{p}\rho^{*}$这个结果和公式（3－38），我们可以得到 $\hat{\sigma}^{2}\xrightarrow{p}\sigma^{*2}$。

公式（3－32）意味着我们可以通过下面的式子估计 Φ：

$$\begin{aligned}\hat{\Phi}&=[\sum_{t=2}^{T}\dot{\chi}_{t}'S(\hat{\rho})'S(\hat{\rho})\dot{\chi}_{t}]^{-1}[\sum_{t=2}^{T}\dot{\chi}_{t}'S(\hat{\rho})'S(\hat{\rho})D(\hat{\lambda})\dot{Y}_{t}]\\&=[\sum_{t=2}^{T}\dot{\chi}_{t}'S(\hat{\rho})'S(\hat{\rho})\dot{\chi}_{t}]^{-1}[\sum_{t=2}^{T}\dot{\chi}_{t}'S(\hat{\rho})'S(\hat{\rho})(\mathcal{F}(\hat{\lambda})\dot{\chi}_{t}\Phi^{*}+\mathcal{F}(\hat{\lambda})S^{*-1}\dot{e}_{t})]\end{aligned} \tag{3-40}$$

将公式（3－36）代入公式（3－40），我们可以得到下面的形式：

$$\begin{aligned}\hat{\Phi}-\Phi^{*}=&-(\hat{\lambda}-\lambda^{*})[\sum_{t=2}^{T}\dot{\chi}_{t}'S(\hat{\rho})'S(\hat{\rho})\dot{\chi}_{t}]^{-1}\\&[\sum_{t=2}^{T}\dot{\chi}_{t}'S(\hat{\rho})'S(\hat{\rho})G^{*}\dot{\chi}_{t}\Phi^{*}]+[\sum_{t=2}^{T}\dot{\chi}_{t}'S(\hat{\rho})'S(\hat{\rho})\dot{\chi}_{t}]^{-1}\\&[\sum_{t=2}^{T}\dot{\chi}_{t}'S(\hat{\rho})'S(\hat{\rho})S^{*-1}\dot{e}_{t}]-(\hat{\lambda}-\lambda^{*})[\sum_{t=2}^{T}\dot{\chi}_{t}'S(\hat{\rho})'S(\hat{\rho})\dot{\chi}_{t}]^{-1}\\&[\sum_{t=2}^{T}\dot{\chi}_{t}'S(\hat{\rho})'S(\hat{\rho})G^{*}S^{*-1}\dot{e}_{t}]\end{aligned} \tag{3-41}$$

现在首先考虑公式（3－41）的第一项，由引理 3. 2 公式（a）我们知道下面的结果成立 $\frac{1}{NT}\sum_{t=2}^{T}\dot{\chi}_{t}'S(\hat{\rho})'S(\hat{\rho})\dot{\chi}_{t}=\frac{1}{NT}\sum_{t=2}^{T}\mathbb{E}(\tilde{\chi}_{t}'S^{*\prime}S^{*}\tilde{\chi}_{t})+o_{p}(1)$，同样根据引理 3. 2 公式（b）我们知道，$\sum_{t=2}^{T}\dot{\chi}_{t}'S(\hat{\rho})'S(\hat{\rho})G^{*}\dot{\chi}_{t}\Phi^{*}=\sum_{t=2}^{T}\tilde{\chi}_{t}'S^{*\prime}S^{*}G^{*}\tilde{\chi}_{t}\Phi^{*}+o_{p}(1)$，并且我们之前得到的结果：$\hat{\lambda}-\lambda^{*}=$

$o_p(1)$ 和 $\hat{\rho}-\rho^{*}=o_p(1)$，所以我们可以得到公式（3－41）的第一项是 $o_p(1)$ 的。根据之前的分析，我们知道 $\frac{1}{N\bar{T}}\sum_{t=2}^{T}\dot{\chi}'_{t}S(\hat{\rho})'S(\hat{\rho})S^{*-1}\dot{e}_t=O_p(N^{-1/2}\bar{T}^{-1/2})$，所以，公式（3－41）的第二项也是 $o_p(1)$，同时注意到 $\frac{1}{N\bar{T}}\sum_{t=2}^{T}\dot{\chi}_{t'}S(\hat{\rho})'S(\hat{\rho})G^{*}S^{*-1}\dot{e}_t=O_p(N^{-1/2}\bar{T}^{-1/2})$，同时考虑到 λ 的一致性，公式（3－41）的第三项也是 $o_p(1)$。给定这些结果，我们可以得到 $\hat{\Phi}\xrightarrow{p}\Phi^{*}$。因此，综合以上三个一致性结果，我们可以得到 $\hat{\theta}\xrightarrow{p}\theta^{*}$。

定理 3.1 证明完毕。

3.6 拟极大似然估计量渐近正态的证明

在证明定理 3.2 之前，我们先给出几个引理并给出详细证明。

3.6.1 引理及证明

引理 3.4

在本书模型假设 1 ~8 成立的条件下，我们有下面的结果：

(a) $\frac{1}{N\bar{T}}\sum_{t=2}^{T}(\dot{Y}_t-\tilde{Y}_t)'W'S(\tilde{\rho})'e_t=-\frac{1}{N\bar{T}}\sigma^{*2}tr(W\mathbb{D}^{*-1})+O\left(\frac{1}{\bar{T}^2}\right)+O\left(\frac{1}{\sqrt{N\bar{T}}}\right)$

(b) $\frac{1}{N\bar{T}}\sum_{t=2}^{T}\dot{Y}'_tW'S(\tilde{\rho})'\dot{e}_t=\frac{1}{N}\sigma^{*2}tr(G^{*})+O_p\left(\frac{1}{\sqrt{N\bar{T}}}\right)+O_p\left(\frac{1}{\bar{T}}\right)$

(c) $$\frac{1}{N\bar{T}}\sum_{t=2}^{T}\dot{Y}'_tW'M'\dot{e}_t=\frac{1}{N}\sigma^{*2}tr(MG^{*}S^{*-1})+O_p\left(\frac{1}{\sqrt{N\bar{T}}}\right)+O_p\left(\frac{1}{\bar{T}}\right)$$
$$=\frac{1}{N}\sigma^{*2}tr(H^{*\prime}\ddot{G}^{*})+O_p\left(\frac{1}{\sqrt{N\bar{T}}}\right)+O_p\left(\frac{1}{\bar{T}}\right)$$

$$(\mathrm{d})\ \frac{1}{N\overline{T}}\sum_{t=2}^{T}\dot{Y}_t'W'S(\tilde{\rho})'H(\tilde{\rho})\dot{e}_t = \frac{1}{N}\sigma^{*2}tr(H^{*\prime}S^{*}G^{*}S^{*-1}) + O_p\left(\frac{1}{\sqrt{N\overline{T}}}\right) + O_p\left(\frac{1}{\overline{T}}\right)$$

$$= \frac{1}{N}\sigma^{*2}tr(H^{*\prime}\ddot{G}^{*}) + O_p\left(\frac{1}{\sqrt{N\overline{T}}}\right) + O_p\left(\frac{1}{\overline{T}}\right)$$

其中，$\dot{Y}_t = Y_t - \frac{1}{\overline{T}}\sum_{t=2}^{T}Y_t$，$\tilde{Y}_t$定义见本章模型假设6，$H^{*} = MS^{*-1}$，$G^{*} = WD^{*-1}$，$\ddot{G}^{*} = S^{*}G^{*}S^{*-1}$。

证明：

首先证明引理3.4公式（a），根据 $\dot{Y}_t$和 $\tilde{Y}_t$的定义，我们有下面的结果：

$$\frac{1}{N\overline{T}}\sum_{t=2}^{T}(\dot{Y}_t - \tilde{Y}_t)'W'S(\tilde{\rho})'e_t = -\frac{1}{N}\sum_{v=0}^{\infty}\bar{e}'_{-v}S^{*-1\prime}B_v^{*\prime}W'S(\tilde{\rho})'\bar{e}_{-v}$$

$$= -\frac{1}{N\overline{T}^2}\sum_{v=0}^{\infty}\sum_{t=2}^{T}\sum_{s=2}^{T}e'_{t-v}S^{*-1\prime}B_v^{*\prime}W'S(\tilde{\rho})'e_{t-v}$$

给定上述结果，我们可以得到下面的结果：

$$\mathbb{E}\left[\frac{1}{N\overline{T}}\sum_{t=2}^{T}(\dot{Y}_t - \tilde{Y}_t)'W'S(\tilde{\rho})'e_t\right]$$

$$= -\frac{1}{N\overline{T}}\sigma^{*2}\sum_{v=0}^{\infty}[(T-1-v)\vee 0]tr(S^{*-1\prime}B_v^{*\prime}W'S^{*\prime})$$

$$= -\frac{1}{N\overline{T}}\sigma^{*2}\sum_{v=0}^{\infty}tr(S^{*-1\prime}B_v^{*\prime}W'S^{*\prime}) + O\left(\frac{1}{\overline{T}^2}\right)$$

$$= -\frac{1}{N\overline{T}}\sigma^{*2}tr(W\mathbb{D}^{*-1}) + O\left(\frac{1}{\overline{T}^2}\right) \tag{3-42}$$

进一步考虑下面的结果：

$$\mathrm{Var}\left[\frac{1}{N\overline{T}}\sum_{t=2}^{T}(\dot{Y}_t - \tilde{Y}_t)'W'S(\tilde{\rho})'e_t\right] = var\left[-\frac{1}{N}\sum_{v=0}^{\infty}\bar{e}'_{-v}B_v^{*\prime}W'S(\tilde{\rho})'\bar{e}_{-v}\right]$$

注意到上面公式与公式（3－9）相似，事实上在公式（3－13）的四个表达式中，第一个表达式是相应的均值的平方，第二、第三和第四个表达式是相应的方差。根据本章3.5节的推导，我们有下面的结果：

$$\mathrm{Var}\left[-\frac{1}{N}\sum_{v=0}^{\infty}\bar{e}'_{-v}B_v^{*\prime}W'S(\tilde{\rho})'\bar{e}_{-v}\right] = O\left(\frac{1}{N\overline{T}^2}\right)$$

以上结果意味着下面的结果成立。

$$\frac{1}{NT}\sum_{t=2}^{T}(\dot{Y}_t-\tilde{Y}_t)'W'S(\tilde{\rho})'e_t$$
$$=\mathbb{E}\left[\frac{1}{NT}\sum_{t=2}^{T}(\dot{Y}_t-\tilde{Y}_t)'W'S(\tilde{\rho})'e_t\right]+O_p\left(\frac{1}{\sqrt{NT}}\right)$$

上述结果和公式（3－42）意味着引理3.4公式（a）成立。

现在考虑引理3.4公式（b），引理3.4公式（b）的左手边可以写成下面的形式：

$$\frac{1}{NT}\sum_{t=2}^{T}\dot{Y}_t'W'S(\tilde{\rho})'\dot{e}_t$$
$$=\frac{1}{NT}\sum_{t=2}^{T}\dot{Y}_t'W'S(\tilde{\rho})'e_t$$
$$=\frac{1}{NT}\sum_{t=2}^{T}(\dot{Y}_t-\tilde{Y}_t)'W'S(\tilde{\rho})'e_t+\frac{1}{NT}\sum_{t=2}^{T}\tilde{Y}_t'W'S(\tilde{\rho})'e_t \tag{3-43}$$

根据引理3.4公式（a），公式（3－43）第一项是$O_p\left(\frac{1}{T}\right)$。考虑公式（3－43）第二项，根据$\tilde{Y}_t$定义，我们可以得到下面的结果：

$$\frac{1}{NT}\sum_{t=2}^{T}\left(\sum_{v=0}^{\infty}B_v^*\dot{X}_{t-v}\beta^*\right)'W'S(\tilde{\rho})'e_t+\frac{1}{NT}\sum_{t=2}^{T}\left(\sum_{v=1}^{\infty}B_v^*S^{*-1}e_t\right)'W'S(\tilde{\rho})'e_t$$
$$+\frac{1}{NT}\sum_{t=2}^{T}(B_0^*S^{*-1}e_t)'W'S(\tilde{\rho})'e_t \tag{3-44}$$

现在考虑公式（3－44）的第一项，注意到下面的结果：

$$\mathbb{E}\left[\frac{1}{NT}\sum_{t=2}^{T}\left(\sum_{v=0}^{\infty}B_v^*\dot{X}_{t-v}\beta^*\right)'W'S(\tilde{\rho})'e_t\right]^2$$
$$=\frac{\sigma^{*2}}{N^2T^2}\sum_{t=2}^{T}\left(\sum_{v=0}^{\infty}B_v^*\dot{X}_{t-v}\beta^*\right)'W'S^{*\prime}S^*W\left(\sum_{v=0}^{\infty}B_v^*\dot{X}_{t-v}\beta^*\right)$$

根据本章3.3模型假设5和假设6，很容易可以看出$\sum_{v=0}^{\infty}B_v^*\dot{X}_{t-v}\beta^*$的所有元素都小于一个常数$C$，所以很容易可以验证上面公式的右手边是$O\left(\frac{1}{NT}\right)$，所以公式（3－44）的第一项是$O_p\left(\frac{1}{\sqrt{NT}}\right)$。现在考虑公式（3－44）的第二项，注意到下面的结果：

$$\mathbb{E}\Big[\frac{1}{N\overline{T}}\sum_{t=2}^{T}(\sum_{v=1}^{\infty}B_v^* S^{*-1}e_t)'W'S(\tilde{\rho})'e_t\Big]^2$$

$$= \frac{\sigma^{*4}}{N^2\overline{T}}\sum_{v=1}^{\infty}tr(S^{*-1}{}'B_v^{*\prime}W'S^{*\prime}S^*WB_v^*S^{*-1})$$

$$\leqslant \frac{\sigma^{*4}}{N^2\overline{T}}\sum_{v=1}^{\infty}\sum_{i,j,l=1}^{N}|(B_v^*S^{*-1})_{ji,v}(W'S^{*\prime}S^*W)_{jl}(B_v^*S^{*-1})_{li,v}|$$

$$\leqslant \frac{\sigma^{*4}}{N^2\overline{T}}\sum_{v=1}^{\infty}\sum_{i,j}^{N}|(B_v^*S^{*-1})_{ji,v}|[\sum_{l=0}^{N}|(W'S^{*\prime}S^*W)_{jl}(B_v^*S^{*-1})_{li,v}|]$$

$$\leqslant C\frac{\sigma^{*4}}{N^2\overline{T}}\sum_{v=1}^{\infty}\sum_{i,j}^{N}|(B_v^*S^{*-1})_{ji,v}|$$

$$\leqslant C^2\frac{\sigma^{*4}}{N\overline{T}}$$

其中，$(W'S^{*\prime}S^*W)_{jl}$表示矩阵 $W'S^{*\prime}S^*W$ 的第（j，l）个元素。所以，公式（3－44）的第二项也是 $O_p\left(\frac{1}{\sqrt{N\overline{T}}}\right)$。现在考虑公式（3－44）的第三项，很容易得到下面的结果：

$$\mathbb{E}\Big[\frac{1}{N\overline{T}}\sum_{t=2}^{T}(B_0^*S^{*-1}e_t)'W'S(\tilde{\rho})'e_t\Big]$$

$$= \frac{1}{N}\sigma^{*2}tr(S^*WB_0^*S^{*-1})$$

$$= \frac{1}{N}\sigma^{*2}tr(S^*WD^{*-1}S^{*-1}) \qquad （因为\ tr(AB) = tr(BA)）$$

$$= \frac{1}{N}\sigma^{*2}tr(G^*)$$

其中，$G^* = WD^{*-1}$。

另外，我们知道：

$$\mathrm{Var}\Big[\frac{1}{N\overline{T}}\sum_{t=2}^{T}(B_0^*S^{*-1}e_t)'W'S(\tilde{\rho})'e_t\Big] = \frac{1}{N^2\overline{T}}\{\sigma^{*4}tr(S^*WB_0^*WB_0^*S^{*-1}) + \sigma^{*4}tr(S^{*-1}{}'B_0^{*\prime}W'S^{*\prime}S^*WB_0^*S^{*-1}) + \kappa_4^*[tr(S^*WB_0^*S^{*-1})(S^*WB_0^*S^{*-1})]\}$$

它是 $O\left(\frac{1}{N\overline{T}}\right)$，所以公式（3－44）的第三项是$\frac{1}{N}\sigma^{*2}tr(G^*)+O_p\left(\frac{1}{N\overline{T}}\right)$，

所以综合上面的公式（3－44）的三个已经证明的结果，我们有下面的结果：

$$\frac{1}{NT}\sum_{t=2}^{T}\dot{Y}_t'W'S(\tilde{\rho})'e_t=\frac{\sigma^{*2}}{N}tr(G^*)+O_p\left(\frac{1}{NT}\right)$$

这个结果和公式（3－43）的第一个结果一起，意味着引理 3.4 公式（b）成立。

现在考虑引理 3.4 公式（c），与引理 3.4 公式（b）类似，我们有下面的结果：

$$\begin{aligned}\frac{1}{NT}\sum_{t=2}^{T}\dot{Y}_t'W'M'\dot{e}_t&=\mathbb{E}\left[\frac{1}{NT}\sum_{t=2}^{T}(B_0^*S^{*-1}e_t)'W'M'e_t\right]+O_p\left(\frac{1}{\sqrt{NT}}\right)+O_p\left(\frac{1}{T}\right)\\&=\frac{1}{N}\sigma^{*2}tr(MWB_0^*S^{*-1})+O_p\left(\frac{1}{\sqrt{NT}}\right)+O_p\left(\frac{1}{T}\right)\\&=\frac{1}{N}\sigma^{*2}tr(MG^*S^{*-1})+O_p\left(\frac{1}{\sqrt{NT}}\right)+O_p\left(\frac{1}{T}\right)\\&=\frac{1}{N}\sigma^{*2}tr(MS^{*-1}S^*G^*S^{*-1})+O_p\left(\frac{1}{\sqrt{NT}}\right)+O_p\left(\frac{1}{T}\right)\\&=\frac{1}{N}\sigma^{*2}tr(H^{*\prime}\ddot{G}^*)+O_p\left(\frac{1}{\sqrt{NT}}\right)+O_p\left(\frac{1}{T}\right)\end{aligned}$$

现在考虑引理 3.4 公式（d），与引理 3.4 公式（b）类似，我们有下面的结果：

$$\begin{aligned}\frac{1}{NT}\sum_{t=2}^{T}\dot{Y}_t'W'S(\tilde{\rho})'H(\tilde{\rho})\dot{e}_t&=\mathbb{E}\left[\frac{1}{NT}\sum_{t=2}^{T}(B_0^*S^{*-1}e_t)'W'S(\tilde{\rho})'H(\tilde{\rho})e_t\right]\\&+O_p\left(\frac{1}{\sqrt{NT}}\right)+O_p\left(\frac{1}{T}\right)=\frac{1}{N}\sigma^{*2}tr(H^{*\prime}S^*WB_0^*S^{*-1})+O_p\left(\frac{1}{\sqrt{NT}}\right)+O_p\left(\frac{1}{T}\right)\\&=\frac{1}{N}\sigma^{*2}tr(H^{*\prime}S^*GS^{*-1})+O_p\left(\frac{1}{\sqrt{NT}}\right)+O_p\left(\frac{1}{T}\right)\\&=\frac{1}{N}\sigma^{*2}tr(H^{*\prime}\ddot{G}^*)+O_p\left(\frac{1}{\sqrt{NT}}\right)+O_p\left(\frac{1}{T}\right)\end{aligned}$$

引理 3.4 证明完毕。

引理 3.5

$\mathcal{A}_{t-1}$的定义见公式（3－53），其中 $\mathcal{A}_{it-1}$是 $\mathcal{A}_{t-1}$的第 i 个元素。给定

本书模型假设1~8，我们可以得到，对所有的 i 和 t，$\mathbb{E}(|\mathcal{A}_{it-1}|^{2+\delta})\leqslant C$，其中 $\delta>0$。

证明：

根据 $\tilde{Y}_t=\sum_{v=0}^{\infty}B_v^*\dot{X}_{t-v}\beta^*+\sum_{v=0}^{\infty}B_v^*S^{*-1}e_{t-v}$ 的定义，我们可以把 $\mathcal{A}_{t-1}$ 写成下面的形式：

$$\mathcal{A}_{t-1}=aS^*W\sum_{v=0}^{\infty}B_v^*\dot{X}_{t-v}\beta^*+aS^*W\sum_{v=1}^{\infty}B_v^*S^{*-1}e_{t-v}+(bS^*+cS^*W)\sum_{v=0}^{\infty}B_v^*\dot{X}_{t-v}\beta^*+(bS^*+cS^*W)\sum_{v=0}^{\infty}B_v^*S^{*-1}e_{t-1-v}+dS^*\dot{X}_t$$

定义新的符号如下：

$$\tilde{W}_0=aS^*W,\quad \tilde{W}_1=bS^*+cS^*W$$

让 $\tilde{B}_v=\tilde{W}_0B_v^*S^{*-1}+\tilde{W}_1B_{v-1}^*S^{*-1}$。其中，如果 $v<0$，$\tilde{B}_v=0$。进一步定义符号如下：

$$\ddot{X}_t=\tilde{W}_0\left(\sum_{v=0}^{\infty}B_v^*\dot{X}_{t-v}\beta^*\right)+\tilde{W}_1\left(\sum_{v=0}^{\infty}B_v^*\dot{X}_{t-1-v}\beta^*\right)+dS^*\dot{X}_t$$

则可以得到下面的结果：

$$\mathcal{A}_{t-1}=\ddot{X}_t+\sum_{v=1}^{\infty}\tilde{B}_ve_{t-v} \tag{3-45}$$

注意到下面的结果：

$$\sum_{v=0}^{\infty}\|\tilde{B}_v\|_1\leqslant(\|\tilde{W}_0\|+\|\tilde{W}_1\|)\sum_{v=0}^{\infty}\|B_v^*\|_1 \tag{3-46}$$

$$\sum_{v=0}^{\infty}\|\tilde{B}_v\|_\infty\leqslant(\|\tilde{W}_0\|+\|\tilde{W}_1\|)\sum_{v=0}^{\infty}\|B_v^*\|_\infty \tag{3-47}$$

所以我们可以得到公式 $\sum_{v=0}^{\infty}\|\tilde{B}_v\|_1\vee\sum_{v=0}^{\infty}\|\tilde{B}_v\|_\infty$ 是有界的。

根据公式（3-45），我们有下面的结果：

$$\mathcal{A}_{it-1}=\ddot{X}_{it}+\sum_{v=0}^{\infty}\sum_{j=1}^{N}\tilde{B}_{ij,v}e_{jt-v}$$

其中，$\ddot{X}_{it}$ 是 $\ddot{X}_t$ 的第 i 个元素，$\tilde{B}_{ij,v}$ 是 $\tilde{B}_v$ 的第（i，j）个元素，e_{jt-v} 是 e_{t-v} 的第 j 个元素。根据本章3.3模型假设6，对所有的 t 和 v，$\dot{X}_{t-1-v}\beta^*$ 的所有元素都是一致有界的。这个结果加上公式（3-46）和公式（3-47）

和 $\max(\|\widetilde{W}_n\|_1 \vee \|\widetilde{W}_n\|_\infty) < \infty$，我们可以得到对于所有的 i 和 t，$|\ddot{X}_{it}| < \infty$。根据闵可夫斯基（Minkowski）不等式，

$$|\mathcal{A}_{it-1}|^v \leqslant 2^{v-1}\left[|\ddot{X}_{it}|^v + \left|\sum_{v=0}^{\infty}\sum_{j=1}^{N}\widetilde{B}_{ij,v}e_{jt-v}\right|^v\right]$$

对于任意的 $v>2$，我们可以得到下面的结果：

$$\begin{aligned}\mathbb{E}(|\mathcal{A}_{it-1}|^v) &\leqslant 2^{v-1}\left[|\ddot{X}_{it}|^v + \mathbb{E}\left|\sum_{v=0}^{\infty}\sum_{j=1}^{N}\widetilde{B}_{ij,v}e_{jt-v}\right|^v\right] \\ &\leqslant 2^{v-1}\left\{|\ddot{X}_{it}|^v + \mathbb{E}\left[\sum_{v=0}^{\infty}\sum_{j=1}^{N}|\widetilde{B}_{ij,v}||e_{jt-v}|^v\right]\right\}\end{aligned} \quad (3-48)$$

令 $\chi_i = \sum_{v=0}^{\infty}\sum_{j=1}^{N}|\widetilde{B}_{ij,v}|$。由于对于 $v\geqslant 2$，$f(x)=x^v$ 是凸函数，根据詹森（Jensen）不等式，

$$\left[\frac{1}{\chi_i}\sum_{v=0}^{\infty}\sum_{j=1}^{N}|\widetilde{B}_{ij,v}||e_{jt-v}|\right]^v \leqslant \frac{1}{\chi_i}\sum_{v=0}^{\infty}\sum_{j=1}^{N}|\widetilde{B}_{ij,v}||e_{jt-v}|^v$$

所以，我们有下面的结果：

$$\left[\sum_{v=0}^{\infty}\sum_{j=1}^{N}|\widetilde{B}_{ij,v}||e_{jt-v}|\right]^v \leqslant \chi_i^{v-1}\sum_{v=0}^{\infty}\sum_{j=1}^{N}|\widetilde{B}_{ij,v}||e_{jt-v}|^v$$

这意味着下面的结果：

$$\mathbb{E}\left[\sum_{v=0}^{\infty}\sum_{j=1}^{N}|\widetilde{B}_{ij,v}||e_{jt-v}|\right]^v \leqslant \chi_i^{v-1}\sum_{v=0}^{\infty}\sum_{j=1}^{N}|\widetilde{B}_{ij,v}|\cdot\mathbb{E}|e_{jt-v}|^v \leqslant \chi_i^v\mathbb{E}|e_{jt-v}|^v$$

由于公式 $\sum_{v=0}^{\infty}\|\widetilde{B}_v\|_\infty$ 是有界的，所以 χ_i 也是有界的。根据本章模型假设1，上式右边表达式也是有界的，这个结果加上公式（3－48）意味着引理3.5成立。

引理3.5证明完毕。

引理3.6

给定本章模型假设1～8，我们可以得到下面的结果：

(a) $\frac{N}{T}\sum_{t=2}^{T}\sum_{i=1}^{N}\left[\mathcal{A}_{it-1}+2\sum_{j=1}^{i-1}\varepsilon_{ij}e_{jt}\right]^2 = \frac{N}{T}\sum_{t=2}^{T}\sum_{i=1}^{N}\mathbb{E}\left[\mathcal{A}_{it-1}+2\sum_{j=1}^{i-1}\varepsilon_{ij}e_{jt}\right]^2 + o_p(1)$；

(b) $\frac{N}{T}\sum_{t=2}^{T}\sum_{i=1}^{N}\left[\mathcal{A}_{it-1}+2\sum_{j=1}^{i-1}\varepsilon_{ij}e_{jt}\right] = o_p(1)$.

证明：

先考虑引理 3.6 公式（a），令 $\widetilde{B}_{ij,0}$ 是 $\widetilde{B}_0$ 的第（i，j）个元素，它的定义如下：

$$\widetilde{B}_{ij,0}=\begin{cases}2\varepsilon_{ij}，\text{如果 } j<i\\0，\text{其他}\end{cases}$$

我们定义 $\breve{Y}_t$ 如下：

$$\breve{Y}_t \triangleq \mathcal{A}_{t-1}+\widetilde{B}_0e_t=\ddot{X}_t+\sum_{v=1}^{\infty}\widetilde{B}_ve_{t-v}+\widetilde{B}_0e_t=\ddot{X}_t+\sum_{v=0}^{\infty}\widetilde{B}_ve_{t-v}$$

有这两个定义后，我们可以知道 $\mathcal{A}_{it-1}+2\sum_{j=1}^{i-1}\varepsilon_{ij}e_{jt}$ 是 $\breve{Y}_t$ 的第 i 个元素，有公式（3－46）和公式（3－47）可以知道公式 $\sum_{v=0}^{\infty}\|\widetilde{B}_v\|_1 \vee \sum_{v=0}^{\infty}\|\widetilde{B}_v\|_\infty$ 是有界的，以及 $\|\widetilde{B}_0\|_1 \vee \|\widetilde{B}_0\|_\infty$ 是有界的。所以引理 3.6 公式（a）等价于下面的结果：

$$\frac{1}{NT}\sum_{t=2}^{T}\breve{Y}_t'\breve{Y}_t=\frac{1}{NT}\sum_{t=2}^{T}\mathbb{E}(\breve{Y}_t'\breve{Y}_t)+o_p(1)$$

注意到 $\breve{Y}_t$ 与 $\widetilde{Y}_t$ 有相同的结构，所以证明与之前几乎完全相同，这里我们省略。

现在考虑引理 3.6 公式（b），根据 $\ddot{X}_t$ 的定义我们可以知道，$\sum_{t=2}^{T}\ddot{X}_t=0$，所以我们只需要证明下面的结果：

$$\frac{1}{NT}\sum_{t=2}^{T}\sum_{i=1}^{N}\mathrm{v}_i'\sum_{v=0}^{\infty}\widetilde{B}_ve_{t-v}=o_p(1)$$

其中，v_i 是 N 维单位矩阵的第 i 列。上面结果可以很容易证明，因为它的方差为下面的形式：

$$\sigma^{*2}\frac{1}{N^2T}\sum_{u,v=0}^{\infty}\sum_{i=1}^{N}\sum_{j=1}^{N}\mathrm{v}_i'\widetilde{B}_v\widetilde{B}_u\mathrm{v}_j=O\left(\frac{1}{T}\right)$$

因此引理 3.6 公式（b）得到证明。

引理 3.6 证毕。

引理 3.7

(a) $\frac{1}{NT}\sum_{t=2}^{T}\dot{Y}_t'W'M'MW\dot{Y}_t=\frac{1}{NT}\sum_{t=2}^{T}\mathbb{E}(\tilde{Y}_t'W'M'MW\tilde{Y}_t)+o_p(1)$

(b) $\frac{1}{NT}\sum_{t=2}^{T}\dot{Y}_t'W'M'M\dot{\chi}_t=\frac{1}{NT}\sum_{t=2}^{T}\mathbb{E}(\tilde{Y}_t'W'M'M\tilde{\chi}_t)+o_p(1)$

(c) $\frac{1}{NT}\sum_{t=2}^{T}\dot{Y}_t'W'S(\tilde{\rho})'H(\tilde{\rho})MW\dot{Y}_t=\frac{1}{NT}\sum_{t=2}^{T}\mathbb{E}(\tilde{Y}_t'W'S^{*\prime}H^{*}MW\tilde{Y}_t)+o_p(1)$

(d) $\frac{1}{NT}\sum_{t=2}^{T}\dot{Y}_t'W'S(\tilde{\rho})'H(\tilde{\rho})M\dot{\chi}_t=\frac{1}{NT}\sum_{t=2}^{T}\mathbb{E}(\tilde{Y}_t'W'S^{*\prime}H^{*}M\tilde{\chi}_t)+o_p(1)$

(e) $\frac{1}{NT}\sum_{t=2}^{T}\dot{Y}_t'W'M'H(\tilde{\rho})'H(\tilde{\rho})MW\dot{Y}_t=\frac{1}{NT}\sum_{t=2}^{T}\mathbb{E}(\tilde{Y}_t'W'M'H^{*}H^{*}MW\tilde{Y}_t)+$ $o_p(1)$

(f) $\frac{1}{NT}\sum_{t=2}^{T}\dot{Y}_t'W'M'H(\tilde{\rho})'H(\tilde{\rho})M\dot{\chi}_t=\frac{1}{NT}\sum_{t=2}^{T}\mathbb{E}(\tilde{Y}_t'W'M'H^{*\prime}H^{*}M\tilde{\chi}_t)+$ $o_p(1)$

(g) $\frac{1}{NT}\sum_{t=2}^{T}\dot{X}_t'M'H(\tilde{\rho})'H(\tilde{\rho})M\dot{\chi}_t=\frac{1}{NT}\sum_{t=2}^{T}\mathbb{E}(\tilde{X}_tM'H^{*\prime}H^{*}M\tilde{\chi}_t)+o_p(1)$

证明：证明过程与证明引理 3.2 公式（a）一样，我们这里就省略了。引理 3.7 证明完毕。

3.6.2 定理 3.2 的证明

再次申明我们的证明是基于公式（3-7）的，有了基于公式（3-7）的证明，只需要做一点调整就可以得到基于公式（3-8）的证明。假设 $\hat{\theta}=(\hat{\lambda},\hat{\Phi}',\hat{\rho},\hat{\sigma}^2)'$ 是极大化了对数似然函数，则 $\frac{\partial l(\hat{\theta})}{\partial\theta}=0$。根据中值定理得到下面的结果：

$$0=\frac{\partial l(\hat{\theta})}{\partial\theta}=\frac{\partial l(\theta^{*})}{\partial\theta}+\frac{\partial^2 l(\tilde{\theta})}{\partial\theta\partial\theta'}(\hat{\theta}-\theta)$$

其中，$\tilde{\theta}$ 位于 $\hat{\theta}$ 和 θ^{*} 之间。所以我们可以得到下面的结果：

$$\hat{\theta}-\theta=-\left[\frac{\partial^2 l(\tilde{\theta})}{\partial\theta\partial\theta'}\right]^{-1}\frac{\partial l(\theta^{*})}{\partial\theta}$$

或者等价于下面的结果：

$$\sqrt{N\bar{T}}(\hat{\theta}-\theta) = -\left[\frac{\partial^2 l(\tilde{\theta})}{\partial\theta\partial\theta'}\right]^{-1}\left[\sqrt{N\bar{T}}\frac{\partial l(\theta^*)}{\partial\theta}\right] \tag{3-49}$$

注意到 $l(\theta)$ 的表达式，具体见下面的形式：

$$l(\theta) = -\frac{1}{2}\ln\sigma^2 - \frac{1}{2N\bar{T}\sigma^2}\sum_{t=2}^{T}\dot{Z}_t(\lambda,\Phi,\rho)'\dot{Z}_t(\lambda,\Phi,\rho) + \frac{1}{N}\ln|D(\lambda)| + \frac{1}{N}\ln|S(\rho)|$$

其中，$\dot{Z}_t(\lambda,\Phi,\rho) = S(\rho)[D(\lambda)\dot{Y}_t - \dot{\chi}_t\Phi]$。我们可以得到对数似然函数的一阶条件为下面的形式：

$$\frac{\partial l(\theta)}{\partial\theta} = \frac{1}{N\bar{T}\sigma^2}\begin{bmatrix}\sum_{t=2}^{T}\dot{Y}_t'W'S(\rho)'\dot{Z}_t(\lambda,\Phi,\rho) - \bar{T}\sigma^2 tr[D(\lambda)^{-1}W] \\ \sum_{t=2}^{T}\dot{\chi}_t'S(\rho)'\dot{Z}_t(\lambda,\Phi,\rho) \\ \sum_{t=2}^{T}[D(\lambda)\dot{Y}_t - \dot{\chi}_t\Phi]'M'\dot{Z}_t(\lambda,\Phi,\rho) - \bar{T}\sigma^2 tr[S(\rho)^{-1}M] \\ \sum_{t=2}^{T}[\dot{Z}_t(\lambda,\Phi,\rho)'\dot{Z}_t(\lambda,\Phi,\rho) - N\sigma^2]/(2\sigma^2)\end{bmatrix} \tag{3-50}$$

给定上述结果，根据定义，我们可以得到 $S(\rho^*)[D(\lambda^*)\dot{Y}_t - \dot{\chi}_t\Phi^*] = \dot{e}_t$，进而得到下面的结果：

$$\frac{\partial l(\theta^*)}{\partial\theta} = \frac{1}{N\bar{T}\sigma^{*2}}\begin{bmatrix}\sum_{t=2}^{T}\dot{Y}_t'W'S^{*\prime}\dot{e}_t - \bar{T}\sigma^{*2}tr[G^*] \\ \sum_{t=2}^{T}\dot{\chi}_t'S^{*\prime}\dot{e}_t \\ \sum_{t=2}^{T}[H^*\dot{e}_t]'\dot{e}_t - \bar{T}\sigma^{*2}tr[H^*] \\ \sum_{t=2}^{T}[\dot{e}_t'\dot{e}_t - N\sigma^{*2}]/(2\sigma^{*2})\end{bmatrix}$$

其中，$G^* = WD^{*-1}$，$H^* = MS^{*-1}$。

上面的表达式等价于下面的结果：

$$\frac{\partial l(\theta^*)}{\partial \theta} = \frac{1}{N\bar{T}\sigma^{*2}}\begin{bmatrix} \sum_{t=2}^{T} \tilde{Y}_t' W' S^{*\prime} e_t - \bar{T}\sigma^{*2} tr[G^*] \\ \sum_{t=2}^{T} \tilde{\chi}_t' S^{*\prime} e_t \\ \sum_{t=2}^{T} [H^* e_t]' e_t - \bar{T}\sigma^{*2} tr[H^*] \\ \sum_{t=2}^{T} [e_t' e_t - N\sigma^{*2}]/(2\sigma^{*2}) \end{bmatrix}$$

$$+ \frac{1}{N\bar{T}\sigma^{*2}}\begin{bmatrix} \sum_{t=2}^{T} (\dot{Y}_t - \tilde{Y}_t)' W' S^{*\prime} e_t \\ \sum_{t=2}^{T} (\dot{\chi}_t - \tilde{\chi}_t)' S^{*\prime} e_t \\ - \bar{T}(H^* \bar{e})' \bar{e} \\ - \bar{T}\bar{e}'\bar{e}/(2\sigma^{*2}) \end{bmatrix} = \Xi_1 + \Xi_2 \tag{3-51}$$

其中，$\dot{Y}_t = Y_t - \frac{1}{T}\sum_{t=2}^{T} Y_t$，$\dot{\chi}_t = \chi_t - \frac{1}{T}\sum_{t=2}^{T}\chi_t$，$\tilde{Y}_t$和$\tilde{X}_t$的定义公式见本章模型假设 6。

我们首先考虑 Ξ_1。我们将要证明 $\sqrt{N\bar{T}}\Xi_1 \xrightarrow{d} N(0, \Omega)$，其中 Ω 是对称正定的矩阵。根据克莱默－沃尔德（Cramer-wold）定理，对于 $k+5$ 维非随机变量 $\ell = (a, b, c, d', f, g)'$，我们只需证明 $\sqrt{N\bar{T}}\ell'\Xi_1 \xrightarrow{d} N(0, \ell'\Omega\ell)$，其中，$d$ 为 k 维列向量。

我们现在考虑 $\sqrt{N\bar{T}}\ell'\Xi_1$，它等价于下面的结果：

$$\sqrt{N\bar{T}}\ell'\Xi_1 = \frac{1}{\sqrt{N\bar{T}}\sigma^{*2}}\{a\sum_{t=2}^{T} \tilde{Y}_{t'}' W' S^{*\prime} e_t - a\bar{T}\sigma^{*2} tr[\ddot{G}^*]$$

$$+ b\sum_{t=2}^{T} \tilde{Y}_{t-1'}' S^* e_t + c\sum_{t=2}^{T} \tilde{Y}_{t-1} W' S^* e_t + \sum_{t=2}^{T} d'\dot{X}_t S^* e_t + f\sum_{t=2}^{T} [H^* e_t]' e_t$$

$$- f\bar{T}\sigma^{*2} tr[H^*] + g\sum_{t=2}^{T} [e_{t'}' e_t - N\sigma^{*2}]/(2\sigma^{*2})\}$$

根据公式 $\tilde{Y}_t = \sum_{v=0}^{\infty} B_v^* \dot{X}_{t-v}\beta^* + \sum_{v=0}^{\infty} B_v^* S^{*-1} e_{t-v}$，上面的公式可以等价

地写成下面的形式：

$$\sqrt{NT}\ell'\Xi_1 = \frac{1}{\sqrt{NT}\sigma^{*2}}\sum_{t=2}^{T}\mathcal{A}_{t-1'}e_t + e_{t'}\tilde{\varepsilon}e_t - \sigma^{*2}tr(\tilde{\varepsilon}) \tag{3-52}$$

其中，$\tilde{\varepsilon} = a\ddot{G}^* + fH^* + g\frac{1}{2\sigma^{*2}}I_N$ 和

$$\begin{aligned}\mathcal{A}_{t-1} &= aS^*W(\sum_{v=0}^{\infty}B_v^*\dot{X}_{t-v}\beta^* + \sum_{v=1}^{\infty}B_v^*S^{*-1}e_{t-v})\tilde{Y}_t + bS^*\tilde{Y}_{t-1} + cS^*W\tilde{Y}_{t-1} + S^*\dot{X}_t d\\ &= aS^*W(\tilde{Y}_t - D^{*-1}S^{*-1}e_{t-v})\tilde{Y}_t + bS^*\tilde{Y}_{t-1} + cS^*W\tilde{Y}_{t-1} + S^*\dot{X}_t d\\ &= S^*[W\tilde{Y}_t, \tilde{X}_t, 0]\ell - a\ddot{G}^*e_t\end{aligned} \tag{3-53}$$

其中，$\ddot{G}^* = S^*G^*S^{*-1}$。定义新符号如下所示：

$$\varepsilon = (\tilde{\varepsilon} + \tilde{\varepsilon}')/2 \tag{3-54}$$

显然 ε 是对称的，则公式（3－52）可以写成下面的形式：

$$\begin{aligned}\sqrt{NT}\ell'\Xi_1 &= \frac{1}{\sqrt{NT}\sigma^{*2}}\sum_{t=2}^{T}\mathcal{A}'_{t-1'}e_t + e'_{t'}\tilde{\varepsilon}e_t - \sigma^{*2}tr(\tilde{\varepsilon})\\ &= \frac{1}{\sqrt{NT}\sigma^{*2}}\sum_{t=2}^{T}\mathcal{A}'_{t-1'}e_t + e'_{t'}\varepsilon e_t - \sigma^{*2}tr(\varepsilon)\end{aligned} \tag{3-55}$$

给定 $\tilde{\varepsilon}$ 和 ε 的定义，显然我们知道 $\|\varepsilon\|_1 \vee \|\varepsilon\|_\infty \leqslant C$。现在我们利用鞅中心极限定理得到上面公式的渐近分布，即公式（3－55）的极限分布。定义新符号如下：

$$z_{it} = \frac{1}{NT\sigma^{*2}}[\mathcal{A}_{i,t-1}e_{it} + \varepsilon_{ii}(e_{it}^2 - \sigma^{*2}) + 2(\sum_{j=1}^{i-1}\varepsilon_{ij}e_{jt})e_{it}]$$

$$\mathcal{V}_{NT} = \frac{1}{NT\sigma^{*2}}\sum_{t=2}^{T}\mathbb{E}(\mathcal{A}_{t-1'}\mathcal{A}_{t-1}) + \frac{1}{N}tr(\tilde{\varepsilon}^2) + \frac{1}{N}tr(\tilde{\varepsilon}'\tilde{\varepsilon}) + \frac{\kappa_4^* - 3\sigma^{*4}}{N\sigma^{*4}}tr(\tilde{\varepsilon}\circ\tilde{\varepsilon})$$

其中，$\mathcal{A}_{i,t-1}$ 表示 $\mathcal{A}_{t-1}$ 的第 i 个元素，ε_{ij} 代表 ε 的第（i，j）个元素。我们用 $\mathcal{F}_{ti}$ 表示由 $\{e_{11}, \cdots, e_{N1}, e_{12}, \cdots, e_{N2}, \cdots, e_{1t-1}, \cdots, e_{Nt-1}, e_{1t}, \cdots, e_{it}\}$ 生成的 σ 域（代数）。则 $\mathcal{F}_{10}$，$\mathcal{F}_{11}$，…，$\mathcal{F}_{1N}$，$\mathcal{F}_{21}$，…，$\mathcal{F}_{2N}$，…，$\mathcal{F}_{Ti}$，…，$\mathcal{F}_{TN}$ 是递增的 σ 域（代数），并且 $\mathcal{F}_{10}$ 是空集。给定上述定义，很简单可以证明 $\mathbb{E}(z_{ti} \mid \mathcal{F}_{t,i-1}) = 0$。所以（$z_{ti}$，$\mathcal{F}_{t,i-1}$）形成一个鞅差分序列，其中我们定义 $\mathcal{F}_{t,0} = \mathcal{F}_{t,N}$。根据荷尔和海德

（Hall and Heyde，1980）推论 3.1，我们可以得到 $\sum_{t=2}^{T}\sum_{i=1}^{N} z_{it}/\sqrt{\mathcal{V}_{NT}} \xrightarrow{d} N(0,1)$，对于任意 $\varepsilon>0$，只要我们能证明下面的结果：

$$\sum_{t=2}^{T}\sum_{i=1}^{N}\mathbb{E}[z_{ti}^{2}(|z_{ti}|>\epsilon)\mid\mathcal{F}_{t,i-1}]\xrightarrow{p}0 \tag{3-56}$$

和

$$\sum_{t=2}^{T}\sum_{i=1}^{N}\mathbb{E}(z_{ti}^{2}\mid\mathcal{F}_{t,i-1})-\mathcal{V}_{NT}\xrightarrow{p}0 \tag{3-57}$$

我们记 $\breve{z}_{ti}=\mathcal{A}_{i,t-1}e_{it}+\varepsilon_{ii}(e_{it}^{2}-\sigma^{*2})+2(\sum_{j=1}^{i-1}\varepsilon_{ij}e_{jt})e_{it}$。公式（3-56）成立的充分条件是对于所有的 i 和 t，$\mathbb{E}(\breve{z}_{ti}^{2+\delta})\leqslant C$。这是因为，我们注意到下面的结果：

$$\mathbb{E}[z_{ti}^{2}(|z_{ti}|>\epsilon)]=\int_{|z_{ti}|>\epsilon}z_{ti}^{2}d\mathbb{P}\leqslant\frac{1}{\epsilon^{\delta}}\int_{|z_{ti}|>\epsilon}|z_{ti}|^{2+\delta}d\mathbb{P}$$

$$\leqslant\frac{1}{\epsilon^{\delta}}\int|z_{ti}|^{2+\delta}d\mathbb{P}=\frac{1}{\varepsilon^{\delta}}\mathbb{E}(|z_{ti}|^{2+\delta})$$

利用上面的结果，我们可以得到下面的结果：

$$\begin{aligned}\mathbb{E}[\sum_{t=2}^{T}\sum_{i=1}^{N}\mathbb{E}[z_{ti}^{2}(|z_{ti}|>\epsilon)\mid\mathcal{F}_{t,i-1}]]&=\sum_{t=2}^{T}\sum_{i=1}^{N}\mathbb{E}[z_{ti}^{2}(|z_{ti}|>\epsilon)]\\&\leqslant\frac{1}{\epsilon^{\delta}}\sum_{t=2}^{T}\sum_{i=1}^{N}\mathbb{E}(|z_{ti}|^{2+\delta})\\&=\frac{1}{\epsilon^{\delta}}\frac{1}{NT^{1+\delta/2}\sigma^{*2(2+\delta)}}\sum_{t=2}^{T}\sum_{i=1}^{N}\\&\quad\mathbb{E}(|\breve{z}_{ti}|^{2+\delta})=O((NT)^{-\delta/2})\end{aligned}$$

因此，根据马尔科夫不等式公式（3-56）成立。现在考虑 $\breve{z}_{ti}=\mathcal{A}_{i,t-1}e_{it}+\varepsilon_{ii}(e_{it}^{2}-\sigma^{*2})+2(\sum_{j=1}^{i-1}\varepsilon_{ij}e_{jt})e_{it}$。令 $u=\frac{2+\delta}{1+\delta}$ 和 $v=2+\delta$，很容易可以验证 $u^{-1}+v^{-1}=1$。注意到 $\breve{z}_{ti}$ 的界是下面的形式：

$$\begin{aligned}|\breve{z}_{ti}|\leqslant&|\mathcal{A}_{i,t-1}|\cdot|e_{it}|+|\varepsilon_{ii}|^{\frac{1}{u}}\cdot|\varepsilon_{ii}|^{\frac{1}{v}}|e_{it}^{2}-\sigma^{*2}|\\&+\sum_{j=1}^{i-1}(|\varepsilon_{ij}|^{\frac{1}{u}}|e_{jt}|)\cdot(2|\varepsilon_{ij}|^{\frac{1}{v}}|e_{it}|)\end{aligned}$$

根据赫尔德（Holder）不等式，具体见下面的形式：

$$\sum_i a_i b_i \leqslant (\sum_i |a_i|^u)^{\frac{1}{u}} (\sum_i |b_i|^v)^{\frac{1}{v}}$$

我们可以进一步求出 $\breve{z}_{ti}$的界为：

$$|\breve{z}_{ti}| \leqslant [|\mathcal{A}_{i,t-1}|^u + |\varepsilon_{ii}| + \sum_{j=1}^{i-1} (|\varepsilon_{ij}||e_{jt}|^u)]^{\frac{1}{u}}$$

$$[|e_{it}|^v + |\varepsilon_{ii}||e_{it}^2 - \sigma^{*2}|^v + \sum_{j=1}^{i-1} 2^v |\varepsilon_{ij}||e_{it}|^v]^{\frac{1}{v}}$$

或者等价于下面的形式：

$$|\breve{z}_{ti}|^v \leqslant [|\mathcal{A}_{i,t-1}|^u + |\varepsilon_{ii}| + \sum_{j=1}^{i-1} (|\varepsilon_{ij}||e_{jt}|^u)]^{\frac{v}{u}}$$

$$[|e_{it}|^v + |\varepsilon_{ii}||e_{it}^2 - \sigma^{*2}|^v + \sum_{j=1}^{i-1} 2^v |\varepsilon_{ij}||e_{it}|^v]$$

利用条件期望的性质，我们知道 $\mathbb{E}(|\breve{z}_{ti}|^v) = \mathbb{E}[\mathbb{E}(|\breve{z}_{ti}|^v \mid \mathcal{F}_{t,i-1})]$。我们可以得到下面的结果：

$$\mathbb{E}(|\breve{z}_{ti}|^v) \leqslant \mathbb{E}[|\mathcal{A}_{i,t-1}|^u + |\varepsilon_{ii}| + \sum_{j=1}^{i-1} (|\varepsilon_{ij}||e_{jt}|^u)]^{\frac{v}{u}} \cdot$$

$$[\mathbb{E}|e_{it}|^v + |\varepsilon_{ii}|\mathbb{E}|e_{it}^2 - \sigma^{*2}|^v + \sum_{j=1}^{i-1} 2^v |\varepsilon_{ij}|\mathbb{E}|e_{it}|^v] \quad (3-58)$$

根据本章 3.3 模型假设 1，我们知道 $\mathbb{E}(|e_{it}|^{4+c}) < \infty$，并且$\|\varepsilon\|_\infty \leqslant C$，我们可以得到下面的结果：

$$\mathbb{E}|e_{it}|^v + |\varepsilon_{ii}|\mathbb{E}|e_{it}^2 - \sigma^{*2}|^v + \sum_{j=1}^{i-1} 2^v |\varepsilon_{ij}|\mathbb{E}|e_{it}|^v \leqslant C$$

现在首先考虑公式（3－58）右边的第一项，因为对于 $v \geqslant u$，$f(x) = x^{v/u}$是凸函数，并且利用詹森（Jensen）不等式得到下面的结果：

$$[\sum_i \omega_i |x_i|^u]^{\frac{1}{u}} \leqslant [\sum_i \omega_i |x_i|^v]^{\frac{1}{v}}$$

其中，$\omega_i \geqslant 0$ 并且 $\sum_i \omega_i = 1$ 。现在令 $\zeta_i = 1 + \sum_{j=1}^{i} |\varepsilon_{ii}|$ ，则有下面的结果：

$$\left[\frac{1}{\zeta_i} 1 \cdot |\mathcal{A}_{i,t-1}|^u + |\varepsilon_{ii}| \cdot 1^u + \sum_{j=1}^{i-1} (|\varepsilon_{ij}||e_{jt}|^u)\right]^{\frac{1}{u}}$$

$$\leqslant \left[\frac{1}{\zeta_i}(1\cdot|\mathcal{A}_{i,t-1}|^v+|\varepsilon_{ii}|\cdot 1^v+\sum_{j=1}^{i-1}(|\varepsilon_{ij}||e_{jt}|^v))\right]^{\frac{1}{v}}$$

或者上式等价于下面的结果：

$$[|\mathcal{A}_{i,t-1}|^u+|\varepsilon_{ii}|+\sum_{j=1}^{i-1}(|\varepsilon_{ij}||e_{jt}|^u)]^{\frac{v}{u}}$$

$$\leqslant \zeta_i^{\frac{v-u}{u}}[|\mathcal{A}_{i,t-1}|^v+|\varepsilon_{ii}|+\sum_{j=1}^{i-1}(|\varepsilon_{ij}||e_{jt}|^v)]$$

我们注意到，由于$\|\varepsilon\|_\infty\leqslant C$，所以$\zeta_i=1+\sum_{j=1}^{i}|\varepsilon_{ii}|$是有界的，进一步我们也可以得到$\zeta_i^{\frac{v-u}{u}}$也是有界的。因此，我们有下面的结果：

$$\mathbb{E}[|\mathcal{A}_{i,t-1}|^u+|\varepsilon_{ii}|+\sum_{j=1}^{i-1}(|\varepsilon_{ij}||e_{jt}|^u)]^{\frac{v}{u}}$$

$$\leqslant C[\mathbb{E}(|\mathcal{A}_{i,t-1}|^v)+|\varepsilon_{ii}|+\sum_{j=1}^{i-1}(|\varepsilon_{ij}|\mathbb{E}(|e_{jt}|^v))]$$

因为$\mathbb{E}(|e_{it}|^{4+c})<\infty$，所以存在一个常数$C$使得$\mathbb{E}(|e_{jt}|^v)\leqslant C$成立。所以上面表达式的后面两项都是有界的。由引理3.5知道$\mathbb{E}(|\mathcal{A}_{i,t-1}|^v)<\infty$，所以公式（3-58）右边的第一项对于任意的$i$和$t$都是有界的。根据公式（3-58），我们可以得到对于任意的i和t和$v>2$都有$\mathbb{E}(|\breve{z}_{ti}|^v)<C$成立，所以表达式（3-56）成立。

现在考虑公式（3-57）。根据z_{ti}和$\mathcal{F}_{i,t-1}$的定义，很容易可以证明下面的结果：

$$\mathbb{E}[\sum_{t=2}^{T}\sum_{i=1}^{N}(z_{ti}^2\mid\mathcal{F}_{t,i-1})]=\frac{1}{NT\sigma^{*4}}\sum_{t=2}^{T}\sum_{i=1}^{N}\{\sigma^{*2}[\mathcal{A}_{it-1}+2\sum_{j=1}^{i-1}\varepsilon_{ij}e_{jt}]^2$$

$$+\varepsilon_{ii}(\kappa_4^*-\sigma^{*4})+[\mathcal{A}_{it-1}+2\sum_{j=1}^{i-1}\varepsilon_{ij}e_{jt}]\varepsilon_{ii}\kappa_3^*\}=\mathbb{S}$$

其中，$\kappa_3^*=\mathbb{E}(e_{it}^3)$。为了表达的方便，我们使用$\mathbb{S}$表示上式右边。很容易可以验证$\mathcal{A}_{it-1}$和$\sum_{j=1}^{i-1}\varepsilon_{ij}e_{jt}$相互独立。而且容易验证$\sum_{t=2}^{T}\mathbb{E}(\mathcal{A}_{it-1})=0$。有这些结果，我们可以得到下面的结果：

$$\mathbb{E}(\mathbb{S})=\frac{1}{N\bar{T}\sigma^{*2}}\sum_{t=2}^{T}\sum_{i=1}^{N}\mathbb{E}(\mathcal{A}_{it-1}^2)+4\frac{1}{N}\sum_{i=1}^{N}\sum_{j=1}^{N}\sum_{j=1}^{i-1}\varepsilon_{ij}^2+\frac{\kappa_4^*-\sigma^{*4}}{N\sigma^{*4}}\sum_{i=1}^{N}\varepsilon_{ii}^2$$

$$= \frac{1}{N\bar{T}\sigma^{*2}}\sum_{t=2}^{T}\sum_{i=1}^{N}\mathbb{E}(\mathcal{A}_{it-1}^{2}) + 2\frac{1}{N}\sum_{i=1}^{N}\sum_{j=1,j\neq i}^{N}\varepsilon_{ij}^{2} + \frac{\kappa_4^{*} - \sigma^{*4}}{N\sigma^{*4}}\sum_{i=1}^{N}\varepsilon_{ii}^{2}$$

$$= \frac{1}{N\bar{T}\sigma^{*2}}\sum_{t=2}^{T}\sum_{i=1}^{N}\mathbb{E}(\mathcal{A}_{it-1}^{2}) + 2\frac{1}{N}\sum_{i=1}^{N}\sum_{j=1}^{N}\varepsilon_{ij}^{2} + \frac{\kappa_4^{*} - 3\sigma^{*4}}{N\sigma^{*4}}\sum_{i=1}^{N}\varepsilon_{ii}^{2}$$

$$= \frac{1}{N\bar{T}\sigma^{*2}}\sum_{t=2}^{T}\sum_{i=1}^{N}\mathbb{E}(\mathcal{A}_{it-1}^{2}) + 2\frac{1}{N}\sum_{i=1}^{N}tr(\varepsilon'\varepsilon) + \frac{\kappa_4^{*} - 3\sigma^{*4}}{N\sigma^{*4}}\sum_{i=1}^{N}\varepsilon_{ii}^{2}$$

利用定义，$\varepsilon = (\tilde{\varepsilon} + \tilde{\varepsilon}')/2$，我们可以把上面的公式写成 $\tilde{\varepsilon}$ 的形式，

$$\mathbb{E}(\mathbb{S}) = \frac{1}{N\bar{T}\sigma^{*2}}\sum_{t=2}^{T}\mathbb{E}(\mathcal{A}'_{t-1'}\mathcal{A}_{t-1}) + \frac{1}{N}tr(\tilde{\varepsilon}^{2}) + \frac{1}{N}tr(\tilde{\varepsilon}'\tilde{\varepsilon})$$

$$+ \frac{\kappa_4^{*} - 3\sigma^{*4}}{N\sigma^{*4}}tr(\tilde{\varepsilon}\circ\tilde{\varepsilon}) \equiv \mathcal{V}_{NT}$$

根据引理 3.6，$\mathbb{S} - \mathbb{E}(\mathbb{S}) = o_p(1)$。因此 $\mathbb{S} - \mathcal{V}_{NT} \xrightarrow{p} 0$，它与公式（3－57）是等价的。

定义 $k+5$ 维的列向量，具体见下面的形式：

$$\Delta_N = \Big[N^{-1}tr(W\mathbb{D}^{*-1}),\ N^{-1}tr(\mathbb{D}^{*-1}),\ N^{-1}tr(W\mathbb{D}^{*-1}),$$

$$0_{1\times k},\ N^{-1}tr(H^{*}),\ \frac{1}{2\sigma^{*2}}\Big]'$$

进一步定义两个矩阵 $\Omega_{0,NT}$ 和 $\Omega_{1,NT}$，具体见下面的形式：

$$\Omega_{0,NT} = \frac{1}{N\bar{T}\sigma^{*2}}\begin{bmatrix} \sum_{t=2}^{T}\mathbb{E}(\tilde{Y}_t'W'S^{*\prime}S^{*}W\tilde{Y}_t) & \sum_{t=2}^{T}\mathbb{E}(\tilde{Y}_t'W'S^{*\prime}S^{*}\chi_t) & 0 \\ \sum_{t=2}^{T}\mathbb{E}(\tilde{Y}_t'W'S^{*\prime}S^{*}\chi_t)' & \sum_{t=2}^{T}\mathbb{E}(\chi_t S^{*\prime}S^{*}\chi_t) & 0 \\ 0 & 0 & \frac{N\bar{T}}{(2\sigma^{*2})} \end{bmatrix}$$

$$+ \frac{1}{N}\begin{bmatrix} tr(G^{*}G^{*}) & 0 & tr(H^{a*}\ddot{G}^{*}) & \frac{tr(G^{*})}{\sigma^{*2}} \\ 0 & 0 & 0 & 0 \\ tr(H^{a*}\ddot{G}^{*}) & 0 & tr(H^{a*}H^{*}) & \frac{tr(H^{*})}{\sigma^{*2}} \\ \frac{tr(G^{*})}{\sigma^{*2}} & 0 & \frac{tr(H^{*})}{\sigma^{*2}} & 0 \end{bmatrix} \tag{3-59}$$

$$\Omega_{1,NT} = \frac{\kappa_4^* - 3\sigma^{*4}}{N\sigma^{*4}} \begin{bmatrix} tr(\ddot{G}^* \circ \ddot{G}^*) & 0 & tr(\ddot{G}^* \circ H^*) & \frac{tr(G^*)}{(2\sigma^{*2})} \\ 0 & 0 & 0 & 0 \\ tr(H^* \circ \ddot{G}^*) & 0 & tr(H^* \circ H^*) & \frac{tr(H^*)}{(2\sigma^{*2})} \\ \frac{tr(G^*)}{(2\sigma^{*2})} & 0 & \frac{tr(H^*)}{(2\sigma^{*2})} & N(4\sigma^{*4})^{-1} \end{bmatrix}$$

其中，$G^* = WD^{*-1}$，$\ddot{G}^* = S^* G^* S^{*-1}$，$H^* = MS^{*-1}$，$H^{a*} = H^* + H^{*\prime}$，$\kappa_4^* = \mathbb{E}(e_{it}^4)$。$\circ$表示哈德马乘积（Hadamard product）。

使用公式（3－53），容易证明下面的结果：

$$\ell'\Omega_{1,N}\ell = \frac{\kappa_4^* - 3\sigma^{*4}}{N\sigma^{*4}} tr(\tilde{\varepsilon} \circ \tilde{\varepsilon}),$$

$$\ell'\Omega_{0,NT}\ell = \frac{1}{NT\sigma^{*2}} \sum_{t=2}^{T} \mathbb{E}(\mathcal{A}_{t-1'}\mathcal{A}_{t-1}) + \frac{1}{N} tr(\tilde{\varepsilon}^2) + \frac{1}{N} tr(\tilde{\varepsilon}'\tilde{\varepsilon})$$

注意我们运用了几个基本事实：（1）$tr(G^* G^*) = tr(\ddot{G}^* \ddot{G}^*)$，（2）$tr(G^*) = tr(\ddot{G}^*)$。

因此，可以得到下面的结果：

$$\ell'(\Omega_{0,NT} + \Omega_{1,N})\ell = \mathcal{V}_{NT}$$

利用上面结果，我们可以得到下面的结果：

$$\frac{\sqrt{NT}\ell'\Xi_1}{\sqrt{\ell'(\Omega_{0,NT} + \Omega_{1,N})\ell}} \xrightarrow{d} N(0, 1)$$

或者等价于下面的结果：

$$\sqrt{NT}\Xi_1 \xrightarrow{d} N(0, \Omega_0 + \Omega_1) \tag{3-60}$$

其中，$\Omega_0 = \lim_{N,T\to\infty} \Omega_{0,NT}$和$\Omega_1 = \lim_{N,T\to\infty} \Omega_{1,NT}$。

利用引理3.4公式（a），我们可以得到下面的结果：

$$\Xi_2 = -\frac{1}{T}\Delta + O_p(T^{-2}) + O_p(N^{-1/2}T^{-1}) \tag{3-61}$$

利用式（3－60）的结果和式（3－61）的结果，在$N/T^3 \to 0$条件下，我们可以得到下面的结果：

$$\sqrt{NT}\left(\frac{\partial l(\theta^*)}{\partial \theta} + \frac{1}{T}\Delta\right) \xrightarrow{d} N(0, \Omega_0 + \Omega_1) \tag{3-62}$$

现在进一步考虑公式（3－50），给定公式（3－50），我们很容易可以得到下面在 $\tilde{\theta}$ 处的二阶导数，其中 $\tilde{\theta}$ 位于 $\hat{\theta}$ 和 θ^* 之间，具体见下面的形式：

$$\frac{\partial^2 l(\tilde{\theta})}{\partial \lambda^2} = -\frac{1}{N\bar{T}\tilde{\sigma}^2}\sum_{t=2}^{T}\dot{Y}_t' W' S(\tilde{\rho})' S(\tilde{\rho}) W \dot{Y}_t - \frac{1}{N} tr[D(\tilde{\lambda})^{-1} W D(\tilde{\lambda})^{-1} W] \quad (3-63)$$

$$\frac{\partial^2 l(\tilde{\theta})}{\partial \lambda \partial \Phi'} = -\frac{1}{N\bar{T}\tilde{\sigma}^2}\sum_{t=2}^{T}\dot{Y}_t' W' S(\tilde{\rho})' S(\tilde{\rho}) \dot{\chi}_t \quad (3-64)$$

$$\frac{\partial^2 l(\tilde{\theta})}{\partial \lambda \partial \rho} = -\frac{1}{N\bar{T}\tilde{\sigma}^2}\Big[\sum_{t=2}^{T}\dot{Y}_t' W' M' \dot{Z}_t(\tilde{\lambda}, \tilde{\Phi}, \tilde{\rho}) + \sum_{t=2}^{T}\dot{Y}_t' W' S(\tilde{\rho})' H(\tilde{\rho}) \dot{Z}_t(\tilde{\lambda}, \tilde{\Phi}, \tilde{\rho})\Big] \quad (3-65)$$

$$\frac{\partial^2 l(\tilde{\theta})}{\partial \lambda \partial \sigma^2} = -\frac{1}{N\bar{T}\tilde{\sigma}^4}\Big[\sum_{t=2}^{T}\dot{Y}_t' W' S(\tilde{\rho})' \dot{Z}_t(\tilde{\lambda}, \tilde{\Phi}, \tilde{\rho})\Big] \quad (3-66)$$

$$\frac{\partial^2 l(\tilde{\theta})}{\partial \Phi \partial \Phi'} = -\frac{1}{N\bar{T}\tilde{\sigma}^2}\sum_{t=2}^{T}\dot{\chi}_t' S(\tilde{\rho})' S(\tilde{\rho}) \dot{\chi}_t \quad (3-67)$$

$$\frac{\partial^2 l(\tilde{\theta})}{\partial \Phi \partial \rho} = -\frac{1}{N\bar{T}\tilde{\sigma}^2}\sum_{t=2}^{T}\dot{\chi}_t' S(\tilde{\rho})' H(\tilde{\rho}) \dot{Z}_t(\tilde{\lambda}, \tilde{\Phi}, \tilde{\rho}) \quad (3-68)$$

$$\frac{\partial^2 l(\tilde{\theta})}{\partial \Phi \partial \sigma^2} = -\frac{1}{N\bar{T}\tilde{\sigma}^4}\sum_{t=2}^{T}\dot{\chi}_t' S(\tilde{\rho})' \dot{Z}_t(\tilde{\lambda}, \tilde{\Phi}, \tilde{\rho}) \quad (3-69)$$

$$\frac{\partial^2 l(\tilde{\theta})}{\partial \rho^2} = -\frac{1}{N\bar{T}\tilde{\sigma}^2}\sum_{t=2}^{T}\dot{Z}_t(\tilde{\lambda}, \tilde{\Phi}, \tilde{\rho})' H(\tilde{\rho})' H(\tilde{\rho}) \dot{Z}_t(\tilde{\lambda}, \tilde{\Phi}, \tilde{\rho}) - \frac{1}{N} tr[S(\tilde{\rho})^{-1} M S(\tilde{\rho})^{-1} M] \quad (3-70)$$

$$\frac{\partial^2 l(\tilde{\theta})}{\partial \rho \partial \sigma^2} = -\frac{1}{N\bar{T}\tilde{\sigma}^4}\sum_{t=2}^{T}[D(\tilde{\lambda})\dot{Y}_t - \dot{\chi}_t \Phi]' M' \dot{Z}_t(\tilde{\lambda}, \tilde{\Phi}, \tilde{\rho}) \quad (3-71)$$

$$\frac{\partial^2 l(\tilde{\theta})}{\partial \sigma^2 \partial \sigma^2} = -\frac{1}{N\bar{T}\tilde{\sigma}^6}\sum_{t=2}^{T}\dot{Z}_t(\tilde{\lambda}, \tilde{\Phi}, \tilde{\rho})' \dot{Z}_t(\tilde{\lambda}, \tilde{\Phi}, \tilde{\rho}) + \frac{1}{2\tilde{\sigma}^4} \quad (3-72)$$

我们首先考虑$\frac{\partial^2 l(\tilde{\theta})}{\partial \lambda^2}$，即公式（3－63），因为$\frac{1}{N} tr[D(\lambda)^{-1} WD$

$(\lambda)^{-1}W]$ 在 λ^* 的邻域内是关于 λ 的连续函数。由于 $\tilde{\lambda}=\lambda^*+o_p(1)$，再根据连续映射定理，我们可以得到$\frac{1}{N}tr[D(\tilde{\lambda})^{-1}WD(\tilde{\lambda})^{-1}W]=\frac{1}{N}tr[D^{*-1}WD^{*-1}W]+o_p(1)$。现在考虑公式（3－63）右边的第一项，利用引理3.2公式（a′），我们可以得到下面的结果：

$$\frac{1}{N\overline{T}}\sum_{t=2}^{T}\dot{Y}_t'W'S(\tilde{\rho})'S(\tilde{\rho})W\dot{Y}_t=\frac{1}{N\overline{T}}\sum_{t=2}^{T}\mathbb{E}(\tilde{Y}_t'W'S^{*\prime}S^*W\tilde{Y}_t)+o_p(1)$$

利用上面的结果以及 $\tilde{\sigma}^2$ 的一致性，以及 $G^*=WD^{*-1}$我们可以得到下面的结果：

$$\frac{\partial^2 l(\tilde{\theta})}{\partial\lambda^2}=-\frac{1}{N\overline{T}\sigma^{*2}}\sum_{t=2}^{T}\mathbb{E}(\tilde{Y}_t'W'S^{*\prime}S^*W\tilde{Y}_t)-\frac{1}{N}tr[G^*G^*]+o_p(1)$$

现在考虑公式（3－64），根据引理3.2公式（b′）以及 $\tilde{\rho}=\rho^*+o_p(1)$，再根据连续映射定理，可以得到下面的结果：

$$\frac{\partial^2 l(\tilde{\theta})}{\partial\lambda\partial\Phi'}=-\frac{1}{N\overline{T}\sigma^{*2}}\sum_{t=2}^{T}\mathbb{E}(\tilde{Y}_t'W'S^{*\prime}S^*\tilde{\chi}_t)+o_p(1)$$

现在考虑公式（3－65）的第一项，我们可以把它写成下面的形式：

$$\begin{aligned}&-(\tilde{\lambda}-\lambda^*)\left[\frac{1}{N\overline{T}\tilde{\sigma}^2}\sum_{t=2}^{T}\dot{Y}_t'W'M'W\dot{Y}_t\right]-\frac{1}{N\overline{T}\tilde{\sigma}^2}\sum_{t=2}^{T}\dot{Y}_t'W'M'\dot{\chi}_t(\tilde{\Phi}-\Phi^*)\\&-(\tilde{\rho}\tilde{\lambda}-\rho^*\lambda^*)\left[\frac{1}{N\overline{T}\tilde{\sigma}^2}\sum_{t=2}^{T}\dot{Y}_t'W'M'MW\dot{Y}_t\right]\\&-(\tilde{\rho}-\rho^*)\left[\frac{1}{N\overline{T}\tilde{\sigma}^2}\sum_{t=2}^{T}\dot{Y}_t'W'M'M\dot{\chi}_t\right](\tilde{\Phi}-\Phi^*)\\&-(\tilde{\rho}-\rho^*)\left[\frac{1}{N\overline{T}\tilde{\sigma}^2}\sum_{t=2}^{T}\dot{Y}_t'W'M'M\dot{Y}_t\right]-\frac{1}{N\overline{T}\tilde{\sigma}^2}\sum_{t=2}^{T}\dot{Y}_t'W'M'\dot{e}_t\end{aligned}$$

由引理3.2公式（a）和公式（b）知道，$\frac{1}{N\overline{T}}\sum_{t=2}^{T}\dot{Y}_t'W'M'W\dot{Y}_t$、$\frac{1}{N\overline{T}}\sum_{t=2}^{T}\dot{Y}_t'W'M'\dot{\chi}_t$、$\frac{1}{N\overline{T}}\sum_{t=2}^{T}\dot{Y}_t'W'M'MW\dot{Y}_t$、$\frac{1}{N\overline{T}}\sum_{t=2}^{T}\dot{Y}_t'W'M'M\dot{\chi}_t$和$\frac{1}{N\overline{T}}\sum_{t=2}^{T}\dot{Y}_t'W'M'M\dot{Y}_t$这五项都是 $O_p(1)$，由引理3.4公式（c）得到下面的结果：

$$\frac{1}{N\overline{T}}\sum_{t=2}^{T}\dot{Y}_t'W'M'\dot{e}_t=\frac{\sigma^{*2}}{N}tr(M\times G^*\times S^{*-1})+o_p(1)$$

$$= \frac{\sigma^{*2}}{N} tr(MS^{*-1}S^{*}G^{*}S^{*-1}) + o_p(1)$$

$$= \frac{\sigma^{*2}}{N} tr(H^{*'}\ddot{G}^{*}) + o_p(1)$$

同理，公式（3－65）的第二项，我们可以把它写成下面的形式：

$$-(\tilde{\lambda} - \lambda^{*})\left[\frac{1}{N\overline{T}\tilde{\sigma}^{2}}\sum_{t=2}^{T}\dot{Y}_t'W'S(\tilde{\rho})'H(\tilde{\rho})W\dot{Y}_t\right]$$

$$-\frac{1}{N\overline{T}\tilde{\sigma}^{2}}\sum_{t=2}^{T}\dot{Y}_t'W'S(\tilde{\rho})'H(\tilde{\rho})\dot{\chi}_t(\tilde{\Phi} - \Phi^{*})$$

$$-(\tilde{\rho}\tilde{\lambda} - \rho^{*}\lambda^{*})\left[\frac{1}{N\overline{T}\tilde{\sigma}^{2}}\sum_{t=2}^{T}\dot{Y}_t'W'S(\tilde{\rho})'H(\tilde{\rho})MW\dot{Y}_t\right]$$

$$-(\tilde{\rho} - \rho^{*})\left[\frac{1}{N\overline{T}\tilde{\sigma}^{2}}\sum_{t=2}^{T}\dot{Y}_t'W'S(\tilde{\rho})'H(\tilde{\rho})M\dot{\chi}_t\right](\tilde{\Phi} - \Phi^{*})$$

$$-(\tilde{\rho} - \rho^{*})\left[\frac{1}{N\overline{T}\tilde{\sigma}^{2}}\sum_{t=2}^{T}\dot{Y}_t'W'S(\tilde{\rho})'H(\tilde{\rho})M\dot{Y}_t\right]$$

$$-\frac{1}{N\overline{T}\tilde{\sigma}^{2}}\sum_{t=2}^{T}\dot{Y}_t'W'S(\tilde{\rho})'H(\tilde{\rho})\dot{e}_t$$

由引理3.2公式（a）和表达式（b）知道，$\frac{1}{N\overline{T}}\sum_{t=2}^{T}\dot{Y}_t'W'S(\tilde{\rho})'H(\tilde{\rho})W\dot{Y}_t$、$\frac{1}{N\overline{T}}\sum_{t=2}^{T}\dot{Y}'_tW'S(\tilde{\rho})'H(\tilde{\rho})\dot{\chi}_t$、$\frac{1}{N\overline{T}}\sum_{t=2}^{T}\dot{Y}'_tW'S(\tilde{\rho})'H(\tilde{\rho})MW\dot{Y}_t$、$\frac{1}{N\overline{T}}\sum_{t=2}^{T}\dot{Y}_t'W'S(\tilde{\rho})'H(\tilde{\rho})M\dot{\chi}_t$和$\frac{1}{N\overline{T}}\sum_{t=2}^{T}\dot{Y}_t'W'S(\tilde{\rho})'H(\tilde{\rho})M\dot{Y}_t$这五项都是$O_p(1)$，由引理3.4公式（d）得到下面的结果：

$$\frac{1}{N\overline{T}}\sum_{t=2}^{T}\dot{Y}_t'W'S(\tilde{\rho})'H(\tilde{\rho})\dot{e}_t = \frac{\sigma^{*2}}{N} tr(H^{*'}S^{*}G^{*}S^{*-1}) + o_p(1)$$

$$= \frac{\sigma^{*2}}{N} tr(H^{*'}\ddot{G}^{*}) + o_p(1)$$

所以，我们可以得到下面的结果：

$$\frac{\partial^2 l(\tilde{\theta})}{\partial\lambda\partial\rho} = -\frac{1}{N} tr(H^{*'}\ddot{G}^{*}) - \frac{1}{N} tr(\ddot{G}^{*}H^{*}) + o_p(1)$$

$$= \frac{\sigma^{*2}}{N} tr(H^{a*}\ddot{G}^{*}) + o_p(1)$$

现在考虑公式（3－66），我们可以把它写成下面的形式：

$$-(\tilde{\lambda}-\lambda^{*})\left[\frac{1}{N\overline{T}\tilde{\sigma}^{4}}\sum_{t=2}^{T}\dot{Y}_t'W'S(\tilde{\rho})'W\dot{Y}_t\right]$$

$$-\left[\frac{1}{N\overline{T}\tilde{\sigma}^{4}}\sum_{t=2}^{T}\dot{Y}_t'W'S(\tilde{\rho})'\dot{\chi}_t\right](\tilde{\Phi}-\Phi^{*})$$

$$-(\tilde{\rho}\tilde{\lambda}-\rho^{*}\lambda^{*})\left[\frac{1}{N\overline{T}\tilde{\sigma}^{4}}\sum_{t=2}^{T}\dot{Y}_t'W'S(\tilde{\rho})'MW\dot{Y}_t\right]$$

$$-(\tilde{\rho}-\rho^{*})\left[\frac{1}{N\overline{T}\tilde{\sigma}^{4}}\sum_{t=2}^{T}\dot{Y}_t'W'S(\tilde{\rho})'M\dot{\chi}_t\right](\tilde{\Phi}-\Phi^{*})$$

$$-(\tilde{\rho}-\rho^{*})\left[\frac{1}{N\overline{T}\tilde{\sigma}^{4}}\sum_{t=2}^{T}\dot{Y}_t'W'S(\tilde{\rho})'M\dot{Y}_t\right]$$

$$-\frac{1}{N\overline{T}\tilde{\sigma}^{4}}\sum_{t=2}^{T}\dot{Y}_t'W'S(\tilde{\rho})'\dot{e}_t$$

由引理3.2公式（a）和公式（b）知道，上面表达式中的括号内的五项都是 $O_p(1)$，根据引理3.4公式（b），我们可以得到下面的结果：

$$\frac{1}{N\overline{T}}\sum_{t=2}^{T}\dot{Y}_t'W'S(\tilde{\rho})'\dot{e}_t=\frac{\sigma^{*2}}{N}tr(G^{*})+o_p(1)$$

所以，我们可以得到下面的结果：

$$\frac{\partial^2 l(\tilde{\theta})}{\partial\lambda\partial\sigma^2}=-\frac{1}{N\sigma^{*2}}tr(G^{*})+o_p(1)$$

现在考虑公式（3－67），根据引理3.2公式（b），我们可以得到下面的结果：

$$\frac{\partial^2 l(\tilde{\theta})}{\partial\Phi\partial\Phi'}=-\frac{1}{N\overline{T}\sigma^{*2}}\sum_{t=2}^{T}\mathbb{E}(\tilde{\chi}_t'S^{*'}S^{*}\tilde{\chi}_t)+o_p(1)$$

现在考虑公式（3－68），它可以写成下面的形式：

$$-(\tilde{\lambda}-\lambda^{*})\frac{1}{N\overline{T}\tilde{\sigma}^{2}}\sum_{t=2}^{T}\dot{\chi}_t'S(\tilde{\rho})'H(\tilde{\rho})W\dot{Y}_t-$$

$$(\tilde{\rho}-\rho^{*})\frac{1}{N\overline{T}\tilde{\sigma}^{2}}\sum_{t=2}^{T}\dot{\chi}_t'S(\tilde{\rho})'H(\tilde{\rho})M\dot{Y}_t$$

$$-\frac{1}{N\overline{T}\tilde{\sigma}^{2}}\sum_{t=2}^{T}\dot{\chi}_t'S(\tilde{\rho})'H(\tilde{\rho})\dot{\chi}_t(\tilde{\Phi}-\Phi^{*})+$$

$$(\tilde{\rho}\tilde{\lambda}-\rho^*\lambda^*)\frac{1}{N\overline{T}\tilde{\sigma}^2}\sum_{t=2}^{T}\dot{\chi}_t'S(\tilde{\rho})'H(\tilde{\rho})MW\dot{Y}_t$$

$$+(\tilde{\rho}-\rho^*)\frac{1}{N\overline{T}\tilde{\sigma}^2}\sum_{t=2}^{T}\dot{\chi}_t'S(\tilde{\rho})'H(\tilde{\rho})M\dot{\chi}_t(\tilde{\Phi}-\Phi^*)$$

$$-\frac{1}{N\overline{T}\tilde{\sigma}^2}\sum_{t=2}^{T}\dot{\chi}_t'W'S(\tilde{\rho})'H(\tilde{\rho})\dot{e}_t$$

根据引理 $\frac{1}{N\overline{T}}\sum_{t=2}^{T}\dot{\chi}_t'S(\tilde{\rho})'H(\tilde{\rho})W\dot{Y}_t$、$\frac{1}{N\overline{T}}\sum_{t=2}^{T}\dot{\chi}_t'S(\tilde{\rho})'H(\tilde{\rho})M\dot{Y}_t$、$\frac{1}{N\overline{T}}\sum_{t=2}^{T}\dot{\chi}_t'S(\tilde{\rho})'H(\tilde{\rho})\dot{\chi}_t$、$\frac{1}{N\overline{T}}\sum_{t=2}^{T}\dot{\chi}_t'S(\tilde{\rho})'H(\tilde{\rho})MW\dot{Y}_t$ 和 $\frac{1}{N\overline{T}}\sum_{t=2}^{T}\dot{\chi}_t'S(\tilde{\rho})'H(\tilde{\rho})M\dot{\chi}_t$ 这五项都是 $O_p(1)$。而且，根据公式（3－26）的推导过程，我们知道 $\frac{1}{N\overline{T}}\sum_{t=2}^{T}\dot{\chi}_t'S(\tilde{\rho})'H(\tilde{\rho})\dot{e}_t=O_p(N^{-1/2}\overline{T}^{-1/2})+O_p(\overline{T}^{-1})$。给定上述结果，我们可以得到下面的结果：

$$\frac{\partial^2 l(\tilde{\theta})}{\partial\Phi\partial\rho}=o_p(1)$$

现在考虑公式（3－69），我们可以把它写成下面的形式：

$$-(\tilde{\lambda}-\lambda^*)\left[\frac{1}{N\overline{T}\tilde{\sigma}^4}\sum_{t=2}^{T}\dot{\chi}_t'S(\tilde{\rho})'W\dot{Y}_t\right]$$

$$-\frac{1}{N\overline{T}\tilde{\sigma}^4}\sum_{t=2}^{T}\dot{\chi}_t'S(\tilde{\rho})'\dot{\chi}_t(\tilde{\Phi}-\Phi^*)$$

$$-(\tilde{\rho}\tilde{\lambda}-\rho^*\lambda^*)\left[\frac{1}{N\overline{T}\tilde{\sigma}^4}\sum_{t=2}^{T}\dot{\chi}_t'S(\tilde{\rho})'MW\dot{Y}_t\right]$$

$$-(\tilde{\rho}-\rho^*)\left[\frac{1}{N\overline{T}\tilde{\sigma}^4}\sum_{t=2}^{T}\dot{\chi}_t'S(\tilde{\rho})'M\dot{\chi}_t\right](\tilde{\Phi}-\Phi^*)$$

$$-(\tilde{\rho}-\rho^*)\left[\frac{1}{N\overline{T}\tilde{\sigma}^4}\sum_{t=2}^{T}\dot{\chi}_t'S(\tilde{\rho})'M\dot{Y}_t\right]$$

$$-\frac{1}{N\overline{T}\tilde{\sigma}^4}\sum_{t=2}^{T}\dot{\chi}_t'S(\tilde{\rho})'\dot{e}_t$$

由引理 3.2 公式（a）和公式（b）知道，$\frac{1}{N\overline{T}}\sum_{t=2}^{T}\dot{\chi}_t'S(\tilde{\rho})'W\dot{Y}_t$、

$\frac{1}{N\overline{T}}\sum_{t=2}^{T}\dot{\chi}_t'S(\tilde{\rho})'\dot{\chi}_t$、$\frac{1}{N\overline{T}}\sum_{t=2}^{T}\dot{\chi}_t'S(\tilde{\rho})'MW\dot{Y}_t$、$\frac{1}{N\overline{T}}\sum_{t=2}^{T}\dot{\chi}_t'S(\tilde{\rho})'M\dot{\chi}_t$ 和 $\frac{1}{N\overline{T}}\sum_{t=2}^{T}\dot{\chi}_t'S(\tilde{\rho})'M\dot{Y}$ 这五项都是 $O_p(1)$，而且，根据公式（3－26）的推导过程，我们知道 $\frac{1}{N\overline{T}}\sum_{t=2}^{T}\dot{\chi}_t'S(\tilde{\rho})'\dot{e}_t = O_p(N^{-1/2}\overline{T}^{-1/2}) + O_p(\overline{T}^{-1})$。给定上述结果，我们可以得到下面的结果：

$$\frac{\partial^2 l(\tilde{\theta})}{\partial\Phi\partial\sigma^2} = o_p(1)$$

现在考虑公式（3－70）的第一项，我们可以把它写成下面的形式：

$$-(\tilde{\lambda}-\lambda^*)^2\left[\frac{1}{N\overline{T}\tilde{\sigma}^2}\sum_{t=2}^{T}\dot{Y}_t'W'H(\tilde{\rho})'H(\tilde{\rho})W\dot{Y}_t\right]$$

$$-2(\tilde{\lambda}-\lambda^*)\left[\frac{1}{N\overline{T}\tilde{\sigma}^2}\sum_{t=2}^{T}\dot{Y}_t'W'H(\tilde{\rho})'H(\tilde{\rho})\dot{\chi}_t\right](\tilde{\Phi}-\Phi^*)$$

$$-2(\tilde{\lambda}-\lambda^*)(\tilde{\rho}\tilde{\lambda}-\rho^*\lambda^*)\left[\frac{1}{N\overline{T}\tilde{\sigma}^2}\sum_{t=2}^{T}\dot{Y}_t'W'H(\tilde{\rho})'H(\tilde{\rho})MW\dot{Y}_t\right]$$

$$-2(\tilde{\lambda}-\lambda^*)(\tilde{\rho}-\rho^*)\left[\frac{1}{N\overline{T}\tilde{\sigma}^2}\sum_{t=2}^{T}\dot{Y}_t'W'H(\tilde{\rho})'H(\tilde{\rho})M\dot{\chi}_t\right](\tilde{\Phi}-\Phi^*)$$

$$-2(\tilde{\lambda}-\lambda^*)(\tilde{\rho}-\rho^*)\left[\frac{1}{N\overline{T}\tilde{\sigma}^2}\sum_{t=2}^{T}\dot{Y}_t'W'H(\tilde{\rho})'H(\tilde{\rho})M\dot{Y}_t\right]$$

$$-2(\tilde{\lambda}-\lambda^*)\frac{1}{N\overline{T}\tilde{\sigma}^2}\sum_{t=2}^{T}\dot{Y}_t'W'H(\tilde{\rho})'H(\tilde{\rho})\dot{e}_t$$

$$-(\tilde{\Phi}-\Phi^*)'\left[\frac{1}{N\overline{T}\tilde{\sigma}^2}\sum_{t=2}^{T}\dot{\chi}_t'H(\tilde{\rho})'H(\tilde{\rho})\dot{\chi}_t\right](\tilde{\Phi}-\Phi^*)$$

$$-2(\tilde{\rho}\tilde{\lambda}-\rho^*\lambda^*)(\tilde{\Phi}-\Phi^*)'\left[\frac{1}{N\overline{T}\tilde{\sigma}^2}\sum_{t=2}^{T}\dot{\chi}_t'H(\tilde{\rho})'H(\tilde{\rho})MW\dot{Y}_t\right]$$

$$-2(\tilde{\rho}-\rho^*)(\tilde{\Phi}-\Phi^*)'\left[\frac{1}{N\overline{T}\tilde{\sigma}^2}\sum_{t=2}^{T}\dot{\chi}_t'H(\tilde{\rho})'H(\tilde{\rho})M\dot{\chi}_t\right](\tilde{\Phi}-\Phi^*)$$

$$-2(\tilde{\rho}-\rho^*)(\tilde{\Phi}-\Phi^*)'\left[\frac{1}{N\overline{T}\tilde{\sigma}^2}\sum_{t=2}^{T}\dot{\chi}_t'H(\tilde{\rho})'H(\tilde{\rho})M\dot{Y}_t\right]$$

$$-2(\tilde{\Phi}-\Phi^*)'\frac{1}{N\overline{T}\tilde{\sigma}^2}\sum_{t=2}^{T}\dot{\chi}_t'H(\tilde{\rho})'H(\tilde{\rho})\dot{e}_t$$

$$-(\tilde{\rho}\tilde{\lambda}-\rho^{*}\lambda^{*})^{2}\Big[\frac{1}{N\overline{T}\tilde{\sigma}^{2}}\sum_{t=2}^{T}\dot{Y}_{t}'W'M'H(\tilde{\rho})'H(\tilde{\rho})MW\dot{Y}_{t}\Big]$$

$$-2(\tilde{\rho}\tilde{\lambda}-\rho^{*}\lambda^{*})(\tilde{\rho}-\rho^{*})\Big[\frac{1}{N\overline{T}\tilde{\sigma}^{2}}\sum_{t=2}^{T}\dot{Y}_{t}'W'M'H(\tilde{\rho})'H(\tilde{\rho})M\dot{\chi}_{t}\Big](\tilde{\Phi}-\Phi^{*})$$

$$-2(\tilde{\rho}\tilde{\lambda}-\rho^{*}\lambda^{*})(\tilde{\rho}-\rho^{*})\Big[\frac{1}{N\overline{T}\tilde{\sigma}^{2}}\sum_{t=2}^{T}\dot{Y}_{t}'W'M'H(\tilde{\rho})'H(\tilde{\rho})M\dot{Y}_{t}\Big]$$

$$-2(\tilde{\rho}\tilde{\lambda}-\rho^{*}\lambda^{*})\frac{1}{N\overline{T}\tilde{\sigma}^{2}}\sum_{t=2}^{T}\dot{Y}_{t}'W'M'H(\tilde{\rho})'H(\tilde{\rho})\dot{e}_{t}$$

$$-(\tilde{\rho}-\rho^{*})^{2}(\tilde{\Phi}-\Phi^{*})'\Big[\frac{1}{N\overline{T}\tilde{\sigma}^{2}}\sum_{t=2}^{T}\dot{\chi}_{t}'M'H(\tilde{\rho})'H(\tilde{\rho})M\dot{\chi}_{t}\Big](\tilde{\Phi}-\Phi^{*})$$

$$-2(\tilde{\rho}-\rho^{*})(\tilde{\Phi}-\Phi^{*})'\Big[\frac{1}{N\overline{T}\tilde{\sigma}^{2}}\sum_{t=2}^{T}\dot{\chi}_{t}'M'H(\tilde{\rho})'H(\tilde{\rho})M\dot{Y}_{t}\Big]$$

$$-2(\tilde{\Phi}-\Phi^{*})'\frac{1}{N\overline{T}\tilde{\sigma}^{2}}\sum_{t=2}^{T}\dot{\chi}_{t}'M'H(\tilde{\rho})'H(\tilde{\rho})\dot{e}_{t}$$

$$-(\tilde{\rho}-\rho^{*})^{2}\Big[\frac{1}{N\overline{T}\tilde{\sigma}^{2}}\sum_{t=2}^{T}\dot{Y}_{t}'M'H(\tilde{\rho})'H(\tilde{\rho})M\dot{Y}_{t}\Big]$$

$$-2(\tilde{\rho}-\rho^{*})\frac{1}{N\overline{T}\tilde{\sigma}^{2}}\sum_{t=2}^{T}\dot{Y}_{t}'M'H(\tilde{\rho})'H(\tilde{\rho})\dot{e}_{t}$$

$$-\frac{1}{N\overline{T}\tilde{\sigma}^{2}}\sum_{t=2}^{T}\dot{e}_{t}'H(\tilde{\rho})'H(\tilde{\rho})\dot{e}_{t}$$

其中，除最后一项，前面的项都是 $o_p(1)$，最后一项是 $-\frac{1}{N}tr(H^{*\prime}H^{*})+o_p(1)$，所以我们最终得到下面的结果：

$$\frac{\partial^{2}l(\tilde{\theta})}{\partial\rho^{2}}=-\frac{1}{N}tr(H^{*\prime}H^{*})-\frac{1}{N}tr(H^{*\prime}H^{*})+o_p(1)$$

$$=\frac{1}{N}tr(H^{a*}H^{*})+o_p(1)$$

现在考虑公式（3－71），公式（3－71）与公式（3－70）有相同的结构，我们可以把它写成下面的形式：

$$-(\tilde{\lambda}-\lambda^{*})^{2}\Big[\frac{1}{N\overline{T}\tilde{\sigma}^{4}}\sum_{t=2}^{T}\dot{Y}_{t}'W'H(\tilde{\rho})'W\dot{Y}_{t}\Big]$$

$$
\begin{aligned}
&-2(\tilde{\lambda}-\lambda^{*})\left[\frac{1}{N\overline{T}\tilde{\sigma}^{4}}\sum_{t=2}^{T}\dot{Y}_{t}'W'H(\tilde{\rho})'\dot{\chi}_{t}\right](\tilde{\Phi}-\Phi^{*})\\
&-2(\tilde{\lambda}-\lambda^{*})(\tilde{\rho}\tilde{\lambda}-\rho^{*}\lambda^{*})\left[\frac{1}{N\overline{T}\tilde{\sigma}^{4}}\sum_{t=2}^{T}\dot{Y}_{t}'W'H(\tilde{\rho})'MW\dot{Y}_{t}\right]\\
&-2(\tilde{\lambda}-\lambda^{*})(\tilde{\rho}-\rho^{*})\left[\frac{1}{N\overline{T}\tilde{\sigma}^{4}}\sum_{t=2}^{T}\dot{Y}_{t}'W'H(\tilde{\rho})'M\dot{\chi}_{t}\right](\tilde{\Phi}-\Phi^{*})\\
&-2(\tilde{\lambda}-\lambda^{*})(\tilde{\rho}-\rho^{*})\left[\frac{1}{N\overline{T}\tilde{\sigma}^{4}}\sum_{t=2}^{T}\dot{Y}_{t}'W'H(\tilde{\rho})'M\dot{Y}_{t}\right]\\
&-2(\tilde{\lambda}-\lambda^{*})\frac{1}{N\overline{T}\tilde{\sigma}^{4}}\sum_{t=2}^{T}\dot{Y}_{t}'W'H(\tilde{\rho})'\dot{e}_{t}\\
&-(\tilde{\Phi}-\Phi^{*})'\left[\frac{1}{N\overline{T}\tilde{\sigma}^{4}}\sum_{t=2}^{T}\dot{\chi}_{t}'H(\tilde{\rho})'\dot{\chi}_{t}\right](\tilde{\Phi}-\Phi^{*})\\
&-2(\tilde{\rho}\tilde{\lambda}-\rho^{*}\lambda^{*})(\tilde{\Phi}-\Phi^{*})'\left[\frac{1}{N\overline{T}\tilde{\sigma}^{4}}\sum_{t=2}^{T}\dot{\chi}_{t}'H(\tilde{\rho})'MW\dot{Y}_{t}\right]\\
&-2(\tilde{\rho}-\rho^{*})(\tilde{\Phi}-\Phi^{*})'\left[\frac{1}{N\overline{T}\tilde{\sigma}^{4}}\sum_{t=2}^{T}\dot{\chi}_{t}'H(\tilde{\rho})'M\dot{\chi}_{t}\right](\tilde{\Phi}-\Phi^{*})\\
&-2(\tilde{\rho}-\rho^{*})(\tilde{\Phi}-\Phi^{*})'\left[\frac{1}{N\overline{T}\tilde{\sigma}^{4}}\sum_{t=2}^{T}\dot{\chi}_{t}'H(\tilde{\rho})'M\dot{Y}_{t}\right]\\
&-2(\tilde{\Phi}-\Phi^{*})'\frac{1}{N\overline{T}\tilde{\sigma}^{4}}\sum_{t=2}^{T}\dot{\chi}_{t}'H(\tilde{\rho})'\dot{e}_{t}\\
&-(\tilde{\rho}\tilde{\lambda}-\rho^{*}\lambda^{*})^{2}\left[\frac{1}{N\overline{T}\tilde{\sigma}^{4}}\sum_{t=2}^{T}\dot{Y}_{t}'W'M'H(\tilde{\rho})'MW\dot{Y}_{t}\right]\\
&-2(\tilde{\rho}\tilde{\lambda}-\rho^{*}\lambda^{*})(\tilde{\rho}-\rho^{*})\left[\frac{1}{N\overline{T}\tilde{\sigma}^{4}}\sum_{t=2}^{T}\dot{Y}_{t}'W'M'H(\tilde{\rho})'M\dot{\chi}_{t}\right](\tilde{\Phi}-\Phi^{*})\\
&-2(\tilde{\rho}\tilde{\lambda}-\rho^{*}\lambda^{*})(\tilde{\rho}-\rho^{*})\left[\frac{1}{N\overline{T}\tilde{\sigma}^{4}}\sum_{t=2}^{T}\dot{Y}_{t}'W'M'H(\tilde{\rho})'M\dot{Y}_{t}\right]\\
&-2(\tilde{\rho}\tilde{\lambda}-\rho^{*}\lambda^{*})\frac{1}{N\overline{T}\tilde{\sigma}^{4}}\sum_{t=2}^{T}\dot{Y}_{t}'W'M'H(\tilde{\rho})'\dot{e}_{t}\\
&-(\tilde{\rho}-\rho^{*})^{2}(\tilde{\Phi}-\Phi^{*})'\left[\frac{1}{N\overline{T}\tilde{\sigma}^{4}}\sum_{t=2}^{T}\dot{\chi}_{t}'M'H(\tilde{\rho})'M\dot{\chi}_{t}\right](\tilde{\Phi}-\Phi^{*})\\
&-2(\tilde{\rho}-\rho^{*})(\tilde{\Phi}-\Phi^{*})'\left[\frac{1}{N\overline{T}\tilde{\sigma}^{4}}\sum_{t=2}^{T}\dot{\chi}_{t}'M'H(\tilde{\rho})'M\dot{Y}_{t}\right]
\end{aligned}
$$

$$-2(\tilde{\Phi}-\Phi^*)'\frac{1}{N\overline{T}\tilde{\sigma}^4}\sum_{t=2}^{T}\dot{\chi}_t'M'H(\tilde{\rho})'\dot{e}_t$$

$$-(\tilde{\rho}-\rho^*)^2\left[\frac{1}{N\overline{T}\tilde{\sigma}^4}\sum_{t=2}^{T}\dot{Y}_t'M'H(\tilde{\rho})'M\dot{Y}_t\right]$$

$$-2(\tilde{\rho}-\rho^*)\frac{1}{N\overline{T}\tilde{\sigma}^4}\sum_{t=2}^{T}\dot{Y}_t'M'H(\tilde{\rho})'\dot{e}_t$$

$$-\frac{1}{N\overline{T}\tilde{\sigma}^4}\sum_{t=2}^{T}\dot{e}_t'H(\tilde{\rho})'\dot{e}_t$$

其中，除最后一项，前面的项都是 $o_p(1)$，最后一项是 $-\frac{1}{N\sigma^{*2}}tr(H^*)+o_p(1)$，所以我们最终得到下面的结果：

$$\frac{\partial^2 l(\tilde{\theta})}{\partial\rho\partial\sigma^2}=-\frac{1}{N\sigma^{*2}}tr(H^*)+o_p(1)$$

现在考虑公式（3－72）的第一项，公式（3－72）的第一项与公式（3－70）有相同的结构，我们可以把它写成下面的形式：

$$-(\tilde{\lambda}-\lambda^*)^2\left[\frac{1}{N\overline{T}\tilde{\sigma}^6}\sum_{t=2}^{T}\dot{Y}_t'W'W\dot{Y}_t\right]$$

$$-2(\tilde{\lambda}-\lambda^*)\left[\frac{1}{N\overline{T}\tilde{\sigma}^6}\sum_{t=2}^{T}\dot{Y}_t'W'\dot{\chi}_t\right](\tilde{\Phi}-\Phi^*)$$

$$-2(\tilde{\lambda}-\lambda^*)(\tilde{\rho}\tilde{\lambda}-\rho^*\lambda^*)\left[\frac{1}{N\overline{T}\tilde{\sigma}^6}\sum_{t=2}^{T}\dot{Y}_t'W'MW\dot{Y}_t\right]$$

$$-2(\tilde{\lambda}-\lambda^*)(\tilde{\rho}-\rho^*)\left[\frac{1}{N\overline{T}\tilde{\sigma}^6}\sum_{t=2}^{T}\dot{Y}_t'W'M\dot{\chi}_t\right](\tilde{\Phi}-\Phi^*)$$

$$-2(\tilde{\lambda}-\lambda^*)(\tilde{\rho}-\rho^*)\left[\frac{1}{N\overline{T}\tilde{\sigma}^6}\sum_{t=2}^{T}\dot{Y}_t'W'M\dot{Y}_t\right]$$

$$-2(\tilde{\lambda}-\lambda^*)\frac{1}{N\overline{T}\tilde{\sigma}^6}\sum_{t=2}^{T}\dot{Y}_t'W'\dot{e}_t$$

$$-(\tilde{\Phi}-\Phi^*)'\left[\frac{1}{N\overline{T}\tilde{\sigma}^6}\sum_{t=2}^{T}\dot{\chi}'\dot{\chi}_t\right](\tilde{\Phi}-\Phi^*)$$

$$-2(\tilde{\rho}\tilde{\lambda}-\rho^*\lambda^*)(\tilde{\Phi}-\Phi^*)'\left[\frac{1}{N\overline{T}\tilde{\sigma}^6}\sum_{t=2}^{T}\dot{\chi}_t'MW\dot{Y}_t\right]$$

$$-2(\tilde{\rho}-\rho^{*})(\tilde{\Phi}-\Phi^{*})'\left[\frac{1}{N\overline{T}\tilde{\sigma}^{6}}\sum_{t=2}^{T}\dot{\chi}_{t}'M\dot{\chi}_{t}\right](\tilde{\Phi}-\Phi^{*})$$

$$-2(\tilde{\rho}-\rho^{*})(\tilde{\Phi}-\Phi^{*})'\left[\frac{1}{N\overline{T}\tilde{\sigma}^{6}}\sum_{t=2}^{T}\dot{\chi}_{t}'M\dot{Y}_{t}\right]$$

$$-2(\tilde{\Phi}-\Phi^{*})'\frac{1}{N\overline{T}\tilde{\sigma}^{6}}\sum_{t=2}^{T}\dot{\chi}_{t}'\dot{e}_{t}$$

$$-(\tilde{\rho}\tilde{\lambda}-\rho^{*}\lambda^{*})^{2}\left[\frac{1}{N\overline{T}\tilde{\sigma}^{6}}\sum_{t=2}^{T}\dot{Y}_{t}'W'M'MW\dot{Y}_{t}\right]$$

$$-2(\tilde{\rho}\tilde{\lambda}-\rho^{*}\lambda^{*})(\tilde{\rho}-\rho^{*})\left[\frac{1}{N\overline{T}\tilde{\sigma}^{6}}\sum_{t=2}^{T}\dot{Y}_{t}'W'M'M\dot{\chi}_{t}\right](\tilde{\Phi}-\Phi^{*})$$

$$-2(\tilde{\rho}\tilde{\lambda}-\rho^{*}\lambda^{*})(\tilde{\rho}-\rho^{*})\left[\frac{1}{N\overline{T}\tilde{\sigma}^{6}}\sum_{t=2}^{T}\dot{Y}_{t}'W'M'M\dot{Y}_{t}\right]$$

$$-2(\tilde{\rho}\tilde{\lambda}-\rho^{*}\lambda^{*})\frac{1}{N\overline{T}\tilde{\sigma}^{6}}\sum_{t=2}^{T}\dot{Y}_{t}'W'M'\dot{e}_{t}$$

$$-(\tilde{\rho}-\rho^{*})^{2}(\tilde{\Phi}-\Phi^{*})'\left[\frac{1}{N\overline{T}\tilde{\sigma}^{6}}\sum_{t=2}^{T}\dot{\chi}_{t}'M'M\dot{\chi}_{t}\right](\tilde{\Phi}-\Phi^{*})$$

$$-2(\tilde{\rho}-\rho^{*})(\tilde{\Phi}-\Phi^{*})'\left[\frac{1}{N\overline{T}\tilde{\sigma}^{6}}\sum_{t=2}^{T}\dot{\chi}_{t}'M'M\dot{Y}_{t}\right]$$

$$-2(\tilde{\Phi}-\Phi^{*})'\frac{1}{N\overline{T}\tilde{\sigma}^{6}}\sum_{t=2}^{T}\dot{\chi}_{t}'M'\dot{e}_{t}$$

$$-(\tilde{\rho}-\rho^{*})^{2}\left[\frac{1}{N\overline{T}\tilde{\sigma}^{6}}\sum_{t=2}^{T}\dot{Y}_{t}'M'M\dot{Y}_{t}\right]$$

$$-2(\tilde{\rho}-\rho^{*})\frac{1}{N\overline{T}\tilde{\sigma}^{6}}\sum_{t=2}^{T}\dot{Y}_{t}'M'\dot{e}_{t}$$

$$-\frac{1}{N\overline{T}\tilde{\sigma}^{6}}\sum_{t=2}^{T}\dot{e}_{t}'\dot{e}_{t}$$

其中，除最后一项，前面的项都是 $o_p(1)$，最后一项是 $-\frac{1}{\sigma^{*4}}+o_p(1)$，公式（3－72）的第二项，根据柯尔莫哥洛夫（Kolmogorov）大数定律是$\frac{1}{2\sigma^{*4}}$，所以我们最终得到下面的结果：

$$\frac{\partial^2 l(\tilde{\theta})}{\partial\sigma^2\partial\sigma^2}=\frac{1}{2\sigma^{*4}}+o_p(1)$$

总结所有的二阶微分，我们得到下面的结果：

$$\frac{\partial^2 l(\tilde{\theta})}{\partial\theta\partial\theta'}=-\Omega_{0,NT}+o_p(1) \tag{3-73}$$

给定公式（3－62）和公式（3－73）以及公式（3－49），根据斯勒茨基（Slutsky）定理，当 $N/T^3\to 0$ 时，我们有下面的结果：

$$\sqrt{NT}\left(\hat{\theta}-\theta^*+\frac{1}{T}\Omega_0^{-1}\right)\xrightarrow{d}N[0,\ \Omega_0^{-1}(\Omega_0+\Omega_1)\Omega_0^{-1}]$$

定理3.2证明完毕。

3.7　小　　结

本章是本书的核心内容。3.1节说明大多数文献忽略了不可观测因素的空间效应，这种空间效应具有重要的经济意义，所以本章要研究该动态空间面板数据模型；然后给出了一般化动态空间面板数据模型。3.2节建议使用拟极大似然的方法估计该模型，所以给出了对数似然函数。3.3节为了之后理论分析，给出该模型的一些假设，其中包括空间计量的标准假设和一般假设以及识别参数的假设。3.4节给出了该模型拟极大似然估计量的渐近一致性定理、拟极大似然估计量的校正表达式以及校正后拟极大似然估计量的渐近正态分布。3.5节给出了该模型拟极大似然估计量的渐近一致性的严格证明。3.6节给出了该模型拟极大似然估计量的渐近分布的严格证明。

第 4 章

冲击响应和三种效应及它们的渐近性质

4.1 冲击响应及其渐近性质

固定效应一般动态空间面板数据模型可以写成下面形式的移动平均表达式，

$$Y_t = \mathbb{D}^{*-1}\mu^* + \sum_{v=0}^{\infty} B_v^* X_{t-v}\beta^* + \sum_{v=0}^{\infty} B_v^* S^{*-1} e_{t-v} \qquad (4-1)$$

有特别的价值。移动平均公式（4－1）可以用来研究冲击响应分析（impulse responde analysis），冲击响应分析广泛应用于宏观经济政策评估。假定在某个时间第 j 个空间个体有 1 单位的新息，$B_0^* S^{*-1}$ 的第 j 列就是所有 N 个空间个体的瞬时改变，$B_1^* S^{*-1}$ 的第 j 列就是所有 N 个空间个体的 1 期后的改变，以此类推。如果我们记录某个时间第 j 个空间个体有 1 单位的新息引起所有 N 个空间个体的每期改变，则我们可以动态响应。根据公式（4－1），在其他新息所有时期都保持不变，假定某时空间中 j 地在第 s 期有一单位的新息对空间中第 i 地区因变量在 $s+\tau$ 期的改变量为下面的形式：

$$\frac{\partial Y_{i,s+\tau}}{\partial e_{j,s}} = (B_\tau^* S^{*-1})_{ij} \qquad (4-2)$$

其中，$(B_\tau^* S^{*-1})_{ij}$ 是 $B_\tau^* S^{*-1}$ 的第（i，j）个元素，从公式（4－2）

可以看出，以上表达式与 s 无关，这是由于 Y_t 是平稳的序列。B_τ^* 的一致估计是 $\hat{B}_\tau$，S^{*-1}的一致估计是 $S(\hat{\rho})^{-1}$。$\hat{B}_\tau$ 可以通过下式递归得到下面的形式：

$$\hat{B}_\tau = \hat{D}^{-1}\hat{R}\hat{B}_{\tau-1}$$

其中，$\hat{B}_0 = \hat{D}^{-1}$，而且如果 $\tau<0$，$\hat{B}_\tau=0$。其中，

$$\hat{D} = I_N - \hat{\lambda}W;\ \hat{R} = \hat{\varrho} I_N + \hat{\gamma}W;\ S(\hat{\rho}) = I_N - \hat{\rho}M$$

这里的 $\hat{\lambda}$、$\hat{\varrho}$、$\hat{\gamma}$ 和 $\hat{\rho}$ 是拟极大似然估计量。

除了随机扰动项，我们还可以考虑协变量改变对因变量的影响，根据公式（4－1），假设空间中第 j 地区的第 l 个自变量在第 s 期有一单位的改变对空间中第 i 地区因变量在 $s+\tau$ 期的改变量为下面的形式：

$$\frac{\partial Y_{i,s+\tau}}{\partial X_{jl,s}} = B_{ij,\tau}^*\beta_l^* \tag{4-3}$$

同样，以上表达式与 s 无关。$\hat{B}_{jl,s}\hat{\beta}_l$ 是 $B_{ij,\tau}^*\beta_l^*$ 的一致估计量。

为了研究上面估计量的渐近性质，我们需要引入更多的符号。令 ϕ_τ^λ 表示 $N\times N$ 矩阵，它可以递归定义为下面的形式：

$$\phi_\tau^\lambda = D^{*-1}WB_\tau^*S^{*-1} + D^{*-1}R^*\phi_{\tau-1}^\lambda$$

其中，$\phi_0^\lambda = D^{*-1}WD^{*-1}S^{*-1}$，而且如果 $\tau<0$，则 $\phi_\tau^\lambda=0$。同样我们可以定义 $N\times N$ 矩阵 ϕ_τ^ϱ，具体见下面的形式：

$$\phi_\tau^\varrho = D^{*-1}B_{\tau-1}^*S^{*-1} + D^{*-1}R^*\phi_{\tau-1}^\varrho$$

如果 $\tau\leqslant 0$，则 $\phi_\tau^\varrho=0$。同样我们可以定义 ϕ_τ^γ，具体见下面的形式：

$$\phi_\tau^\gamma = D^{*-1}WB_{\tau-1}^*S^{*-1} + D^{*-1}R^*\phi_{\tau-1}^\gamma$$

如果 $\tau\leqslant 0$，则 $\phi_\tau^\gamma=0$。同样我们可以定义 ϕ_τ^ρ，具体见下面的形式：

$$\phi_\tau^\rho = B_\tau^*S^{*-1}MS^{*-1}$$

如果 $\tau<0$，则 $\phi_\tau^\rho=0$。

令 $\phi_\tau^{ij,\lambda}$ 是 ϕ_τ^λ 的第（i，j）个元素，$\phi_\tau^{ij,\varrho}$、$\phi_\tau^{ij,\gamma}$ 和 $\phi_\tau^{ij,\rho}$ 定义类似。而且定义 $k+5$ 维向量 $\varkappa_{ij,\tau}$ 为下面的形式：

$$\varkappa_{ij,\tau} = [\phi_\tau^{ij,\lambda},\ \phi_\tau^{ij,\varrho},\ \phi_\tau^{ij,\gamma},\ 0_{1\times k},\ \phi_\tau^{ij,\rho},\ 0]'$$

为了表述的方便，我们令 $b_{ij,\tau} = (B_\tau S^{-1})_{ij}$。令 ψ_τ^λ 表示 $N\times N$ 矩阵，它可以递归定义为下面的形式：

$$\psi_\tau^\lambda = D^{*-1}WB_\tau^* + D^{*-1}R^*\psi_{\tau-1}^\lambda$$

其中，$\psi_0^\lambda = D^{*-1}WD^{*-1}$，而且如果 $\tau<0$，则 $\psi_\tau^\lambda=0$。同样我们可以定义 $N\times N$ 矩阵 ψ_τ^ϱ，具体见下面的形式：

$$\psi_\tau^\varrho = D^{*-1}B_{\tau-1}^* + D^{*-1}R^*\psi_{\tau-1}^\varrho$$

如果 $\tau\leqslant 0$，则 $\psi_\tau^\varrho=0$。同样我们可以定义 ψ_τ^γ，具体见下面的形式：

$$\psi_\tau^\gamma = D^{*-1}WB_{\tau-1}^* + D^{*-1}R^*\psi_{\tau-1}^\gamma$$

如果 $\tau\leqslant 0$，则 $\psi_\tau^\gamma=0$。

令 $\psi_\tau^{ij,\lambda}$ 是 ψ_τ^λ 的第（i，j）个元素，$\psi_\tau^{ij,\varrho}$ 和 $\psi_\tau^{ij,\gamma}$ 定义类似。而且我们定义 $k+5$ 维向量 $\vartheta_{ij,\tau}$，具体见下面的形式：

$\vartheta_{ij,\tau}=[\psi_\tau^{ij,\lambda}，\psi_\tau^{ij,\varrho}，\psi_\tau^{ij,\gamma}，0_{1\times(k+2)}]'$。

现在我们可以给出下列定理。

定理 4.1

在本书模型假设 1～8 成立的条件下，当 N，$T\to\infty$，$N/T^3\to 0$，我们可以得到下面的结果：

$$\sqrt{NT}\left(\hat{b}_{ij,\tau} - b_{ij,\tau}^* + \frac{1}{T}\varkappa_{ij,\tau}'\Omega_0^{-1}\Delta\right)\xrightarrow{d}N[0,\ \varkappa_{ij,\tau}'\Omega_0^{-1}(\Omega_0+\Omega_1)\Omega_0^{-1}\varkappa_{ij,\tau}]$$

和

$$\sqrt{NT}\left(\hat{B}_{ij,\tau}\hat{\beta}_l - B_{ij,\tau}^*\beta_l^* + \frac{1}{T}\omega_{ij,l\tau}'\Omega_0^{-1}\Delta\right)\xrightarrow{d}N[0,\ \omega_{ij,l\tau}'\Omega_0^{-1}(\Omega_0+\Omega_1)\Omega_0^{-1}\omega_{ij,l\tau}]$$

其中，$\omega_{ij,l\tau}=\beta_l^*\vartheta_{ij,\tau}+B_{ij,\tau}^*v_l$，$v_l$ 是 $k+5$ 维向量，其中它的第 $3+l$ 个元素为 1，其他元素为 0。定理详细证明见本章 4.5 节。

如果给定定理 4.1 条件，我们可以得到 $b_{ij,\tau}^*$ 的 $1-\alpha$ 置信区间，具体见下面的形式：

$$\Big[\hat{b}_{ij,\tau}+\frac{1}{T}\hat{\varkappa}_{ij,\tau}'\hat{\Omega}_0^{-1}\hat{\Delta}-z_{\alpha/2}\sqrt{\frac{1}{NT}\hat{\varkappa}_{ij,\tau}'\hat{\Omega}_0^{-1}(\hat{\Omega}_0+\hat{\Omega}_1)\hat{\Omega}_0^{-1}\hat{\varkappa}_{ij,\tau}},$$

$$\hat{b}_{ij,\tau}+\frac{1}{T}\hat{\varkappa}_{ij,\tau}'\hat{\Omega}_0^{-1}\hat{\Delta}+z_{\alpha/2}\sqrt{\frac{1}{NT}\hat{\varkappa}_{ij,\tau}'\hat{\Omega}_0^{-1}(\hat{\Omega}_0+\hat{\Omega}_1)\hat{\Omega}_0^{-1}\hat{\varkappa}_{ij,\tau}}\Big]$$

相似的我们也可以得到 $B_{ij,\tau}^*\beta_l^*$ 的 $1-\alpha$ 置信区间，具体见下面的形式：

$$\Big[\hat{B}_{ij,\tau}\hat{\beta}_l+\frac{1}{T}\hat{\omega}_{ij,l\tau}'\hat{\Omega}_0^{-1}\hat{\Delta}-z_{\alpha/2}\sqrt{\frac{1}{NT}\hat{\omega}_{ij,l\tau}'\hat{\Omega}_0^{-1}(\hat{\Omega}_0+\hat{\Omega}_1)\hat{\Omega}_0^{-1}\hat{\omega}_{ij,l\tau}},$$

$$\hat{B}_{ij,\tau}\hat{\beta}_l + \frac{1}{T}\hat{\omega}_{ij,l\tau}'\hat{\Omega}_0^{-1}\hat{\Delta} + z_{\alpha/2}\sqrt{\frac{1}{NT}\hat{\omega}_{ij,l\tau}'\hat{\Omega}_0^{-1}\left(\hat{\Omega}_0 + \hat{\Omega}_1\right)\hat{\Omega}_0^{-1}\hat{\omega}_{ij,l\tau}}\,\Big]$$

其中，$z_{\alpha/2}$是临界值，例如标准正态分布 $\mathbb{P}(|N(0,1)| > z_{\alpha/2}) = \alpha$。$\hat{\Omega}_0$ 和 $\hat{\Omega}_1$ 是 Ω_0 和 Ω_1 的相应估计量。$\hat{\varkappa}_{ij,\tau}$和 $\hat{\omega}_{ij,l\tau}$是$\varkappa_{ij,\tau}$和 $\omega_{ij,l\tau}$的相应估计量，使用拟极大似然估计量代入相应参数即可得到相应估计量。

4.2　三种效应及其渐近性质

勒沙杰和佩斯（LeSage and Pace，2009）定义了空间自回归模型的平均直接效应（ADI）、平均间接效应（AII）和平均总效应（ATI），李鲲鹏（Li，2017）根据他们的思想定义了动态空间面板的三种效应，本书根据李鲲鹏的思想定义平均直接效应、平均间接效应和平均总效应，由于第 l 个自变量的改变在第 τ 期之后的平均直接效应、平均间接效应和平均总效应分别为下面的形式：

$$ADI_{\tau l} = \frac{1}{N}tr(B_\tau^*)\beta_l^*,\ AII_{\tau l} = \frac{1}{N}[\iota_N'B_\tau^*\iota_N - tr(B_\tau^*)]\beta_l^*,\ ATI_{\tau l} = \frac{1}{N}\iota_N'B_\tau^*\iota_N\beta_l^*$$

其中，ι_N 表示所有元素都是 1 的 N 维列向量。平均直接效应、平均间接效应和平均总效应分别可以通过下面的公式一致估计：

$$\widehat{ADI}_{\tau l} = \frac{1}{N}tr(\hat{B}_\tau)\hat{\beta}_l,\ \widehat{AII}_{\tau l} = \frac{1}{N}[\iota_N'\hat{B}_\tau\iota_N - tr(\hat{B}_\tau)]\hat{\beta}_l,\ \widehat{ATI}_{\tau l} = \frac{1}{N}\iota_N'\hat{B}_\tau\iota_N\hat{\beta}_l$$

为了研究平均直接效应、平均间接效应和平均总效应的估计量的渐近性质，我们需要再引入几个记号。令 v_τ^d、v_τ^i 和 v_τ^t 定义如下：

$$\mathrm{v}_\tau^d = \frac{1}{N}[tr(\psi_\tau^\lambda),\ tr(\psi_\tau^\varrho),\ tr(\psi_\tau^\gamma),\ \underset{1\times(k+2)}{0}]'$$

$$\mathrm{v}_\tau^t = \frac{1}{N}[\iota_N'\psi_\tau^\lambda\iota_N,\ \iota_N'\psi_\tau^\varrho\iota_N,\ \iota_N'\psi_\tau^\gamma\iota_N,\ \underset{1\times(k+2)}{0}]'$$

$$\mathrm{v}_\tau^i = \mathrm{v}_\tau^t - \mathrm{v}_\tau^d$$

进一步，我们定义下面的符号形式：

$$\mathrm{v}_{\tau,l}^d = \beta_l^*\mathrm{v}_\tau^d + \frac{1}{N}tr(B_\tau^*)v_l,$$

$$\mathrm{v}_{\tau,l}^{t}=\beta_{l}^{*}\mathrm{v}_{\tau}^{t}+\frac{1}{N}\iota_{N'}B_{\tau}^{*}\iota_{N}v_{l}$$

$$\mathrm{v}_{\tau,l}^{i}=\beta_{l}^{*}\mathrm{v}_{\tau}^{i}+\frac{1}{N}[\iota_{N'}B_{\tau}^{*}\iota_{N}-tr(B_{\tau}^{*})]\ v_{l}$$

推论 4.1

在本书模型假设 1 ~8 成立的条件下，当 N，$T\to\infty$，$N/T^3\to 0$，我们可以得到下面的结果：

$$\sqrt{NT}\left(\widehat{ADI}_{\tau l}-ADI_{\tau l}+\frac{1}{T}\mathrm{v}_{\tau l}^{d'}\Omega_0^{-1}\Delta\right)\xrightarrow{d}N[0,\ \bar{\mathrm{v}}_{\tau l}^{d'}\Omega_0^{-1}\ (\Omega_0+\Omega_1)\ \Omega_0^{-1}\bar{\mathrm{v}}_{\tau l}^{d}]$$

和

$$\sqrt{NT}\left(\widehat{AII}_{\tau l}-AII_{\tau l}+\frac{1}{T}\mathrm{v}_{\tau l}^{i'}\Omega_0^{-1}\Delta\right)\xrightarrow{d}N[0,\ \bar{\mathrm{v}}_{\tau l}^{i'}\Omega_0^{-1}\ (\Omega_0+\Omega_1)\ \Omega_0^{-1}\mathrm{v}_{\tau l}^{i}]$$

和

$$\sqrt{NT}\left(\widehat{ATI}_{\tau l}-ATI_{\tau l}+\frac{1}{T}\mathrm{v}_{\tau l}^{t'}\Omega_0^{-1}\Delta\right)\xrightarrow{d}N[0,\ \bar{\mathrm{v}}_{\tau l}^{t'}\Omega_0^{-1}\ (\Omega_0+\Omega_1)\ \Omega_0^{-1}\mathrm{v}_{\tau l}^{t}]$$

其中，$\bar{\mathrm{v}}_{\tau l}^{a}=\lim_{N\to\infty}\mathrm{v}_{\tau l}^{a}$，$a=d,\ i,\ t$。

根据同样的思想，我们可以定义关于新息的平均直接效应、平均间接效应和平均总效应由于新息的改变在第 τ 期之后的平均直接效应、平均间接效应和平均总效应分别为下面的形式：

$$ADI_{\tau}=\frac{1}{N}tr(B_{\tau}^{*}S^{*-1}),\ AII_{\tau}=\frac{1}{N}[\iota_N'B_{\tau}^{*}S^{*-1}\iota_N-tr(B_{\tau}^{*}S^{*-1})],$$

$$ATI_{\tau}=\frac{1}{N}\iota_N'B_{\tau}^{*}\iota_N$$

其中，ι_N 表示所有元素都是 1 的 N 维列向量。平均直接效应、平均间接效应和平均总效应可以分别通过下式一致估计：

$$\widehat{ADI}_{\tau}=\frac{1}{N}tr(\hat{B}_{\tau}\hat{S}^{-1}),\ \widehat{AII}_{\tau}=\frac{1}{N}[\iota_N'\hat{B}_{\tau}\hat{S}^{-1}\iota_N-tr(\hat{B}_{\tau}\hat{S}^{-1})],$$

$$\widehat{ATI}_{\tau}=\frac{1}{N}\iota_N'\hat{B}_{\tau}\hat{S}^{-1}\iota_N$$

为了研究平均直接效应、平均间接效应和平均总效应估计量的渐近性质，我们需要再引入几个记号。令 $\mathbb{V}_{\tau}^{d}$、$\mathbb{V}_{\tau}^{i}$ 和 $\mathbb{V}_{\tau}^{t}$ 定义如下：

$$\mathbb{V}_{\tau}^{d}=\frac{1}{N}[tr(\phi_{\tau}^{\lambda}),\ tr(\phi_{\tau}^{\varrho}),\ tr(\phi_{\tau}^{\gamma}),\ \underset{1\times k}{0},\ tr(\phi_{\tau}^{\rho}),\ 0]'$$

$$\mathbb{V}_{\tau}^{t}=\frac{1}{N}[\iota_N'\phi_{\tau}^{\lambda}\iota_N,\ \iota_N'\phi_{\tau}^{\varrho}\iota_N,\ \iota_N'\phi_{\tau}^{\gamma}\iota_N,\ \underset{1\times k}{0},\ \iota_N'\phi_{\tau}^{\rho}\iota_N,\ 0]'$$

$$\mathbb{V}_{\tau}^{i}=\mathbb{V}_{\tau}^{t}-\mathbb{V}_{\tau}^{d}$$

推论 4.2

在本书模型假设 1 ~ 8 成立的条件下，当 N，$T\to\infty$，$N/T^3\to 0$，我们可以得到下面的结果：

$$\sqrt{NT}\left(\widehat{ADI}_{\tau}-ADI_{\tau}+\frac{1}{T}\mathbb{V}_{\tau}^{d\prime}\Omega_0^{-1}\Delta\right)\xrightarrow{d}N[0,\ \overline{\mathbb{V}}_{\tau}^{d\prime}\Omega_0^{-1}(\Omega_0+\Omega_1)\ \Omega_0^{-1}\overline{\mathbb{V}}_{\tau}^{d}]$$

和

$$\sqrt{NT}\left(\widehat{AII}_{\tau}-AII_{\tau}+\frac{1}{T}\mathbb{V}_{\tau}^{i\prime}\Omega_0^{-1}\Delta\right)\xrightarrow{d}N[0,\ \overline{\mathbb{V}}_{\tau}^{i\prime}\Omega_0^{-1}(\Omega_0+\Omega_1)\ \Omega_0^{-1}\overline{\mathbb{V}}_{\tau}^{i}]$$

和

$$\sqrt{NT}\left(\widehat{ATI}_{\tau}-ATI_{\tau}+\frac{1}{T}\mathbb{V}_{\tau}^{t\prime}\Omega_0^{-1}\Delta\right)\xrightarrow{d}N[0,\ \overline{\mathbb{V}}_{\tau}^{t\prime}\Omega_0^{-1}\ (\Omega_0+\Omega_1)\ \Omega_0^{-1}\overline{\mathbb{V}}_{\tau}^{t}]$$

其中，$\overline{\mathbb{V}}_{\tau}^{a}=\lim\limits_{N\to\infty}\mathbb{V}_{\tau}^{a}$，$a=d$，$i$，$t$。

4.3　长期冲击效应及其渐近性质

另一个我们可以考虑长期效果，即 $\sum\limits_{\tau=0}^{\infty}B_{ij,\tau}^{*}S^{*-1}$，我们可以使用 $\sum\limits_{\tau=0}^{\infty}\hat{B}_{ij,\tau}\hat{S}^{-1}$ 估计它。除了这种方法外，我们还有一种更加简单的方法。根据第 3 章 3.3 节的假设 5，我们可以得到 $\sum\limits_{\tau=0}^{\infty}B_{ij,\tau}^{*}=[\mathbb{D}^{*-1}]_{ij}$，其中，$\mathbb{D}^{*}=D^{*}-R^{*}$，所以我们可以通过 $[\hat{\mathbb{D}}^{-1}\hat{S}^{-1}]_{ij}$来估计 $\sum\limits_{\tau=0}^{\infty}B_{ij,\tau}^{*}S^{*-1}$，同样 $\sum\limits_{\tau=0}^{\infty}B_{ij,\tau}^{*}\beta_l^{*}$ 可以通过 $[\hat{\mathbb{D}}^{-1}]_{ij}\hat{\beta}_l$ 来估计。为了表述的方便，我们用 $\hat{d}_{ij}$ 来表示 $[\hat{\mathbb{D}}^{-1}]_{ij}$，我们用$\widehat{ds}_{ij}$来表示 $[\hat{\mathbb{D}}^{-1}\hat{S}^{-1}]_{ij}$。

为了研究$\widehat{ds}_{ij}$和 $\hat{d}_{ij}\hat{\beta}_l$ 的极限分布，我们再引入几个记号。让 ξ_{ij}表示 $\mathbb{D}^{*-1}W\mathbb{D}^{*-1}S(\rho^{*})^{-1}$的第（$i$，$j$）个元素，让$\upsilon_{ij}$表示 $\mathbb{D}(\theta^{*})^{-1}S(\rho^{*})^{-1}$

$MS(\rho^{*})^{-1}$的第（i，j）个元素，$\ddot{d}s_{ij}$表示$\mathbb{D}(\theta^{*})^{-2}S(\rho^{*})^{-1}$的第（$i$，$j$）个元素。我们定义$k+5$维向量$\mathbb{N}_{ij}$，具体见下面的形式：

$$\mathbb{N}_{ij}=[\xi_{ij},\ \ddot{d}s_{ij},\ \xi_{ij},\ \underset{1\times k}{0},\ v_{ij},\ 0]'$$

让η_{ij}表示$\mathbb{D}^{*-1}W\mathbb{D}^{*-1}$的第（$i$，$j$）个元素。我们定义$k+5$维向量$\zeta_{ij}$，具体见下面的形式：

$$\zeta_{ij}=[\eta_{ij},\ \ddot{d}_{ij},\ \eta_{ij},\ \underset{1\times(k+2)}{0}]'$$

其中，$\ddot{d}_{ij}$表示$\mathbb{D}^{*-2}$的第（i，j）个元素。

定理 4.2

在本书模型假设 1～8 成立的条件下，在N，$T\to\infty$和$N/T^3\to 0$时，我们可以得到下面的结果：

$$\sqrt{NT}\left(\widehat{ds}_{ij}-ds_{ij}^{*}+\frac{1}{T}\mathbb{N}_{ij}'\Omega_0^{-1}\Delta\right)\xrightarrow{d}N[0,\ \mathbb{N}_{ij}'\Omega_0^{-1}(\Omega_0+\Omega_1)\Omega_0^{-1}\mathbb{N}_{ij}]$$

和

$$\sqrt{NT}\left(\hat{d}_{ij}\hat{\beta}_l-d_{ij}^{*}\beta_l^{*}+\frac{1}{T}\pi_{ij,l}'\Omega_0^{-1}\Delta\right)\xrightarrow{d}N[0,\ \pi_{ij,l}'\Omega_0^{-1}(\Omega_0+\Omega_1)\Omega_0^{-1}\pi_{ij,l}]$$

其中，$\pi_{ij,l}=\beta_l^{*}\zeta_{ij}+\sum_{\tau=0}^{\infty}B_{ij,\tau}^{*}v_l$。其中，$v_l$的定义见定理 4.1。定理详细证明见本章第五节。

同样利用定理 4.2，我们可以得到$\sum_{\tau=0}^{\infty}B_{ij,\tau}^{*}S^{*-1}$的（$1-\alpha$）置信区间，具体见下面的形式：

$$\left[\widehat{ds}_{ij}+\frac{1}{T}\hat{\mathbb{N}}_{ij}'\hat{\Omega}_0^{-1}\hat{\Delta}-z_{\alpha/2}\sqrt{\frac{1}{NT}\hat{\mathbb{N}}_{ij}'\hat{\Omega}_0^{-1}(\hat{\Omega}_0+\hat{\Omega}_1)\hat{\Omega}_0^{-1}\hat{\mathbb{N}}_{ij}},\right.$$

$$\left.\widehat{ds}_{ij}+\frac{1}{T}\hat{\mathbb{N}}_{ij}'\hat{\Omega}_0^{-1}\hat{\Delta}+z_{\alpha/2}\sqrt{\frac{1}{NT}\hat{\mathbb{N}}_{ij}'\hat{\Omega}_0^{-1}(\hat{\Omega}_0+\hat{\Omega}_1)\hat{\Omega}_0^{-1}\hat{\mathbb{N}}_{ij}}\right]$$

相似的，可以得到$\sum_{\tau=0}^{\infty}B_{ij,\tau}^{*}\beta_l^{*}$的$1-\alpha$置信区间，具体见下面的形式：

$$\left[\hat{d}_{ij}\hat{\beta}_l+\frac{1}{T}\hat{\pi}_{ij,l}'\hat{\Omega}_0^{-1}\hat{\Delta}-z_{\alpha/2}\sqrt{\frac{1}{NT}\hat{\pi}_{ij,l}'\hat{\Omega}_0^{-1}(\hat{\Omega}_0+\hat{\Omega}_1)\hat{\Omega}_0^{-1}\hat{\pi}_{ij,l}},\right.$$

$$\left.\hat{d}_{ij}\hat{\beta}_l+\frac{1}{T}\hat{\pi}_{ij,l}'\hat{\Omega}_0^{-1}\hat{\Delta}+z_{\alpha/2}\sqrt{\frac{1}{NT}\hat{\pi}_{ij,l}'\hat{\Omega}_0^{-1}(\hat{\Omega}_0+\hat{\Omega}_1)\hat{\Omega}_0^{-1}\hat{\pi}_{ij,l}}\right]$$

其中，$z_{\alpha/2}$是临界值，包括其他符号与上一节定义相同。

4.4　长期三种效应及其渐近性质

进一步我们可以定义累计的平均直接效应、累计平均间接效应和累计平均总效应，由于第 l 个自变量的改变累计的平均直接效应、累计平均间接效应和累计平均总效应分别定义如下：

$$AADI_l = \frac{1}{N}\sum_{\tau=0}^{\infty} tr(B_\tau^*)\beta_l^* ,$$

$$AAII_l = \frac{1}{N}\sum_{\tau=0}^{\infty} [\iota_N' B_\tau^* \iota_N - tr(B_\tau^*)]\beta_l^* ,$$

$$AATI_l = \frac{1}{N}\sum_{\tau=0}^{\infty} \iota_N' B_\tau^* \iota_N \beta_l^*$$

我们可以通过下面的公式估计累计的平均直接效应、累计平均间接效应和累计平均总效应：

$$\widehat{AADI}_l = \frac{1}{N} tr(\hat{\mathbb{D}}^{-1})\hat{\beta}_l ,$$

$$\widehat{AAII}_l = \frac{1}{N}[\iota_N'\hat{\mathbb{D}}^{-1}\iota_N - tr(\hat{\mathbb{D}}^{-1})]\hat{\beta}_l ,$$

$$\widehat{AATI}_l = \frac{1}{N}\iota_N'\hat{\mathbb{D}}^{-1}\iota_N\hat{\beta}_l$$

为了研究自变量改变的累计的平均直接效应、累计平均间接效应和累计平均总效应估计量的渐近性质，我们再引入几个记号。我们记 $\mathrm{e}^d = \frac{1}{N}\sum_{i=1}^{N}\zeta_{ii}$, $\mathrm{e}^t = \frac{1}{N}\sum_{i=1}^{N}\sum_{j=1}^{N}\zeta_{ii}$ 和 $\mathrm{e}^i = \mathrm{e}^t - \mathrm{e}^d$。进一步我们定义下面的符号形式：

$$\mathrm{e}_l^d = \beta_l^* \mathrm{e}^d + \frac{1}{N} tr(\mathbb{D}^{*-1}) v_l ,$$

$$\mathrm{e}_l^t = \beta_l^* \mathrm{e}^t + \frac{1}{N}\iota_N'\mathbb{D}^{*-1}\iota_N v_l ,$$

$$\mathrm{e}_l^i = \mathrm{e}_l^t - \mathrm{e}_l^d$$

推论 4.3

在本书模型假设 1 ~8 成立的条件下，当 N，$T\to\infty$，$N/T^3\to 0$，我们可以得到下面的结果：

$$\sqrt{NT}\left(\widehat{AADI_l}-AADI_l+\frac{1}{T}\mathrm{e}_l^{d\prime}\Omega_0^{-1}\Delta\right)\xrightarrow{d}N[0,\ \bar{\mathrm{e}}_l^{d\prime}\Omega_0^{-1}(\Omega_0+\Omega_1)\Omega_0^{-1}\bar{\mathrm{e}}_l^{d}]$$

和

$$\sqrt{NT}\left(\widehat{AAII_l}-AAII_l+\frac{1}{T}\mathrm{e}_l^{i\prime}\Omega_0^{-1}\Delta\right)\xrightarrow{d}N[0,\ \bar{\mathrm{e}}_l^{i\prime}\Omega_0^{-1}(\Omega_0+\Omega_1)\Omega_0^{-1}\bar{\mathrm{e}}_l^{i}]\$$$

和

$$\sqrt{NT}\left(\widehat{AATI_l}-AATI_l+\frac{1}{T}\mathrm{e}_l^{t\prime}\Omega_0^{-1}\Delta\right)\xrightarrow{d}N[0,\ \bar{\mathrm{e}}_l^{t\prime}\Omega_0^{-1}(\Omega_0+\Omega_1)\Omega_0^{-1}\bar{\mathrm{e}}_l^{t}]$$

其中，$\bar{\mathrm{e}}_l^{a}=\lim\limits_{N\to\infty}\mathrm{e}_l^{a}$，$a=d$，$i$，$t$。

进一步我们可以定义新息的累计的平均直接效应、累计平均间接效应和累计平均总效应，由于新息的改变累计的平均直接效应、累计平均间接效应和累计平均总效应分别定义如下：

$$AADI=\frac{1}{N}\sum_{\tau=0}^{\infty}tr(B_\tau^* S^{*-1}),$$

$$AAII=\frac{1}{N}\sum_{\tau=0}^{\infty}[\boldsymbol{\iota}_N' B_\tau^* S^{*-1}\boldsymbol{\iota}_N-tr(B_\tau^* S^{*-1})],$$

$$AATI=\frac{1}{N}\sum_{\tau=0}^{\infty}\boldsymbol{\iota}_N' B_\tau^* S^{*-1}\boldsymbol{\iota}_N$$

我们可以通过下面的公式分别估计累计的平均直接效应、累计平均间接效应和累计平均总效应：

$$\widehat{AADI}=\frac{1}{N}tr(\hat{\mathbb{D}}^{-1}\hat{S}^{-1}),$$

$$\widehat{AAII}=\frac{1}{N}[\boldsymbol{\iota}_N'\hat{\mathbb{D}}^{-1}\hat{S}^{-1}\boldsymbol{\iota}_N-tr(\hat{\mathbb{D}}^{-1}\hat{S}^{-1})],$$

$$\widehat{AATI}=\frac{1}{N}\boldsymbol{\iota}_N'\hat{\mathbb{D}}^{-1}\hat{S}^{-1}\boldsymbol{\iota}_N$$

为了研究新息的累计的平均直接效应、累计平均间接效应和累计平均总效应估计量的渐近性质，我们再引入几个记号。我们记 $\Im^d=\frac{1}{N}\sum_{i=1}^{N}\mathbb{N}_{ii}$，

$\mathfrak{I}^t = \frac{1}{N}\sum_{i=1}^{N}\sum_{j=1}^{N}\mathbb{N}_{ii}$ 和$\mathfrak{I}^i = \mathfrak{I}^t - \mathfrak{I}^d$。

推论 4.4

在本书模型假设 1 ~8 成立的条件下，当 N，$T\rightarrow\infty$，$N/T^3\rightarrow 0$，我们可以得到下面的结果：

$$\sqrt{NT}\left(\widehat{AADI} - AADI + \frac{1}{T}\mathfrak{I}^{d\prime}\Omega_0^{-1}\Delta\right)\xrightarrow{d}N[0,\ \mathfrak{I}^{d\prime}\Omega_0^{-1}(\Omega_0+\Omega_1)\Omega_0^{-1}\ \mathfrak{I}^d]$$

和

$$\sqrt{NT}\left(\widehat{AAII} - AAII + \frac{1}{T}\mathfrak{I}^{i\prime}\Omega_0^{-1}\Delta\right)\xrightarrow{d}N[0,\ \mathfrak{I}^{i\prime}\Omega_0^{-1}(\Omega_0+\Omega_1)\Omega_0^{-1}\ \mathfrak{I}^i]\ \$$$

和

$$\sqrt{NT}\left(\widehat{AATI} - AATI + \frac{1}{T}\mathfrak{I}^{t\prime}\Omega_0^{-1}\Delta\right)\xrightarrow{d}N[0,\ \mathfrak{I}^{t\prime}\Omega_0^{-1}(\Omega_0+\Omega_1)\Omega_0^{-1}\ \mathfrak{I}^t]$$

其中，$\mathfrak{I}^a = \lim_{N\rightarrow\infty}\mathfrak{I}^a$，$a=d$，$i$，$t$。

4.5 冲击效应估计量渐近分布的证明

4.5.1 定理 4.1 的证明

在之前的部分，我们可以看到矩阵 B_τ 可以看作 θ 的函数。为了推导 $\hat{B}_\tau$ 的极限分布，我们只需要推导它的一阶导数，然后利用戴尔塔（delta）方法以及定理 3.1 就可以得到最终结果了。因此我们使用 $B_\tau(\theta)$ 强调它是 θ 的函数。

根据公式（3 -4）：

$$B_\tau(\theta) = D(\lambda)^{-1}R(\theta)B_{\tau-1}(\theta)$$

其中，在正文中，我们假定如果 $\tau<0$，则 $B_\tau=0$。

则 $B_\tau(\theta)S(\rho)^{-1}$等于下面的形式：

$$B_\tau(\theta)S(\rho)^{-1} = D(\lambda)^{-1}R(\theta)B_{\tau-1}(\theta)S(\rho)^{-1}$$

对公式两边微分，我们可以得到下面的结果：

$$\partial B_\tau(\theta)S(\rho)^{-1}=-D(\lambda)^{-1}\partial D(\lambda)D(\lambda)^{-1}R(\theta)B_{\tau-1}(\theta)S(\rho)^{-1}+D(\lambda)^{-1}\partial R(\theta)B_{\tau-1}(\theta)S(\rho)^{-1}+D(\lambda)^{-1}R(\theta)\partial B_{\tau-1}(\theta)S(\rho)^{-1}-D(\lambda)^{-1}R(\theta)B_{\tau-1}(\theta)S(\rho)^{-1}\partial S(\rho)S(\rho)^{-1}$$

其中，$D(\lambda)=I_N-\lambda W$，$R(\theta)=\varrho I_N+\gamma W$，$S(\rho)=I_N-\rho M$。

有了这些结果，我们可以得到下面的结果：

$$\frac{\partial B_\tau(\theta)S(\rho)^{-1}}{\partial\lambda}=D(\lambda)^{-1}WD(\lambda)^{-1}R(\theta)B_{\tau-1}(\theta)S(\rho)+D(\lambda)^{-1}R(\theta)\frac{\partial B_{\tau-1}(\theta)}{\partial\lambda}S(\rho)^{-1}$$

$$\frac{\partial B_\tau(\theta)S(\rho)^{-1}}{\partial\varrho}=D(\lambda)^{-1}B_{\tau-1}(\theta)S(\rho)^{-1}+D(\lambda)^{-1}R(\theta)\frac{\partial B_{\tau-1}(\theta)}{\partial\varrho}S(\rho)^{-1}$$

$$\frac{\partial B_\tau(\theta)S(\rho)^{-1}}{\partial\gamma}=D(\lambda)^{-1}WB_{\tau-1}(\theta)S(\rho)+D(\lambda)^{-1}R(\theta)\frac{\partial B_{\tau-1}(\theta)}{\partial\gamma}S(\rho)^{-1}$$

$$\frac{\partial B_\tau(\theta)S(\rho)^{-1}}{\partial\rho}=D(\lambda)^{-1}R(\theta)B_{\tau-1}(\theta)S(\rho)^{-1}MS(\rho)^{-1}$$

令 $\theta=\theta^*$，上面的结果可以写成下面的形式：

$$\frac{\partial B_\tau(\theta^*)S(\rho^*)^{-1}}{\partial\lambda}=D^{*-1}WB_\tau^*S^{*-1}+D^{*-1}R^*\frac{\partial B_{\tau-1}(\theta^*)}{\partial\lambda}S^{*-1}$$

$$\frac{\partial B_\tau(\theta^*)S(\rho^*)^{-1}}{\partial\varrho}=D^{*-1}B_{\tau-1}^*S^{*-1}+D^{*-1}R^*\frac{\partial B_{\tau-1}(\theta^*)}{\partial\varrho}S^{*-1}$$

$$\frac{\partial B_\tau(\theta^*)S(\rho^*)^{-1}}{\partial\gamma}=D^{*-1}WB_{\tau-1}^*S^{*-1}+D^{*-1}R^*\frac{\partial B_{\tau-1}(\theta^*)}{\partial\gamma}S^{*-1}$$

$$\frac{\partial B_\tau(\theta^*)S(\rho^*)^{-1}}{\partial\rho}=B_\tau^*S^{*-1}MS^{*-1}$$

给定上面的结果，我们可以通过下式递归计算 ϕ_τ^λ，具体见下面的形式：

$$\phi_\tau^\lambda=D^{*-1}WB_\tau^*S^{*-1}+D^{*-1}R^*\phi_{\tau-1}^\lambda$$

其中，$\phi_0^\lambda=D^{*-1}WD^{*-1}S^{*-1}$，而且如果 $\tau<0$，则 $\phi_\tau^\lambda=0$。同样我们可以计

算 ϕ_τ^ϱ，具体见下面的形式：

$$\phi_\tau^\varrho = D^{*-1} B_{\tau-1}^* S^{*-1} + D^{*-1} R^* \phi_{\tau-1}^\varrho$$

如果 $\tau \leqslant 0$，则 $\phi_\tau^\varrho = 0$。同样我们可以计算 ϕ_τ^γ，具体见下面的形式：

$$\phi_\tau^\gamma = D^{*-1} W B_{\tau-1}^* S^{*-1} + D^{*-1} R^* \phi_{\tau-1}^\gamma$$

如果 $\tau \leqslant 0$，则 $\phi_\tau^\gamma = 0$。

同样我们可以计算 ϕ_τ^ρ，具体见下面的形式：

$$\phi_\tau^\rho = B_\tau^* S^{*-1} M S^{*-1}$$

如果 $\tau < 0$，则 $\phi_\tau^\rho = 0$。

令 $\phi_\tau^{ij,\lambda}$ 是 ϕ_τ^λ 的第（i，j）个元素，$\phi_\tau^{ij,\varrho}$ 和 $\phi_\tau^{ij,\gamma}$ 和 $\phi_\tau^{ij,\rho}$ 定义类似。而且定义 $k+5$ 维向量 $\varkappa_{ij,\tau}$，具体见下面的形式：

$$\varkappa_{ij,\tau} = [\phi_\tau^{ij,\lambda},\ \phi_\tau^{ij,\varrho},\ \phi_\tau^{ij,\gamma},\ 0_{1\times k},\ \phi_\tau^{ij,\rho},\ 0]'$$

则我们有下面的结果：

$$\frac{\partial (B_\tau(\theta^*) S(\rho^*)^{-1})_{ij}}{\partial \theta} = \varkappa_{ij,\tau}$$

令 $b_{ij,\tau} = (B_\tau(\theta) S(\rho)^{-1})_{ij}$，所以我们可以得到下面的结果：

$$\hat{b}_{ij,\tau} - b_{ij,\tau}^* = \varkappa_{ij,\tau}' (\hat{\theta} - \theta) + o_p(\|\hat{\theta} - \theta\|)$$

给定定理 3.1 的条件，在 N，$T \to \infty$ 和 $N/T^3 \to 0$ 时，我们可以得到下面的结果：

$$\sqrt{NT}\left(\hat{b}_{ij,\tau} - b_{ij,\tau}^* + \frac{1}{T} \varkappa_{ij,\tau}' \Omega_0^{-1} \Delta\right) \xrightarrow{d} N(0,\ \varkappa_{ij,\tau}' \Omega_0^{-1} (\Omega_0 + \Omega_1) \Omega_0^{-1}\ \varkappa_{ij,\tau})$$

同样，我们可以得到下面的结果：

$$\frac{\partial B_\tau(\theta)}{\partial \lambda} = D(\lambda)^{-1} W D(\lambda)^{-1} R(\theta) B_{\tau-1}(\theta) + D(\lambda)^{-1} R(\theta) \frac{\partial B_{\tau-1}(\theta)}{\partial \lambda}$$

$$\frac{\partial B_\tau(\theta)}{\partial \varrho} = D(\lambda)^{-1} B_{\tau-1}(\theta) + D(\lambda)^{-1} R(\theta) \frac{\partial B_{\tau-1}(\theta)}{\partial \varrho}$$

$$\frac{\partial B_\tau(\theta)}{\partial \gamma} = D(\lambda)^{-1} W B_{\tau-1}(\theta) + D(\lambda)^{-1} R(\theta) \frac{\partial B_{\tau-1}(\theta)}{\partial \gamma}$$

令 $\theta = \theta^*$，上面的结果可以写成下面的形式：

$$\frac{\partial B_\tau(\theta^*)}{\partial \lambda} = D^{*-1} W B_\tau^* + D^{*-1} R^* \frac{\partial B_{\tau-1}(\theta^*)}{\partial \lambda}$$

$$\frac{\partial B_\tau(\theta^*)}{\partial \varrho}=D^{*-1}B_{\tau-1}^*+D^{*-1}R^*\frac{\partial B_{\tau-1}(\theta^*)}{\partial \varrho}$$

$$\frac{\partial B_\tau(\theta^*)}{\partial \gamma}=D^{*-1}WB_{\tau-1}^*+D^{*-1}R^*\frac{\partial B_{\tau-1}(\theta^*)}{\partial \gamma}$$

给定上面的结果，我们可以通过下式递归计算 ψ_τ^λ，具体见下面的形式：

$$\psi_\tau^\lambda=D^{*-1}WB_\tau^*+D^{*-1}R^*\psi_{\tau-1}^\lambda$$

其中，$\psi_0^\lambda=D^{*-1}WD^{*-1}$，而且如果 $\tau<0$，则 $\psi_\tau^\lambda=0$。同样我们可以计算 ψ_τ^ϱ，具体见下面的形式：

$$\psi_\tau^\varrho=D^{*-1}B_{\tau-1}^*+D^{*-1}R^*\psi_{\tau-1}^\varrho$$

如果 $\tau\leqslant 0$，则 $\psi_\tau^\varrho=0$。同样我们可以计算 ψ_τ^γ，具体见下面的形式：

$$\psi_\tau^\gamma=D^{*-1}WB_{\tau-1}^*+D^{*-1}R^*\psi_{\tau-1}^\gamma$$

如果 $\tau\leqslant 0$，则 $\psi_\tau^\gamma=0$。

令 $\psi_\tau^{ij,\lambda}$ 是 ψ_τ^λ 的第（i，j）个元素，$\psi_\tau^{ij,\varrho}$ 和 $\psi_\tau^{ij,\gamma}$ 定义类似。而且定义 $k+5$维向量 $\vartheta_{ij,\tau}$，具体见下面的形式：

$$\vartheta_{ij,\tau}=[\psi_\tau^{ij,\lambda},\ \psi_\tau^{ij,\varrho},\ \psi_\tau^{ij,\gamma},\ 0_{1\times(k+2)}]'$$

则我们有下面的结果：

$$\frac{\partial B_{ij,\tau}(\theta^*)}{\partial \theta}=\vartheta_{ij,\tau}$$

令 v_l 是 $k+5$ 维向量，其中它的第 $3+l$ 个元素为 1，其他元素为 0。定义符号如下所示：

$$\omega_{ij,l\tau}=\beta_\tau^*\ \vartheta_{ij,\tau}+B_{ij,\tau}^*v_l$$

容易可以看出下面的结果：

$$\left.\frac{\partial[B_{ij,\tau}(\theta)\beta_l]}{\partial \theta}\right|_{\theta=\theta^*}=\omega_{ij,l\tau}$$

是成立的。引用定理 3.1，在 N，$T\to\infty$ 和 $N/T^3\to 0$ 时，我们可以得到下面的结果：

$$\sqrt{NT}\left(\hat{B}_{ij,\tau}\hat{\beta}_l-B_{ij,\tau}^*\beta_l^*+\frac{1}{T}\omega_{ij,l\tau}'\Omega_0^{-1}\Delta\right)\xrightarrow{d}N(0,\ \omega_{ij,l\tau}'\Omega_0^{-1}(\Omega_0+\Omega_1)\Omega_0^{-1}\omega_{ij,l\tau})$$

定理 4.1 证明完毕。

4.5.2　定理4.2的证明

现在我们开始证明定理4.2，与上个定理证明类似，我们使用符号 $\mathbb{D}(\theta)$ 强调它依赖 θ。让 $d_{ij}(\theta)$ 表示 $\mathbb{D}(\theta)^{-1}$ 的第（i，j）个元素，d_{ij}^* 表示 $\mathbb{D}^{*-1}$ 的第（i，j）个元素，并且 $\hat{d}_{ij}$ 是 d_{ij}^* 的估计量。为了表述的方便，我们用 $\widehat{ds}_{ij}$ 来表示 $[\hat{\mathbb{D}}^{-1}\hat{S}^{-1}]_{ij}$。

我们可以得到下面的结果：

$$\frac{\partial\mathbb{D}(\theta)^{-1}}{\partial\lambda}=\mathbb{D}(\theta)^{-1}W\mathbb{D}(\theta)^{-1}$$

$$\frac{\partial\mathbb{D}(\theta)^{-1}}{\partial\varrho}=\mathbb{D}(\theta)^{-2}$$

$$\frac{\partial\mathbb{D}(\theta)^{-1}}{\partial\gamma}=\mathbb{D}(\theta)^{-1}W\mathbb{D}(\theta)^{-1}$$

我们很容易得到在真值处的结果：

$$\frac{\partial\mathbb{D}(\theta^*)^{-1}}{\partial\lambda}=\mathbb{D}^{*-1}W\mathbb{D}^{*-1}$$

$$\frac{\partial\mathbb{D}(\theta^*)^{-1}}{\partial\varrho}=\mathbb{D}^{*-2}$$

$$\frac{\partial\mathbb{D}(\theta^*)^{-1}}{\partial\gamma}=\mathbb{D}^{*-1}W\mathbb{D}^{*-1}$$

让 η_{ij} 表示 $\mathbb{D}^{*-1}W\mathbb{D}^{*-1}$ 的第（i，j）个元素。定义 $k+5$ 维向量 ζ_{ij}，具体见下面的形式：

$$\zeta_{ij}=[\eta_{ij},\ \ddot{d}_{ij},\ \eta_{ij},\ 0_{1\times(k+2)}]'$$

其中，$\ddot{d}_{ij}$ 表示 $\mathbb{D}^{*-2}$ 的第（i，j）个元素。

为了研究 $\widehat{ds}_{ij}$ 的极限分布，我们再引入几个记号。

让 ξ_{ij} 表示 $\mathbb{D}^{*-1}W\mathbb{D}^{*-1}S(\rho^*)^{-1}$ 的第（i，j）个元素，让 υ_{ij} 表示 $\mathbb{D}(\theta^*)^{-1}S(\rho^*)^{-1}MS(\rho^*)^{-1}$ 的第（i，j）个元素，$\ddot{ds}_{ij}$ 表示 $\mathbb{D}(\theta^*)^{-2}S(\rho^*)^{-1}$ 的第（i，j）个元素。定义 $k+5$ 维向量 $\mathbb{N}_{ij}$，具体见下面的形式：

$$\mathbb{N}_{ij}=[\xi_{ij},\ \ddot{ds}_{ij},\ \xi_{ij},\ \underset{1\times k}{0},\ \upsilon_{ij},\ 0]'$$

给定定理3.1，在 N，$T\to\infty$ 和 $N/T^3\to0$ 时，我们可以得到下面的

结果：

$$\sqrt{NT}\left(\widehat{ds}_{ij}-ds_{ij}^{*}+\frac{1}{T}\mathbb{N}_{ij}'\Omega_0^{-1}\Delta\right)\xrightarrow{d}N(0,\ \mathbb{N}_{ij}'\Omega_0^{-1}(\Omega_0+\Omega_1)\Omega_0^{-1}\mathbb{N}_{ij})$$

令 $\pi_{ij,l}$定义为 $\pi_{ij,l}=\beta_l^{*}\zeta_{ij}+d_{ij}^{*}v_l$。其中 v_l 与上个定理定义一样。

容易可以看出下面的事实：

$$\left.\frac{\partial[d_{ij}(\theta)\beta_l]}{\partial\theta}\right|_{\theta=\theta^{*}}=\pi_{ij,l}$$

同样的，在 N，$T\to\infty$ 和 $N/T^3\to0$ 时，我们可以得到下面的结果：

$$\sqrt{NT}\left(\hat{d}_{ij}\hat{\beta}_l-d_{ij}^{*}\beta_l^{*}+\frac{1}{T}\pi_{ij,l'}\Omega_0^{-1}\Delta\right)\xrightarrow{d}N(0,\ \pi_{ij,l'}\Omega_0^{-1}(\Omega_0+\Omega_1)\Omega_0^{-1}\pi_{ij,l})$$

定理 4.2 证明完毕。

4.6 小　　结

本章内容也是本书的核心内容之一。4.1 节研究了新息的脉冲响应以及它的估计量的渐近性质和它的置信区间问题，然后研究了外生解释变量的脉冲响应以及它的估计量的渐近性质和它的置信区间问题。4.2 节根据李鲲鹏（2017）的思想分别定义了外生解释变量和新息的平均直接效应、平均间接效应和平均总效应，并研究了它的估计量的渐近性质和它的置信区间问题。4.3 节研究了长期新息的脉冲响应以及它的估计量的渐近性质和它的置信区间问题，然后研究了长期外生解释变量的脉冲响应以及它的估计量的渐近性质和它的置信区间问题。4.4 节根据李鲲鹏（2017）的思想分别定义了长期外生解释变量和新息的平均直接效应、平均间接效应和平均总效应，并研究了它的估计量的渐近性质和它的置信区间问题。4.5 节给出了定理 4.1 和定理 4.2 的严格证明。

第 5 章

蒙特卡洛模拟实验

5.1 数据生成

我们执行蒙特卡洛模拟来研究准极大似然估计量（QMLE）的有限样本性质。根据参数 $\theta = (\lambda, \Phi', \rho, \sigma^2)' = (0.3, 0.2, 0.1, 1, 0.4, 0.25)$ 生成模拟数据。空间权重矩阵根据科勒简和普鲁哈（Kelejian and Prucha，1999）“q 前和 q 后”的方法生成，这种方法就是我们把所有的空间单位围成一个圆圈，其中每个空间单位直接受到它前面和后面 q 个空间单位的相同影响。我们根据科勒简和普鲁哈（Kelejian and Prucha，1999）标准化空间权重矩阵，即行和为 1。在我们的模拟中，我们使用“1 前和 1 后”生成权重矩阵，并且我们把 W 矩阵和 M 矩阵取为相同矩阵，这也是实证研究通常的假定。

外生回归变量 x_{it} 和斜率 μ_i 都是来自独立的标准正态分布。随机扰动项 e_{it} 来自独立的标准化的自由度为 3 的卡方分布，即 $[\chi^2(3) - 3]/\sqrt{6}$。一旦生成了 x_{it}、μ_i 和 e_{it}，我们可以根据下式生成 Y_t，

$$Y_t = (I_N - \lambda W)^{-1}(\mu + \varrho Y_{t-1} + \gamma W Y_{t-1} + X_t \beta + S^{-1} e_t)$$

其中，如果 $t \leqslant 0$，$Y_t = 0$。为了消除初始值的影响，我们生成 $T + 500$ 个数据，扔掉前 500 个数据。

5.2 拟极大似然估计量的有限样本表现

我们现在研究拟极大似然估计量的有限样本表现。表5-1~表5-4列示了N=50，75，100和T=50，75，100的各种组合下，准极大似然估计量的偏误和误差平方根（root mean sqare errors，RMSE）和样本调整的误差平方根（sample-size adjusted root mean sqare errors，SRMSE）。其中，样本调整的误差平方根是空间个体数乘以时期数再开方再乘以误差平方根，即 $SRMSE = \sqrt{NT} \times RMSE$。表5-5和表5-6给出了5%名义显著水平下的t检验的经验值。所有的结果都是通过重复模拟1000次得到的。

表5-1和表5-2是准极大似然估计量在偏误校正之前的表现。我们通过这两个表发现准极大似然估计量是一致的，随着样本量的增加，偏误和误差平方根都是下降的。而且我们发现ϱ和 γ 已经 σ^2 的偏误相对较大，这可能会对统计推断产生问题。例如，空间个体是100，时期跨度是50的情形，ϱ的偏误和误差平方根分别是-0.0053和0.0082，偏误和误差平方根之间的比率是-0.6463，这个比率意味着t统计值还有额外的-0.6463。给定5%的显著性水平的临界值1.96，如果基于t统计量进行统计推断将产生严重的尺度扭曲问题。

表5-1　　　λ，ϱ，γ 校正之前的QMLE表现

N	T	λ			ϱ			γ		
		偏误	误差平方根	调整的误差平方根	偏误	误差平方根	调整的误差平方根	偏误	误差平方根	调整的误差平方根
50	50	-0.0004	0.0159	0.795	-0.0057	0.0104	0.52	-0.0019	0.0130	0.65
75	50	-0.0003	0.0126	0.7716	-0.0052	0.0088	0.5389	-0.0027	0.0107	0.6552
100	50	-0.0006	0.0111	0.7778	-0.0053	0.0082	0.5798	-0.0026	0.0092	0.6505

续表

N	T	λ			ϱ			γ		
		偏误	误差平方根	调整的误差平方根	偏误	误差平方根	调整的误差平方根	偏误	误差平方根	调整的误差平方根
50	75	-0.0010	0.0124	0.7593	-0.0033	0.0079	0.4838	-0.0014	0.0107	0.6552
75	75	0.0000	0.0102	0.765	-0.0038	0.0072	0.54	-0.0018	0.0089	0.6675
100	75	0.0001	0.0095	0.8227	-0.0036	0.0063	0.5456	-0.0016	0.0077	0.6668
50	100	-0.0008	0.0114	0.8061	-0.0029	0.0068	0.4808	-0.0012	0.0090	0.6364
75	100	-0.0002	0.0088	0.7621	-0.0028	0.0059	0.511	-0.0012	0.0074	0.6409
100	100	0.0000	0.0077	0.77	-0.0025	0.0050	0.5	-0.0014	0.0067	0.67

表 5-2　β，ρ，σ^2 校正之前的 QMLE 表现

N	T	β			ρ			σ^2		
		偏误	误差平方根	调整的误差平方根	偏误	误差平方根	调整的误差平方根	偏误	误差平方根	调整的误差平方根
50	50	-0.0013	0.0109	0.545	-0.0002	0.0229	1.145	-0.0053	0.0153	0.765
75	50	-0.0007	0.0085	0.5205	-0.0001	0.0198	1.2125	-0.0053	0.0129	0.79
100	50	-0.0007	0.0074	0.5233	0.0000	0.016	1.1314	-0.0054	0.0115	0.8132
50	75	-0.0009	0.0085	0.5205	0.0010	0.0179	1.0961	-0.0034	0.0122	0.7471
75	75	0.0000	0.0068	0.51	-0.0001	0.0151	1.1325	-0.0036	0.0101	0.7575
100	75	0.0002	0.0064	0.5543	-0.0001	0.0136	1.1778	-0.0039	0.0091	0.7881
50	100	0.0001	0.0070	0.495	0.0009	0.0164	1.1597	-0.0027	0.0103	0.7283
75	100	0.0000	0.0059	0.511	0.0006	0.0130	1.1258	-0.0025	0.0085	0.7361
100	100	0.0001	0.0050	0.5	-0.0002	0.0113	1.13	-0.0023	0.0075	0.75

表 5-3 和表 5-4 是偏误校正之后拟极大似然估计量的小样本表现。可以发现通过矫正后的估计偏有效地消除了，矫正后的拟极大似然估计量的偏误基本接近 0。而且，我们可以看到在空间个体数和时期跨度数的各种组合下样本调整的误差平方根几乎是相同的。以 γ 为

例，在样本（50，75）、（75，75）和（100，75）组合下，样本调整的误差平方根分别是0.6552、0.6525和0.6582。这些结果证实了我们第3章定理3.1理论分析结果：拟极大似然估计量在偏误校正之后是$\sqrt{NT}$一致的。

表5-3　　λ，ϱ，γ 校正之后的QMLE表现

N	T	λ			ϱ			γ		
		偏误	误差平方根	调整的误差平方根	偏误	误差平方根	调整的误差平方根	偏误	误差平方根	调整的误差平方根
50	50	-0.0001	0.0158	0.7900	-0.0003	0.0088	0.4400	0.0007	0.0131	0.6550
75	50	-0.0001	0.0126	0.7716	0.0002	0.0072	0.4409	-0.0001	0.0105	0.6430
100	50	-0.0004	0.0109	0.7707	0.0001	0.0063	0.4455	0.0000	0.0089	0.6293
50	75	-0.0008	0.0124	0.7593	0.0003	0.0072	0.4409	0.0003	0.0107	0.6552
75	75	0.0001	0.0102	0.7650	-0.0002	0.0061	0.4575	-0.0002	0.0087	0.6525
100	75	0.0002	0.0095	0.8227	-0.0001	0.0052	0.4503	0.0000	0.0076	0.6582
50	100	-0.0007	0.0114	0.8061	-0.0003	0.0062	0.4384	0.0000	0.0090	0.6364
75	100	-0.0002	0.0088	0.7621	-0.0002	0.0051	0.4417	0.0001	0.0074	0.6409
100	100	0.0000	0.0077	0.77	0.0001	0.0043	0.4300	-0.0002	0.0066	0.6600

表5-4　　β，ρ，σ^2 校正之后的QMLE表现

N	T	β			ρ			σ^2		
		偏误	误差平方根	调整的误差平方根	偏误	误差平方根	调整的误差平方根	偏误	误差平方根	调整的误差平方根
50	50	-0.0012	0.0109	0.5450	-0.0005	0.0229	1.1450	-0.0003	0.0146	0.7300
75	50	-0.0005	0.0085	0.5205	-0.0003	0.0198	1.2125	-0.0003	0.0120	0.7348
100	50	-0.0006	0.0074	0.5233	-0.0003	0.0160	1.1314	-0.0004	0.0104	0.7354
50	75	-0.0008	0.0084	0.5144	0.0009	0.0179	1.0961	0.0000	0.0119	0.7287
75	75	0.0000	0.0068	0.5100	-0.0002	0.0151	1.1325	-0.0003	0.0096	0.7200

续表

N	T	β			ρ			σ^2		
		偏误	误差平方根	调整的误差平方根	偏误	误差平方根	调整的误差平方根	偏误	误差平方根	调整的误差平方根
100	75	0.0003	0.0064	0.5543	-0.0002	0.0136	1.1778	-0.0006	0.0084	0.7275
50	100	0.0001	0.0070	0.4950	0.0008	0.0164	1.1597	-0.0002	0.0101	0.7142
75	100	0.0000	0.0059	0.5110	0.0005	0.0130	1.1258	0.0000	0.0082	0.7101
100	100	0.0001	0.0050	0.5000	-0.0003	0.0112	1.1200	0.0002	0.0072	0.7200

表5-5和表5-6进一步给出了5%名义显著水平下的t检验的经验值。它证实了我们之前的判断：如果不进行偏误校正，拟极大似然估计量有尺度扭曲问题。我们也看到当空间个体与时间跨度比值比较大时，尺度扭曲更为严重。例如空间个体数是100和时期数为50时，在5%名义水平下ϱ和σ^2实际显著水平分别是14%和11.6%。这些结果与我们的理论分析是一致的：偏误的阶是$\sqrt{N/T}$。进一步表明在偏误校正之后尺度扭曲问题大大减轻了（见表5-6）。

表5-5　　校正之前t检验的经验值（5%名义水平）

N	T	λ	ϱ	γ	β	ρ	σ^2
50	50	6.7%	10.3%	5.5%	6.1%	5.5%	10.2%
75	50	5.1%	11.4%	4.9%	4.5%	7.2%	11.3%
100	50	4.9%	14.0%	5.6%	5.5%	5.8%	11.6%
50	75	4.2%	6.3%	5.9%	4.5%	4.3%	8.9%
75	75	5.3%	10.9%	6.6%	5.4%	5.4%	8.9%
100	75	7.4%	12.1%	6.4%	7.5%	6.0%	9.8%
50	100	6.4%	7.2%	5.1%	4.2%	6.2%	7.6%
75	100	3.9%	8.9%	4.3%	4.6%	4.9%	7.4%
100	100	5.1%	9.5%	7.0%	4.1%	5.3%	7.6%

表 5-6 校正之后 t 检验的经验值（5%名义水平）

N	T	λ	ϱ	γ	β	ρ	σ^2
50	50	6.7%	5.6%	5.6%	6.2%	5.4%	7.0%
75	50	5.3%	4.9%	4.7%	4.4%	7.2%	6.1%
100	50	5.3%	4.6%	4.9%	5.5%	5.8%	6.8%
50	75	4.4%	4.6%	6.0%	4.6%	4.4%	6.3%
75	75	5.3%	5.9%	5.8%	5.4%	5.4%	6.9%
100	75	7.3%	5.8%	7.2%	7.4%	5.8%	6.1%
50	100	6.4%	4.9%	5.0%	4.2%	6.3%	5.3%
75	100	3.7%	5.5%	4.7%	4.5%	4.9%	5.3%
100	100	5.2%	5.4%	6.4%	4.0%	5.3%	7.6%

5.3 估计的冲击响应函数的有限样本表现

为了评价估计的冲击响应函数有限样本的表现，在每一次重复和每一期中我们基于真实参数计算冲击响应值和基于估计参数（QMLE）的95%的置信区间（即使用1.96作为临界值构建置信区间）。如果真实的冲击响应落入估计的置信区间，我们就记为1，其余记为0。然后我们计算落入区间的个数与模拟次数之间的比值。如果估计的比较好，则这个比值应该接近0.95。这里我们模拟的次数也是1000次。

在这部分中，我们考察第一空间个体1单位的冲击对第二空间个体的影响。我们注意到在我们的设定下，所有的空间个体的地位是一样的，冲击响应也是一样的。所以冲击响应只取决于空间个体之间的相对距离，即第 $i+1$ 个空间个体来自第 i 个空间个体的冲击值和我们考察的情况（即 $i=1$）是一样的。因此我们考察的冲击值可以看作来自与它最邻近的空间个体冲击的响应。

图5-1～图5-4描述了关于样本是 N = 100，T = 100 的估计的冲击响应函数的形状。图5-1描述了1000次重复的随机扰动项1单位的

改变所导致的冲击响应函数。图5－2描述了1000次模拟的随机扰动项1单位的改变所导致的冲击响应函数的平均值和95%置信区间。图5－3描述了1000次重复的外生变量1单位的改变所导致的冲击响应函数。图5－4描述了1000次重复的外生变量1单位的改变所导致的冲击响应函数的平均值和95%置信区间。

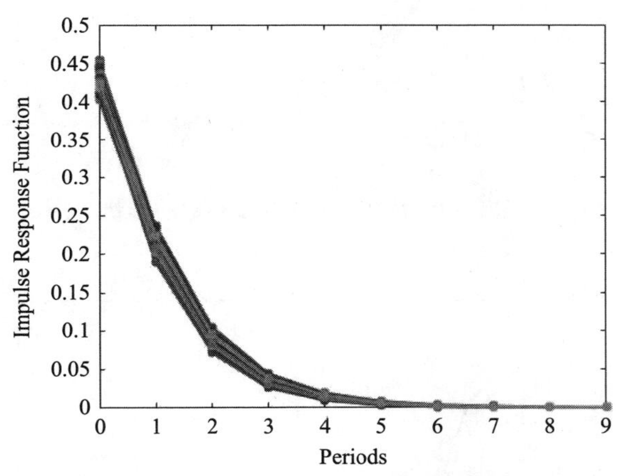

图5－1　新息冲击响应函数的形状

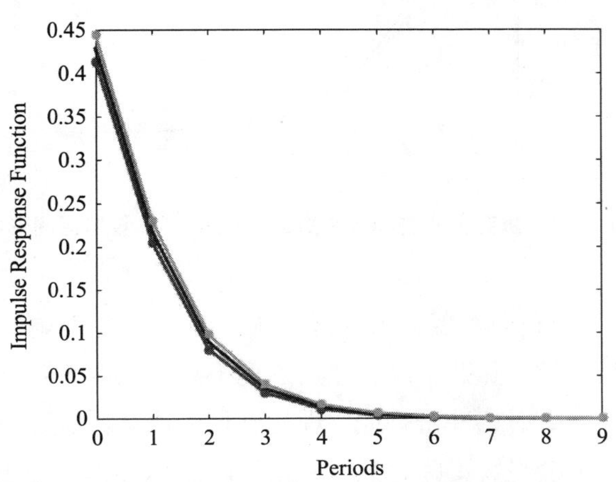

图5－2　新息冲击响应函数的均值和95%置信区间形状

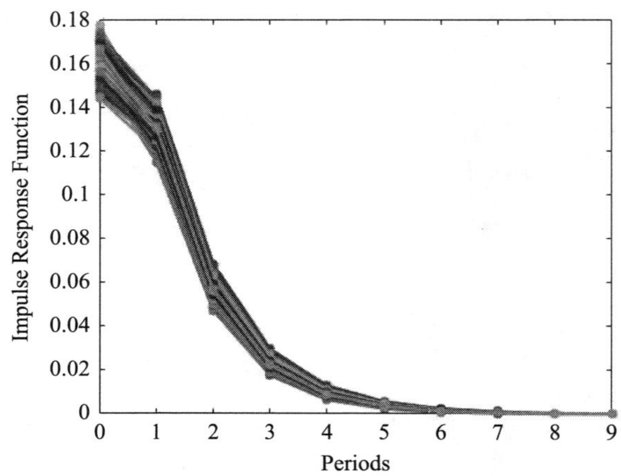

图 5 -3　协变量冲击响应函数的形状

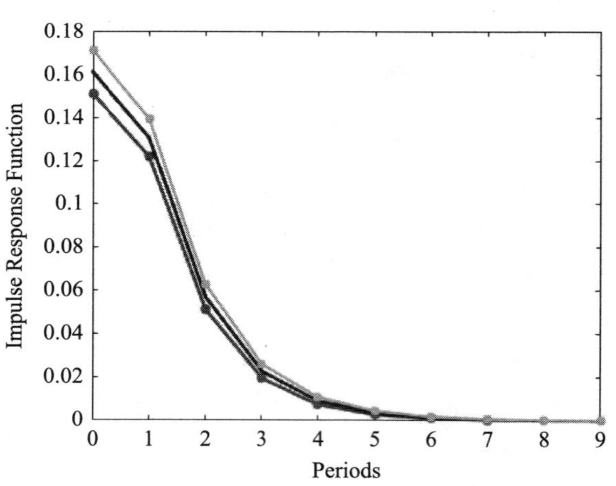

图 5 -4　协变量冲击响应函数的均值和 95%置信区间形状

从图 5 -1 中我们发现，当外部冲击发生时，冲击响应立即达到最大值，在滞后一期会显著下降，然后逐期下降。从图 5 -3 中我们发现，当协变量冲击发生时，冲击响应立即达到最大值，再滞后一期会小幅下降，再滞后一期会显著下降，然后逐期下降。尽管我们是通过模拟数据得到的结论，但这意味着多期滞后可以提供丰富的冲击响应函数形状，这对实际数据分析是极其有价值的。

表5－7和表5－8展示的是真实值落入估计的置信区间的总数与模拟次数的比值情况。从这两张表格中可以看出，这个比值的大概范围是［0.92，0.96］。例如，当空间个体为50和时期数为50时，这个比值的大概范围是［0.92，0.95］，当空间个体为100和时期数为100时，这个比值的大概范围是［0.945，0.955］。这些结果表明估计的冲击响应函数在小样本时也表现得较好。

表5－7　　1单位误差改变导致的冲击响应有限样本表现

N	T	0	1	2	3	4	5	6	7	8	9
50	50	0.943	0.946	0.944	0.941	0.935	0.937	0.937	0.932	0.928	0.922
75	50	0.928	0.942	0.943	0.942	0.938	0.938	0.938	0.936	0.934	0.926
100	50	0.935	0.948	0.951	0.952	0.956	0.955	0.947	0.945	0.943	0.940
50	75	0.959	0.946	0.936	0.938	0.936	0.936	0.940	0.939	0.934	0.929
75	75	0.952	0.942	0.944	0.943	0.940	0.941	0.946	0.944	0.940	0.935
100	75	0.949	0.931	0.932	0.933	0.932	0.931	0.930	0.928	0.929	0.925
50	100	0.946	0.944	0.948	0.947	0.940	0.939	0.932	0.934	0.927	0.923
75	100	0.958	0.950	0.950	0.948	0.950	0.946	0.945	0.940	0.938	0.936
100	100	0.952	0.947	0.949	0.948	0.943	0.947	0.947	0.947	0.947	0.948

表5－8　　1单位自变量改变导致的冲击响应有限样本表现

N	T	0	1	2	3	4	5	6	7	8	9
50	50	0.937	0.941	0.944	0.945	0.941	0.930	0.934	0.930	0.927	0.921
75	50	0.952	0.953	0.949	0.947	0.943	0.938	0.932	0.935	0.934	0.926
100	50	0.946	0.961	0.953	0.954	0.955	0.949	0.949	0.943	0.940	0.938
50	75	0.958	0.940	0.943	0.941	0.938	0.935	0.939	0.938	0.933	0.929
75	75	0.954	0.955	0.951	0.946	0.946	0.949	0.947	0.945	0.943	0.936
100	75	0.927	0.929	0.927	0.931	0.932	0.932	0.930	0.934	0.933	0.933
50	100	0.943	0.952	0.949	0.943	0.941	0.940	0.936	0.934	0.930	0.924
75	100	0.963	0.953	0.949	0.951	0.947	0.944	0.943	0.941	0.935	0.935
100	100	0.945	0.950	0.951	0.950	0.952	0.946	0.945	0.946	0.948	0.947

表5－9显示的是新息和协变量冲击的长期效应有限样本表现，表5－9的第二行表示新息冲击的长期累计真实值落入估计的置信区间的总数与模拟次数的比值情况，从这张表格中可以看出，这个比值的大概范围是［0.924，0.958］。表5－9的第三行表示协变量冲击的长期累计真实值落入估计的置信区间的总数与模拟次数的比值情况，从这张表格中可以看出，这个比值的大概范围是［0.932，0.965］。这些结果表明估计的冲击响应函数长期累计在有限样本时也表现得较好。

表5－9　　冲击的长期效应有限样本表现

N，T	50，50	75，50	100，50	50，75	75，75	100，75	50，100	75，100	100，100
误差	0.924	0.948	0.942	0.947	0.945	0.946	0.955	0.958	0.946
自变量	0.960	0.939	0.932	0.960	0.950	0.965	0.935	0.956	0.946

5.4　估计的三种效应的有限样本表现

为了评价估计的平均直接效应、平均间接效应和平均总效应冲击响应函数有限样本的表现，与上面的冲击响应函数一样，我们也在每一次重复和每一期中基于真实参数计算冲击响应值和基于估计参数（QMLE）的95%的置信区间（即使用1.96作为临界值构建置信区间）。如果真实的冲击响应落入估计的置信区间，我们就记为1，其余记为0。然后我们计算落入区间的个数与模拟次数之间的比值。如果估计的比较好，则这个比值应该接近0.95。这里我们模拟的次数也是1000次。

在这部分中，我们也考察第一空间个体1单位的冲击对第二空间个体的影响。注意到在我们的设定下，所有的空间个体的地位是一样的，平均直接效应、平均间接效应和平均总效应的冲击响应也是一样的。所以平均直接效应、平均间接效应和平均总效应的冲击响应只取决于空间个体之间的相对距离，即第$i+1$个空间个体来自第i个空间个体的冲击值和我们考察的情况（即$i=1$）是一样的。因此我们考察的冲击值可以看作来自与它最近邻的空间个体冲击的响应。

图 5 -5 ~ 图 5 -8 描述了关于样本是 N = 100，T = 100 的估计的平均直接效应、平均间接效应和平均总效应冲击响应函数的形状。图 5 -5 描述了 1000 次重复的随机扰动项 1 单位的改变所导致的平均直接效应、平均间接效应和平均总效应冲击响应函数。图 5 -6 描述了 1000 次重复的随机扰动项 1 单位的改变所导致的平均直接效应、平均间接效应和平

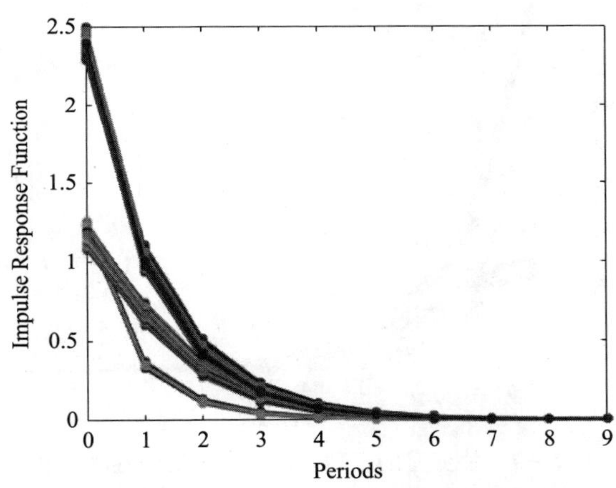

图 5 -5　新息的三种效应的冲击响应函数的形状

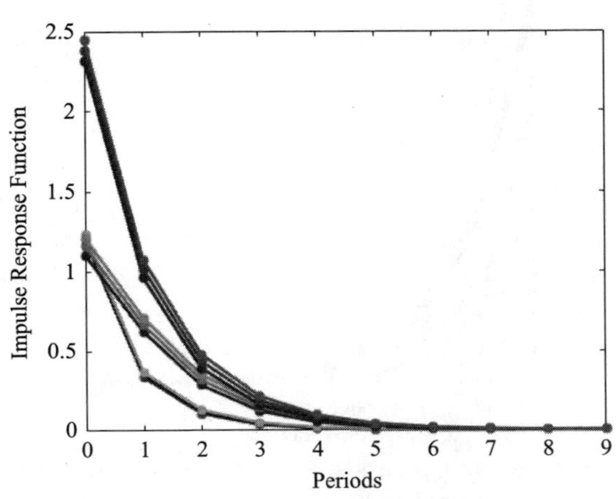

图 5 -6　新息的三种效应冲击响应函数的均值和 95% 置信区间形状

均总效应冲击响应函数的均值和95%置信区间。图5－7描述了1000次重复的协变量1单位的改变所导致的平均直接效应、平均间接效应和平均总效应冲击响应函数。图5－8描述了1000次重复的解释变量1单位的改变所导致的平均直接效应、平均间接效应和平均总效应冲击响应函数的均值和95%置信区间。

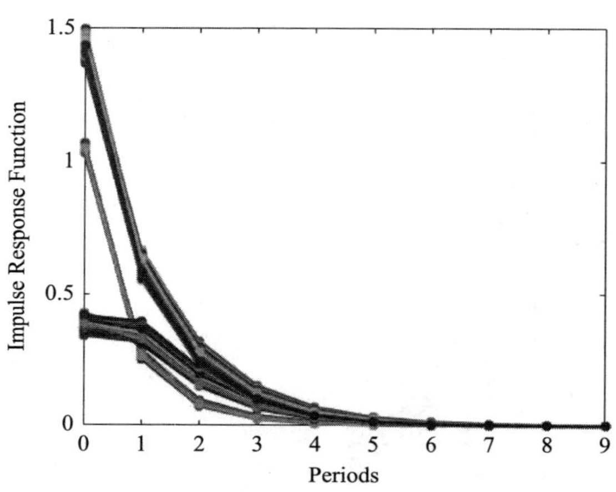

图5－7　协变量的三种效应冲击响应函数的形状

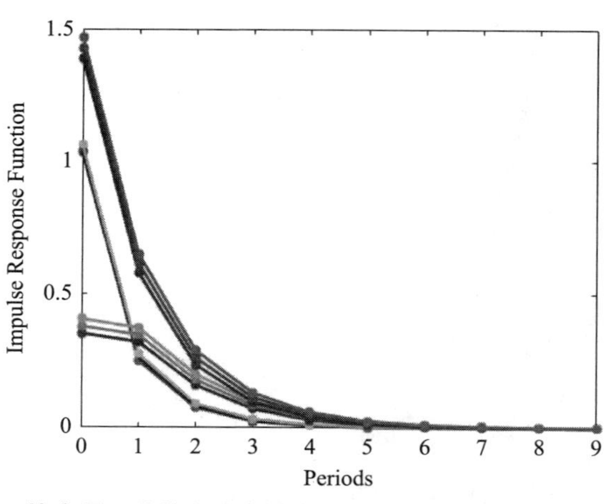

图5－8　协变量三种效应冲击响应函数的均值和95%置信区间形状

表5-10和表5-11展示的是平均直接效应冲击响应函数的真实值落入估计的置信区间的总数与模拟次数的比值情况。从这两张表格中可以看出，这个比值的大概范围是［0.92，0.96］。例如，当空间个体为50和时期数为50时，这个比值的大概范围是［0.92，0.95］，当空间个体为100和时期数为100时，这个比值的大概范围是［0.943，0.955］。这些结果表明估计的冲击响应函数在有限样本时也表现得较好。平均间接效应和平均总效应冲击响应函数的有限样本表现如表5-12~表5-15所示，平均间接效应和平均总效应冲击响应函数的有限样本性质也很好。

表5-10　　1单位误差改变引起的平均直接效应的表现

N	T	0	1	2	3	4	5	6	7	8	9
50	50	0.944	0.952	0.947	0.941	0.939	0.937	0.936	0.933	0.928	0.921
75	50	0.928	0.948	0.941	0.941	0.939	0.937	0.939	0.936	0.935	0.927
100	50	0.935	0.950	0.955	0.955	0.955	0.954	0.948	0.945	0.942	0.939
50	75	0.958	0.943	0.942	0.938	0.937	0.937	0.939	0.934	0.934	0.928
75	75	0.955	0.934	0.940	0.943	0.940	0.942	0.945	0.944	0.940	0.936
100	75	0.948	0.936	0.929	0.933	0.932	0.933	0.929	0.928	0.928	0.927
50	100	0.945	0.945	0.945	0.943	0.939	0.941	0.932	0.935	0.926	0.923
75	100	0.954	0.947	0.952	0.950	0.949	0.945	0.945	0.942	0.938	0.937
100	100	0.955	0.950	0.948	0.948	0.947	0.947	0.946	0.945	0.947	0.948

表5-11　　1单位自变量改变引起的平均直接效应的表现

N	T	0	1	2	3	4	5	6	7	8	9
50	50	0.949	0.947	0.947	0.945	0.943	0.937	0.933	0.932	0.928	0.924
75	50	0.947	0.955	0.956	0.960	0.950	0.947	0.943	0.938	0.931	0.932
100	50	0.950	0.955	0.960	0.962	0.956	0.951	0.950	0.946	0.940	0.938
50	75	0.948	0.945	0.938	0.942	0.942	0.941	0.936	0.931	0.929	0.923
75	75	0.946	0.945	0.951	0.943	0.937	0.937	0.934	0.935	0.935	0.934
100	75	0.949	0.951	0.951	0.948	0.950	0.945	0.947	0.945	0.945	0.942

续表

N	T	0	1	2	3	4	5	6	7	8	9
50	100	0. 955	0. 947	0. 945	0. 947	0. 949	0. 949	0. 948	0. 949	0. 946	0. 942
75	100	0. 948	0. 941	0. 945	0. 949	0. 944	0. 944	0. 943	0. 942	0. 946	0. 944
100	100	0. 950	0. 946	0. 951	0. 953	0. 954	0. 951	0. 951	0. 950	0. 948	0. 943

表 5 – 12　　1 单位误差改变引起的平均间接效应的表现

N	T	0	1	2	3	4	5	6	7	8	9
50	50	0. 945	0. 946	0. 940	0. 938	0. 936	0. 935	0. 935	0. 935	0. 927	0. 922
75	50	0. 929	0. 939	0. 942	0. 940	0. 940	0. 940	0. 936	0. 935	0. 929	0. 927
100	50	0. 935	0. 945	0. 953	0. 953	0. 953	0. 951	0. 950	0. 944	0. 940	0. 937
50	75	0. 958	0. 952	0. 944	0. 939	0. 939	0. 939	0. 940	0. 941	0. 938	0. 933
75	75	0. 953	0. 944	0. 949	0. 946	0. 948	0. 947	0. 946	0. 948	0. 938	0. 935
100	75	0. 949	0. 929	0. 930	0. 928	0. 930	0. 929	0. 925	0. 926	0. 927	0. 926
50	100	0. 945	0. 940	0. 944	0. 945	0. 940	0. 938	0. 935	0. 935	0. 932	0. 921
75	100	0. 955	0. 947	0. 950	0. 945	0. 946	0. 945	0. 941	0. 940	0. 936	0. 934
100	100	0. 955	0. 951	0. 947	0. 949	0. 944	0. 944	0. 945	0. 947	0. 947	0. 947

表 5 – 13　　1 单位误差改变引起的平均总效应的表现

N	T	0	1	2	3	4	5	6	7	8	9
50	50	0. 945	0. 945	0. 938	0. 939	0. 938	0. 937	0. 934	0. 934	0. 927	0. 923
75	50	0. 929	0. 941	0. 942	0. 940	0. 939	0. 939	0. 937	0. 936	0. 931	0. 927
100	50	0. 935	0. 946	0. 951	0. 954	0. 955	0. 951	0. 950	0. 945	0. 942	0. 939
50	75	0. 958	0. 948	0. 942	0. 938	0. 938	0. 938	0. 939	0. 940	0. 937	0. 932
75	75	0. 955	0. 944	0. 945	0. 950	0. 943	0. 942	0. 947	0. 948	0. 940	0. 935
100	75	0. 949	0. 930	0. 933	0. 931	0. 932	0. 929	0. 926	0. 926	0. 927	0. 925
50	100	0. 946	0. 942	0. 944	0. 947	0. 939	0. 937	0. 933	0. 935	0. 932	0. 923
75	100	0. 955	0. 949	0. 949	0. 947	0. 948	0. 945	0. 941	0. 942	0. 938	0. 937
100	100	0. 955	0. 952	0. 947	0. 947	0. 945	0. 942	0. 945	0. 945	0. 947	0. 948

表5-14 1单位自变量改变引起的平均间接效应的表现

N	T	0	1	2	3	4	5	6	7	8	9
50	50	0.938	0.957	0.954	0.945	0.943	0.940	0.933	0.933	0.926	0.919
75	50	0.946	0.949	0.949	0.953	0.945	0.941	0.934	0.925	0.919	0.916
100	50	0.942	0.957	0.954	0.954	0.953	0.948	0.948	0.946	0.940	0.936
50	75	0.950	0.951	0.943	0.936	0.937	0.939	0.937	0.935	0.930	0.924
75	75	0.944	0.955	0.945	0.942	0.942	0.935	0.935	0.934	0.933	0.930
100	75	0.945	0.946	0.939	0.929	0.933	0.931	0.931	0.928	0.926	0.924
50	100	0.952	0.937	0.941	0.945	0.939	0.935	0.934	0.938	0.931	0.929
75	100	0.942	0.949	0.952	0.948	0.941	0.941	0.940	0.939	0.935	0.932
100	100	0.942	0.944	0.947	0.948	0.943	0.943	0.942	0.940	0.941	0.937

表5-15 1单位自变量改变引起的平均总效应的表现

N	T	0	1	2	3	4	5	6	7	8	9
50	50	0.933	0.953	0.942	0.943	0.939	0.931	0.931	0.920	0.916	0.908
75	50	0.951	0.945	0.946	0.942	0.941	0.939	0.933	0.925	0.920	0.914
100	50	0.944	0.940	0.937	0.930	0.929	0.927	0.922	0.918	0.919	0.922
50	75	0.949	0.950	0.947	0.946	0.946	0.942	0.938	0.938	0.939	0.933
75	75	0.941	0.943	0.943	0.940	0.940	0.939	0.939	0.938	0.935	0.932
100	75	0.941	0.936	0.936	0.939	0.941	0.945	0.943	0.940	0.931	0.926
50	100	0.940	0.947	0.948	0.949	0.947	0.942	0.943	0.937	0.934	0.934
75	100	0.952	0.942	0.943	0.940	0.939	0.941	0.942	0.942	0.941	0.938
100	100	0.956	0.958	0.952	0.956	0.957	0.955	0.954	0.953	0.953	0.953

表5-16显示的是新息直接效应、间接效应和总效应冲击的长期累计效应有限样本表现，表5-16的第二行表示新息冲击的直接效应长期累计真实值落入估计的置信区间的总数与模拟次数的比值情况，从这张表格中可以看出，这个比值大概范围是[0.936，0.968]。表5-16的第三行表示新息冲击的间接效应长期累计真实值落入估计的置信区间的总数与模拟次数的比值情况，从这张表格中可以看出，这个比值的大概

范围是［0.930，0.948］。表5－16的第四行表示新息冲击的总效应长期累计真实值落入估计的置信区间的总数与模拟次数的比值情况，从这张表格中可以看出，这个比值的大概范围是［0.928，0.955］。这些结果表明估计的新息直接效应、间接效应和总效应冲击响应函数长期累计在有限样本时也表现得较好。

表5－16　新息冲击的三种长期累计效应有限样本表现

N，T	50，50	75，50	100，50	50，75	75，75	100，75	50，100	75，100	100，100
直接效应	0.936	0.953	0.968	0.942	0.952	0.946	0.956	0.951	0.950
间接效应	0.948	0.937	0.946	0.945	0.944	0.930	0.946	0.942	0.948
总效应	0.955	0.936	0.956	0.956	0.940	0.928	0.955	0.939	0.940

表5－17显示的是协变量直接效应、间接效应和总效应冲击的长期累计效应有限样本表现，表5－17的第二行表示自变量冲击的直接效应长期累计真实值落入估计的置信区间的总数与模拟次数的比值情况，从这张表格中可以看出，这个比值的大概范围是［0.931，0.957］。表5－17的第三行表示解释变量冲击的间接效应长期累计真实值落入估计的置信区间的总数与模拟次数的比值情况，从这张表格中可以看出，这个比值的大概范围是［0.928，0.957］。表5－17的第四行表示协变量冲击的总效应长期累计真实值落入估计的置信区间的总数与模拟次数的比值情况，从这张表格中可以看出，这个比值的大概范围是［0.939，0.954］。这些结果表明估计的协变量直接效应、间接效应和总效应冲击响应函数长期累计在有限样本时也表现得较好。

表5－17　自变量冲击的三种长期累计效应有限样本表现

N，T	50，50	75，50	100，50	50，75	75，75	100，75	50，100	75，100	100，100
直接效应	0.931	0.956	0.943	0.952	0.955	0.947	0.951	0.957	0.956
间接效应	0.947	0.944	0.945	0.946	0.941	0.928	0.951	0.957	0.957
总效应	0.951	0.948	0.942	0.948	0.945	0.941	0.948	0.939	0.954

5.5　小　　结

本章通过蒙特卡洛模拟实验的方法检验了本书提出的拟极大似然估计方法得到的估计量的有限样本表现。5.1节首先介绍了数据生成问题，其中包括空间权重矩阵的生成、自变量的生成以及为了体现拟极大似然估计而生成的标准化卡方分布的误差项。5.2节列示了N=50，75，100和T=50，75，100的各种组合下，校正之前的拟极大似然估计量的偏误和误差平方根和样本调整的误差平方根和校正之后的拟极大似然估计量的偏误和误差平方根和样本调整的误差平方根，发现校正后有更好的有限样本表现，进一步验证之前的理论分析；然后进一步给出了5%名义显著水平下的t检验的经验值，证实了我们之前的判断：如果不进行偏误校正，拟极大似然估计量有尺度扭曲问题。5.3节首先给出了10期的新息和外生解释变量的脉冲响应形状的图示以及相应的95%的置信区间，发现冲击即刻达到最大值之后逐期变小。为了评价估计的冲击响应函数有限样本的表现，在每一次重复和每一期中我们基于真实参数计算冲击响应值和基于估计参数的95%的置信区间，我们发现无论新息和自变量的冲击响应大概92%~96%都会落入真实的95%的置信区间，说明冲击响应函数有较好的有限样本的表现，我们用相同的方法验证了长期新息和自变量的冲击响应，同样有较好的有限样本的表现。5.4节首先给出了10期的新息和外生解释变量的直接效应、间接效应和总效应的脉冲响应形状的图示以及相应的95%的置信区间，发现冲击即刻达到最大值之后逐期变小，只是直接效应、间接效应和总效应的下降速度不同。为了评价估计直接效应、间接效应和总效应的冲击响应函数有限样本的表现，在每一次重复和每一期中我们基于真实参数计算冲击响应值和基于估计参数的95%的置信区间，我们发现无论新息和自变量的直接效应、间接效应和总效应冲击响应大概92%~96%都会落入真实的95%的置信区间，说明直接效应、间接效应和总效应冲击响应函数有较好的有限样本的表现，我们用相同的方法验证了长期直接效应、间接效应和总效应新息和自变量的冲击响应，同样有较好的有限样本的表现。

第 6 章

应用研究

6.1 引　　言

自 1978 年改革开放以来，我国经济一直保持较快的发展速度，取得了令世界瞩目的巨大成功。到 2010 年取代日本成为第二大经济体。与此同时，中国经济面临严峻的区域经济发展非均衡问题。经济发展的区域间持续不平衡、不协调不仅会造成人民福利损失并且严重影响经济可持续发展，甚至可能会给社会稳定带来严重隐患（Dutt and Mitra，2008）。可以说，实现区域间协调均衡发展关系到中国经济可持续发展和社会稳定的大局（胡鞍钢和周绍杰，2016）。针对什么原因导致了这么大的发展差距，国内外学者取得了丰硕的研究成果。不同的学者从不同角度来解释经济发展差距，常见的视角有：政策因素（Demurger et al.，2002a，2002b；林毅夫和刘培林，2003；Lin，1999）、外商直接投资（陈继勇和盛杨怿，2008；Yu et al.，2011）、国际贸易（Zhang，2001；Zhang and Zhang，2003）、固定资产投资（Yu and Wei，2003）、金融发展（王纪全等，2007）、交通基础设施（刘生龙和胡鞍钢，2011）、地理因素（Wei et al.，2009）、空间溢出等（吕忠伟和李峻浩，2008；陆铭和陈钊，2009；潘文卿，2010）。

我们知道，根据内生经济增长理论（Romer，1986；Lucas，1988）

提出内生增长理论以来，人们不再停留在资本雇佣劳动的分析框架，而是逐渐将技术纳入内生增长模型，使经济增长可以不依赖外力推动，企业内生技术进步成为经济增长的决定因素。此时，技术创新能力成为经济增长的直接决定因素，如果经济技术落后地区创新不足，将很难提高甚至维持经济增长能力，难以实现对经济发达地区经济的赶超。但是技术进步与技术创新水平并不是外生的，人接受的教育、获得的知识和技能所反映出来的人力资本禀赋直接决定了技术进步和技术创新的水平，也必然影响到区域技术创新能力及落后地区与发达地区的均衡作用。相关研究表明，如果将人力资本积累与R&D投资同时嵌入内生创新增长模型，人力资本对技术创新具有阈值作用，即人力资本投资超出一个正阈值时，区域经济可以实现更为稳定的增长趋势，反之只能实现低速增长（Aghion and Howitt，1998）。反观中国经济的现状，西部大开发、振兴东北和对中部地区的财政转移支付战略实施以来，区域间经济差距绝对值越来越大，似乎没有起到相应的作用。这种区域经济差距现状和内生经济增长理论给我们带来了启示，技术进步和创新驱动的发展模式可能成为解决这一现状的主要驱动力，而技术进步与创新能力极度依赖于当地的人力资源禀赋，低人力资源禀赋的地区一方面难以促进当地的自主创新能力的提高；另一方面甚至不具有消化吸收先进技术的能力，这样使得很难实现对经济发达地区的超越。所以21世纪以来也有学者用人力资本来解释中国地区经济发展差异。蔡昉和都阳（2000）通过实证研究发现人力资本差异是造成地区经济差异的至关重要的原因之一。李亚玲、汪戎（2006）指出，人力资本区域间差距是区域间经济差异的重要原因。岳书敬和刘朝明（2006）、郭志仪和曹建云（2007）研究发现，人力资本区域间差异是产生全要素生产率差异的主要原因，进而造成区域经济发展差异。姚先国、张海峰（2008）教育差异是地区经济差异的主要因素之一。弗莱舍等（Fleisher et al.，2010）也认为人力资本是造成地区经济差异的重要原因。迪博尔特和黑普（Diebolt and Hippe，2019）研究发现人力资本是造成地区经济差异的一个关键因素。蔡昉（2011）研究发现人力资本具有高收益率特点，能够促进经济增长。车士义等

（2011）认为人力资本可以促进技术进步从而有助于增加边际产出。黄海军和李立国（2012）基于我国 29 个省份 1996 ~ 2009 年面板数据的研究表明，研究生人力资本对我国经济产出有显著的正向影响。黄燕萍等（2013）利用我国 30 个省份 1997 ~ 2009 年的面板数据，通过区分初级人力资本和高级人力资本作用于区域经济增长的不同方式，研究得出作为生产要素的初级人力资本直接促进最终产出，高级人力资本则通过技术模仿与创新进而提高全要素生产率。张同斌（2016）基于我国 248 个城市 2002 ~ 2013 年面板数据，利用门限面板数据模型对人力资本影响经济增长进行了实证检验，研究发现我国进入了人力资本红利时期。昌先宇和赵彦云（2017）基于 1997 ~ 2012 年 30 个省市面板数据，使用空间面板数据模型，研究发现高级人力资本才是经济增长的动力。刘智勇等（2018）首先构建了人力资本结构高级化指数，利用 1987 ~ 2011 年动态面板数据模型检验了人力资本结构高级化对经济增长具有正向的影响，研究结果支持这一假说。布奇、白兰地和穆勒（Bucci，Eraydin and Müller，2019）研究发现人力资本对长期经济增长有积极促进作用。邓飞和柯文进（2020）通过建立 30 个省市 1987 ~ 2017 年间的空间面板数据模型，对模型进行检验和估计，研究发现所有层次的人力资本都对经济增长有促进作用。但是我们注意到有些研究发现了相反的结果。普里切特（Pritchett，2001）也发现教育发展不利于经济增长的证据。林毅夫和刘明兴（2003）的实证分析表明人力资本不存在对经济增长的促进作用。

随着新经济地理学的兴起以及空间计量经济学的不断发展、成熟与完善，学者们打破了人力资本及其空间外部性在地理空间上的局限性，促使国内外学者进一步研究人力资本对经济增长的空间溢出效应和空间聚集效应，特别是空间数据模型的运用，不仅为这类研究提供了技术上的支持，而且丰富了人力资本理论，为深入分析人力资本与经济增长提供了新的思路与方向。罗森塔尔和斯特兰奇（Rosenthal and Strange，2008）的经验研究，验证了人力资本存在着空间溢出机制且该溢出效应为正。肖志勇（2010）基于我国 29 个省份 1990 ~ 2006 年的面板数据，实证检验了我国人力资本与地区经济增长的空间溢出效应，研究发现区域人力资本对经济增长空间溢出效应是高度显著的。逯进和周惠民(2014)利用我国31个省份1982~2011年的面板数据，实证检验了经济增长与人力资本之间的关系，实证结果表明：人力资本正向空间溢出效应是显著的。方超和罗英姿（2016）利用我国31个省份1996~2013年的面板数据，对人力资本影响区域经济增长进行了实证分析，实证分析结果显示：人力资本及其空间溢出效应都能促进区域经济增长。有些研究也发现了相反的结果。厄德尔和科赫（Ertur and Koch，2007）基于89个国家的面板数据对人力资本与经济增长进行了实证研究，实证分析结果表明人力资本对经济增长不显著。奥勒杰尼克（Olejnik，2008）发现，邻近地区的人力资本水平对该地区人均收入水平有负面影响。奥勒杰尼克（Olejnik，2008）给出一个可能的解释是一个地区提高人力资本水平主要是由于周边地区之间教育人口的迁移所引起的，这将产生负面影响。费希尔（Fischer，2009）基于欧洲22国198个地区1995~2004年的面板数据，实证分析表明人力资本空间溢出对经济增长的促进作用并不显著。高远东、花拥军（2012）基于我国28个省份1996~2007年的空间面板数据，实证分析了人力资本空间溢出效应对区域经济增长的影响，实证分析结果表明：人力资本及其空间外溢对区域经济增长的作用均不显著。

纵观已有文献，研究者对造成地区经济差异的原因基本上是见仁见智。区域经济发展一直处于动态变化过程中，其中一种因素的变动可能会引起其他因素的变化，所以需要考虑到这种时间上的相关性。另外，大多数文献都忽略了不可观测因素的空间效应。以上这两点都可能会带来估计上的偏误，本书将在增长回归框架下，运用我们建立的固定效应一般动态空间面板模型来估计人力资本对地区差异的影响。

本书对现有的文献进行了两方面重要的补充：第一，我们用的是一般空间动态面板数据模型的方法对人力资本与经济差距进行研究，而现有的文献忽略了时间上的相关性使用静态的空间面板模型。由于各个地区具有不同的资源禀赋等，需要考虑个体效应，所以固定效应一般空间动态面板数据模型就更加合理。第二，充分考虑到了不可观测因素的空间效应。

6.2 计量模型的设定和数据来源

本章借鉴阿西莫格鲁和戴尔（Acemoglu and Dell，2009）模型框架构建人力资本对人均收入的影响模型。我们假定本国的经济体是无限期连续时间，本国包括 M 个地区。并且假定没有人口增长，每个地区只生产一种最终产品，第 m 地区在第 t 年的生产函数为：

$$Y_m(t) = \frac{(\gamma_m)^\beta}{1-\beta}\left(\int_0^{N_m(t)} x_m(v,t)^{1-\beta}dv\right)(H_m L_m)^\beta \tag{6-1}$$

其中，L_m 为劳动投入；H_m 是人力资本；γ_m 是地区技术水平。为了简单化，我们假定 $\sum_{m=1}^{M} L_m = 1$，即一个国家总人口为 1，并且忽略跨地区的人口流动。$N_m(t)$ 表示本地区可以使用机器数；$x_m(v, t)$ 是在第 t 期本地区可以使用第 v 种机器数。每一种机器都被一个技术垄断者所拥有，它出租或卖出都以 $p^x(v, t)$ 价格以实现利润最大化。

我们假设，在每个具有代表性的家庭的偏好是一个相对风险厌恶偏好（CRRA）常数类型的形式。特别的，在时间 t＝0 的偏好为：

$$\int_0^\infty \exp(-\rho t)\frac{C_m(t)^{1-\theta}-1}{1-\theta}dt \tag{6-2}$$

对每个地区的资源约束条件为：

$$C_m(t) + X_m(t) + Z_m(t) = Y_m(t) \tag{6-3}$$

其中，$X_m(t)$ 表示投资；$Z_m(t)$ 表示技术吸收支出。

在第 m 地区技术演变为由利润最大化所决定的技术吸收。特别是，第 m 地区创新的可能性为前沿采取的形式为：

$$\dot{N}_m(t) = \eta_m\left(\frac{N_{max}(t)}{N_m(t)}\right)^\phi Z_m(t) \tag{6-4}$$

其中，$N_{max}(t)$ 为本国技术前沿。

本国技术前沿以外生不变速度 g 进步。

$$\dot{N}_{max}(t) = gN_{max}(t) \tag{6-5}$$

我们假定在每一个地区每台机器的均衡价格是 $p^x(v, t) = 1$。给定

(6-1)，这也意味着第 m 地区对机器的需求为：

$$x_m(v, t) = \gamma_m H_m L_m \tag{6-6}$$

因此，在第 m 地区技术垄断者在每一个时间点上的利润水平为：

$$\pi_m(v, t) = \beta\gamma_m H_m L_m \tag{6-7}$$

其中，β 是价格与边际成本之差。

根据具有代表性的家庭的效用偏好可以求出下面的标准欧拉方程，则每个地区的消费增长率为：

$$\frac{\dot{C}(t)}{C(t)} = \frac{1}{\theta}(r(t) - \rho) \tag{6-8}$$

在 BGP 中，每个地区的产出和消费的增长率为 g，所以利率也必须是恒定的，等于：

$$r^* = \rho + \theta g \tag{6-9}$$

这样我们很容易得到地区 m 的人均收入水平为：

$$y_m^* = \frac{\beta^{\frac{1}{\phi}}}{1-\beta}\left(\frac{\eta_m}{r^*}\right)^{\frac{1}{\phi}}(\gamma_m H_m L_m)^{\frac{(1+\phi)}{\phi}}\frac{N(0)}{L_m} \tag{6-10}$$

从上式我们可以看到那些有较高的人力资本的地区将更加富裕。

基于上述分析，本章通过构建固定效应一般动态空间面板模型研究人力资本与区域经济差距之间的时间和空间关系，这个模型不仅可以捕捉到邻近地区不可观察因素对本地区的影响，而且减轻异方差对标准误的影响（Romero and Burkey，2011）。本章构建下列一般动态空间面板模型：

$$Y_t = \mu + \lambda WY_t + \varrho Y_{t-1} + \gamma WY_{t-1} + \beta_1 H_t + \beta_2 WH_t + \delta Z_t + U_t, \quad U_t = \rho MU_t + e_t \tag{6-11}$$

其中 Y 是各地当年的人均 GDP，因为地区经济水平能够捕捉到地区长期经济表现的差异，所以我们的实证框架专注于地区经济水平差异。H 和 WH 是核心解释变量，分别表示本地的人力资本和邻近地区的人力资本，采用通常的劳均受教育年限来度量。μ 是地区固定效应，反映地区地理条件等对收入差距的影响。另外，Z 是我们需要控制的其他变量，分别是投资（invest），采用固定资产投资占 GDP 比重来代表投资；对外开放度（open），本章沿用大多数文献的方法用进出口与 GDP 的比值来代表对外开放度；外商直接投资（FDI），用外商直接投资额占GDP比重来度量，以反映外商直接投资对经济发展的贡献；技术进步（TE），采用各地区每万人的专利授权量来度量。ϱ表示区域经济发展的惯性作用，另外ρ反映了邻近地区不可观察因素对本地区的影响。β_2是外生交互效应系数。

在模型中没有包括其他控制变量的外部性，是因为如果加入所有控制变量的外部性可能会导致过度拟合。

在动态空间面板模型中λ如果不等于0，则模型中γ、ϱ、β_1、β_2、δ等不能直接解释自变量对因变量的时间效应、空间效应和时空效应。需要采用偏微分对上述模型进行分解，并将上述模型（6－11）进一步简化分解为短期和长期效应。具体分解步骤如下：

首先，我们将上述空间面板数据模型（6－1）进一步简化为：

$$Y_t = \mathbb{D}^{*-1}\mu^* + \sum_{v=0}^{\infty} B_v^* H_{t-v}\beta_1^* + \sum_{v=0}^{\infty} B_v^{*\prime} W H_{t-v}\beta_2^* + \sum_{v=0}^{\infty} B_v^* Z_{t-v}\delta^* + \sum_{v=0}^{\infty} B_v^* S^{*-1} e_{t-v} \tag{6-12}$$

由模型（6－2）推导出人力资本对经济发展的短期和长期效应：

$$\frac{\partial Y_{i,s+\tau}}{\partial H_{j,s}} = B_{ij,\tau}^*\beta_1^* + B_{ij,\tau}^* W\beta_2^* \tag{6-13}$$

$$\frac{\partial Y_{i,s+\tau}}{\partial X_{j,s}} = [\mathbb{D}^{*-1}]_{ij}(\beta_1^* + W\beta_2^*) \tag{6-14}$$

上述模型（6－13）和模型（6－14）分别衡量人力资本对区域经济发展的短期效应和长期效应。而短期效应分为直接效应和间接效应，将直接效应和间接效应加总则是人力资本对区域经济发展的空间溢出总效应。其中，短期直接效应表示本区域的空间溢出效应，也即本地区自变量对本地区因变量的影响程度。短期间接效应表示区域间的，也即本地区自变量对其他地区因变量的影响程度，表示区域间的空间溢出效应。而长期效应也可以分为直接效应和间接效应两种方式，将长期效应和间接效应相加则为长期总体空间溢出效应，也即长期总效应。同理，长期直接效应反映本地区自变量对本地区因变量的影响程度，表示区域间空间溢出效应，而长期间接效应反映本地区自变量对其他区域因变量的影响程度，也即长期区域间溢出效应。

我们注意到可以通过模型（6-11）求出广义收敛系数。传统的收敛系数可以$\varrho-1$求出。在一个空间相关的模型中，我们可以通过下面的方法求出广义收敛系数。第一步把模型（6-11）改写成下面的形式：

$$Y_t = D^{-1}\mu_t + D^{-1}(\varrho I + \gamma W)Y_{t-1} + \beta_1 D^{-1}H_t + \beta_2 D^{-1}WH_t + \delta D^{-1}Z_t + D^{-1}S^{-1}e_t$$

上式对Y_{t-1}求偏导，得到$D^{-1}(\varrho I + \gamma W)$，我们可以得到广义收敛系数。这里我们依据阿尔比亚等（Arbia et al.，2010）的思想，$(I-\lambda W) = \sum_{i=0}^{\infty}\lambda^i W^i = I + \lambda W + \cdots$，高阶很快趋近于0，所以只要一阶近似。因此我们可以得到广义收敛系数：

$$(1+\lambda)\varrho + \gamma - 1 \tag{6-15}$$

为了实现空间计量模型的有效性，需要在检验前对变量的相关性进行空间检验。在选取空间检验相关性时，本部分引入 Moran's Ⅰ指数对区域经济差距进行全局检验，当 Moran's Ⅰ取值大于0时、小于0和等于0分别代表空间正相关、负相关和空间独立，取值越接近于1，表示相关性越强，空间聚集性越明显。检验方法如下所示。

$$Moran's\ \mathrm{I} = \sum_{i=1}^{N}\sum_{j=1}^{N}W_{ij}(x_i-\bar{x})(x_j-\bar{x})/S^2\sum_{i=1}^{N}\sum_{j=1}^{N}W_{ij} \tag{6-16}$$

其中，$S^2 = \frac{1}{N}\sum_{i=1}^{N}(x_i-\bar{x})^2, \bar{x} = \frac{1}{N}\sum_{i=1}^{N}x_i$，$x_i$和$N$分别表示空间单元的观测值和数量，$W_{ij}$代表空间权重矩阵的元素。

本章选取1996~2014年我国31个省份的省份数据。其中人力资本数据来源于《中国劳动统计年鉴（1997~2015）》，我们规定文盲受教育年限为0年，小学为6年，初中为9年，高中为12年，大学及以上为17年。专利授权量来源于国家知识产权局网站。物质资本的计算参考张军等（2004）采用永续盘存法计算得到，数据来自《中国固定资产投资统计年鉴》。其他数据均来自历年《中国统计年鉴》。其中进出口和外商直接投资数据都是通过历年汇率转换为人民币数据。

为了更好地研究我国区域经济差距，我们根据张军和高远（2007）的做法把我国经济区域分为东部地区、中部地区、西部地区，其中东部地区包括北京、天津、河北、辽宁、上海、江苏、浙江、福建、山东、广东、海南11个省份，东部地区是中国经济最发达的、人口密度最大的区域；中部地区包括山西、吉林、黑龙江、安徽、江西、河南、湖北、湖南8个省份；西部地区包括重庆、四川、贵州、云南、陕西、甘肃、青海、宁夏、新疆、广西、内蒙古、西藏12个省份。表6－1是三个地区的2014年基本数据，数据来源于国家统计局。

为了表达直观，表6－2～表6－5报告了变量的描述统计。其中表6－2是全国的，表6－3～表6－5分别是西部、中部和东部的描述统计。

表6－1　　三个地区基本数据（2014年）

项目	东部地区	中部地区	西部地区
省市	北京、天津、河北、辽宁、上海、江苏、浙江、福建、山东、广东、海南	山西、吉林、黑龙江、安徽、江西、河南、湖北、湖南	重庆、四川、贵州、云南、陕西、甘肃、青海、宁夏、新疆、广西、内蒙古、西藏
面积	106万平方公里	167万平方公里	688万平方公里
城市人口	35634万	22530万	15793万
农村人口	20925万	22822万	18641万
人均GDP	66960元	40856元	35046元

表6－2　　全国变量描述统计

变量	均值	标准误	最小值	最大值
人均GDP	1.465	1.298	0.203	7.094
人力资本	7.811	1.492	2.647	10.814
投资	0.597	0.215	0.264	1.242
对外开放	0.112	0.060	0.038	0.411
外商直接投资	0.024	0.040	0.000	0.291
人均专利授权	0.004	0.005	0.000	0.025

表6-3 西部地区变量描述统计

变量	均值	标准误	最小值	最大值
人均GDP	2.127	1.936	0.203	10.368
人力资本	8.717	1.587	2.647	13.947
投资	0.521	0.205	0.239	1.242
对外开放	0.359	0.483	0.003	2.458
外商直接投资	0.073	0.147	0.000	1.382
人均专利授权	0.003	0.004	0.000	0.025

表6-4 中部地区变量描述统计

变量	均值	标准误	最小值	最大值
人均GDP	1.593	1.203	0.343	5.015
人力资本	8.834	0.853	6.697	10.498
投资	0.504	0.217	0.239	1.049
对外开放	0.102	0.052	0.003	0.222
外商直接投资	0.083	0.178	0.001	0.969
人均专利授权	0.001	0.000	0.000	0.003

表6-5 东部地区变量描述统计

变量	均值	标准误	最小值	最大值
人均GDP	3.239	2.402	0.531	10.368
人力资本	9.621	1.560	9.430	13.947
投资	0.451	0.152	0.254	0.927
对外开放	0.815	0.574	0.091	2.458
外商直接投资	0.121	0.176	0.012	1.382
人均专利授权	0.002	0.002	0.000	0.008

6.3 实证研究结果及分析

本书通过公式（6－16）历年来测算的 Moran's Ⅰ指数表示 1996～2014 年 31 个省份经济差异的空间相关性，结果如表 6－6 所示。

表 6－6　　区域收入差距的 Moran's Ⅰ指数

年份	I	z	p
1996	0.377	3.472	0.00
1997	0.369	3.406	0.00
1998	0.362	3.349	0.00
1999	0.360	3.329	0.00
2000	0.374	3.448	0.00
2001	0.373	3.441	0.00
2002	0.381	3.508	0.00
2003	0.402	3.684	0.00
2004	0.406	3.721	0.00
2005	0.417	3.812	0.00
2006	0.419	3.833	0.00
2007	0.416	3.803	0.00
2008	0.421	3.843	0.00
2009	0.404	3.698	0.00
2010	0.437	3.978	0.00
2011	0.435	3.967	0.00
2012	0.423	3.867	0.00
2013	0.412	3.773	0.00
2014	0.397	3.643	0.00

总体而言，从表 6－6 我们可以看出，在邻接空间权重矩阵下，各区

域的 Moran's I 指数均为正值，且均通过了显著性检验，这说明我国各省份区域经济均呈现显著的空间正相关，也即经济发展分别在经济发展水平较高和经济发展水平较低的区域相对聚集。从 1996 ~ 1999 年 Moran's I 指数呈现轻微下降的时序，而从 2000 年开始，Moran's I 指数总体呈现逐年上升的时序。但是在 2014 年 Moran's I 指数突然下降。这表明我国经济差距整体呈现相对较强的相关性，2006 ~ 2009 年空间相关性逐年下降，但是下降幅度较为轻微，2009 年以后，我国各区域之间的收入空间相关性逐年上升，效应呈现逐年增强的趋势。

为了考察区域经济收入差距的空间聚集特征，可以将 1996 ~ 2014 年的 Moran's I 指数散点图逐年汇出，但是鉴于篇幅原因，我们只给出了 2014 年的 Moran's I 指数散点图。如图 6 - 1 所示。

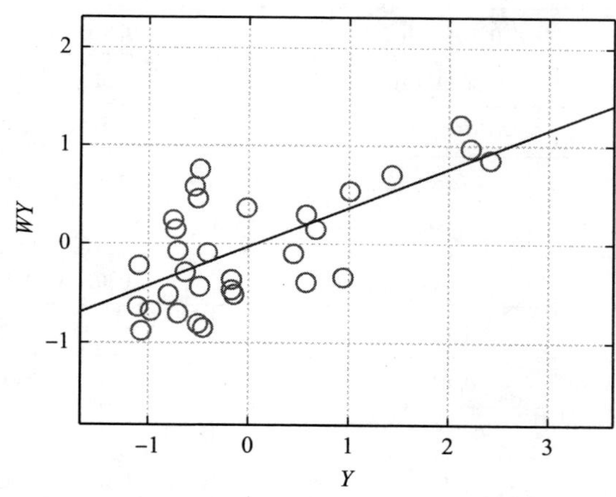

图 6 - 1　区域收入差距的 Moran's I 指数散点图

从图 6 - 1 可以看出，全国大部分省份在邻接空间权重矩阵下，绝大部分省份均处于第一和第三象限，极少部分省份处于第二象限。结果表明区域经济发展存在极度的空间聚集的特点。所以通过上述 Moran's I 指数的散点图，我们认为人力资本与区域经济发展的相关研究中应该考虑空间因素的影响，如果不考虑空间因素可能会导致模型结果有偏。

通过上述 Moran's Ⅰ指数的时序图和 2014 年 Moran's Ⅰ指数的散点图，我们构建一般动态空间面板数据模型（6－11），从人力资本和人力资本外部性的视角分析我国区域经济差异问题，从 0～1 空间权重矩阵通过未校正和校正后的结果进行检验。虽然对时空效应的解释主要是通过直接效应、间接效应和总效应三个方面对人力资本、人力资本外部性与区域经济发展进行解释，但是分解前的模型检验结果也非常重要，分解前的结果是进行直接、间接和总效应分解的基础，决定了分解结果的准确性。

正如前文所述，校正对估计结果和统计推断有重大影响，从表 6－7

表 6－7　　　　人力资本对区域经济收入差距的估计结果

	未校正	校正后
WY_t	0.8964（42.6259）***	0.8968（42.6484）***
Y_{t-1}	1.0659（101.5230）***	1.0209（97.2354）***
WY_{t-1}	－0.9589（－39.2367）***	－0.9198（－37.6371）***
H	0.0563（2.2244）**	0.0747（2.9539）***
WH	－0.0535（－1.9321）*	－0.0680（－2.4528）**
$invest$	0.0649（2.2334）**	0.0580（1.9987）***
$open$	0.0329（2.5815）***	0.0350（2.7471）***
FDI	0.0125（0.5268）	0.0102（0.4270）
TE	－0.0016（－1.6923）*	0.0006（0.5826）
ρ	－1.0366（－13.5289）***	－1.0375（－13.5397）***
σ^2	0.0050（3.4726）***	0.0053（3.6619）***

注：括号内是 t 统计量，*、**、*** 分别表示 10%、5% 和 1% 的显著性水平。

可以看出，没有校正之前，技术进步的符号为负的且在 10% 水平上显著，但是校正之后为正且不显著，这与许多研究一致（姚先国、张海峰，2008）。之后分析我们以校正之后作为依据，从上述检验结果我们发现，因变量的空间滞后项系数为正值，且通过了 1% 水平下的显著性检验，这表明各区域间经济发展，同时也验证了之前的空间相关性检验结果。因变量的时间滞后项系数为正，且通过了1%的显著性检验，这表明区域经济发展存在时间效应，前期的经济发展水平会影响当期的经济发展水平，也预示着收入差距逐步扩大的趋势。而进一步我们发现，因变量的时空滞后项系数为负值，并且在1%的显著性水平下通过了检验，表明区域经济发展存在显著的负时空效应，即某地区本期经济发展会抑制相邻地区下一期的经济发展，说明地区之间存在明显的交互效应，即滞后的竞争性。我们可以通过公式（6－15），求出广义收敛系数等于0.0166，与朱国忠、乔坤元和虞吉海（2014）的研究结论一致，说明中国的区域经济发展在过去近40年中没有呈现出条件收敛的迹象，可能预示着中国经济发展水平的地区差异会继续持续。导致没有收敛的可能原因之一是地区市场分割比较严重，也可能是地区经济非均衡发展。同时误差的自回归系数为负，且通过了1%的显著性检验，说明不可观测因素的空间效应是负的。以上分析充分说明了同时考虑空间效应、时间空间效应和时间效应来表征区域经济发展的空间相关性是合理的。动态空间面板数据模型把区域经济发展看成一个动态、循环系统，不仅考虑了地区特征和经济特征的影响，以及把诸如文化制度等可以观测但是不可度量的重要因素也考虑在内，而且把不可观测的因素的空间效应也放到系统中一起考虑，表明一个区域的经济发展受到其他区域很多因素的影响（苏屹和林周周，2017）。

核心解释变量之一的人力资本的系数在1%水平上显著为正，这说明人力资本是有利于人均产出增长的。另一个核心解释变量邻近地区的人力资本的系数在10%水平上显著为负，也就是说邻近地区的人力资本是不利于人均产出增长的，一个可能的解释是各地为了经济发展都会争夺人才，当邻近地区人力资本增加时，本地人力资本就下降了，所以不利于本地经济发展。人力资本对经济发展的总效果为正，这一正的系数可以被解释为进一步支持了内生经济增长理论。

投资的系数在回归中显著为正，显然投资能够促进经济发展，说明资本具有稀缺性，作为“三驾马车”之一的投资是经济发展的动力之一；但是投资的外部性在5%水平上显著为负，说明地区投资具有集聚效应，随着当地投资增多，更多的企业和人才向当地聚集。对外开放的系数在1%水平上显著为正，说明对外开放与经济发展有正向关系，进一步验证了作为三驾马车之一的对外贸易是经济发展的发动机；邻近地区的对外开放的系数不显著，这与熊灵等（2012）和姚鹏、孙久文（2015）的研究结论是不一致的，说明对外开放程度的提高不能缩小地区经济发展差异。外商直接投资的系数在5%水平上显著为正，说明当地经济发展受到外商直接投资的约束；外商直接投资的外部性不显著。城市化的系数在1%水平上显著为正，说明当地经济发展具有集聚效应；城市化外部效应的系数在1%水平上显著为负，说明城市化的集聚效应会导致中心—外围结构，不能缩小地区经济发展差异。技术进步的系数在5%水平上显著为正，说明技术进步能够促进当地经济发展；技术进步外部效应的系数在1%水平上显著为负，说明受到专利制度等相关制度的限制，不能发挥出技术追赶效应，所以不能缩小地区经济发展差异。

从上述在动态空间面板模型中的检验结果发现，λ 等于0.8879，且通过显著性检验，这表明其显著不等于0，那么模型中 β_1 和 β_2 等不能直接解释自变量对因变量的时间效应、空间效应和时间空间效应。所以需要将自变量对因变量的时空效应分解为长期效应、短期效应和总效应三种情况进行分析。根据模型（6－12）、模型（6－13）和模型（6－14）我们将其分解为六种时空效应，分为短期效应和长期效应，短期和长期效应又分别分解为直接、间接和总效应三种情况。分解结果如表6－8所示。

表6－8　　时空效应分解

项目	短期			长期		
	直接效应	间接效应	总效应	直接效应	间接效应	总效应
人力资本	0.1179***	0.6064**	0.7244**	－8.3441	43.6201	35.2760
邻地人力资本	－0.1072**	－0.5514*	－0.6857*	7.5873	－39.6638	－32.0765
投资	0.0916**	0.4711*	0.5627*	－6.4814	33.8823	27.4010
对外开放	0.0553***	0.2842**	0.3394**	－3.9099	20.4396	16.5297

注：*、**、***分别表示10%、5%和1%的显著性水平。

从表6-8可以看出，核心解释变量和控制变量的长期效应均不存在，即长期来看不存在空间效应。从短期来看，人力资本对区域经济发展的直接效应是在1%水平上高度显著为正，这表明人力资本对本区域的短期经济发展具有促进作用；人力资本对区域经济发展的间接和总效应是在5%水平上显著为正，说明本地区人力资本对邻近地区的经济发展也有促进作用。但是邻地人力资本对区域经济发展的短期直接效应的系数在5%水平上显著为负，这表明邻地人力资本对本区域的经济发展短期直接效应具有抑制作用；而邻地人力资本对区域经济发展的短期间接和总效应的系数在10%水平上显著为负。

从表6-8中我们也可以分析控制变量的时空效应分解结果。从短期来看，投资对区域经济发展的直接效应是在5%水平上显著为正，这说明投资对区域内经济发展产生正向的促进作用，而投资对区域经济发展的短期间接和总效应的系数在10%水平上显著为正。对外开放对区域经济发展的直接效应是在1%水平上高度显著为正，这说明对外开放对区域内经济发展产生正向的促进作用，而对外开放对区域经济发展的短期间接和总效应的系数在5%水平上显著为正，说明对外开放对邻近地区经济发展也有促进作用，对外开放促进了地区间生产要素的流动。

从东部地区来看，经济发展只存在时间效应，不存在空间效应；并且东部地区经济发展不存在俱乐部收敛。从中部和西部来看，经济发展均存在空间效应、时间效应和时间空间效应；中部地区存在俱乐部收敛，西部地区不存在俱乐部收敛。

从东部和中部地区来看，人力资本的系数在1%水平上显著为正，这说明人力资本在东部发挥了提高效率并促进了经济发展的作用。东部的邻近地区的人力资本的系数为正接近在10%水平上显著，说明可能人力资本的提高有利于缩小地区经济发展差距。中部的邻近地区的人力资本的系数在1%水平上显著为负，说明可能人力资本的提高不利于缩小中部地区经济发展差距。在西部地区人力资本和人力资本的外部性系数都不显著，说明西部人力资本水平较低不能提高效率。在东部投资的系数在回归中显著为正，说明投入资本能够提高效率促进东部地区经济发展。投资在东西部都不显著。对外开放在东部地区作用不显著令人颇感意外，原因是东部地区对外水平都比较高导致的。在中部和西部地区，对外开放的系数都显著为正，说明对外开放能够促进中部和西部地方经济发展；在东部和西部地区，外商直接投资的系数在1%水平上显著为正，说明外商直接投资能够促进当地经济发展，在中部地区不显著。最令人意外的技术进步的系数，在每个区域上都不显著，这与全区域结果不一致，这是典型的辛普森悖论；在东部技术进步外部效应的系数在5%水平上显著为负，在中部和西部地区术进步外部效应的系数都不显著，如表6－9所示。

表6－9　　分地区估计结果

项目	东部		中部		西部	
	未校正	校正后	未校正	校正后	未校正	校正后
WY_t	0.4162 (1.3977)	-0.1768 (-0.5938)	0.6549 (4.6847)***	0.513 (3.6695)***	0.7894 (11.3382)***	0.8134 (11.6833)***
Y_{t-1}	1.0805 (43.8923)***	0.9541 (38.7594)***	1.0881 (30.2875)***	0.9853 (27.4265)***	1.0674 (83.6859)***	1.0404 (81.5651)***
WY_{t-1}	-0.5168 (-1.6933)*	0.0825 (0.2704)	-0.7364 (-4.881)***	-0.5245 (-3.4765)***	-0.8505 (-11.0771)***	-0.8758 (-11.406)***
H	0.1734 (2.0525)**	0.3295 (3.9006)***	0.2147 (2.7494)***	0.3491 (4.4697)***	-0.0173 (-0.7764)	-0.0194 (-0.8692)
invest	0.5851 (5.6384)***	0.4779 (4.6052)***	0.0239 (0.3697)	0.0012 (0.019)	0.0687 (0.8895)	0.0467 (0.6054)*
open	0.0386 (0.9605)	0.0634 (1.5762)	0.0102 (0.5387)	0.1231 (3.4606)***	0.3168 (2.4882)**	0.3821 (3.0009)***
FDI	0.4145 (3.7102)***	0.3566 (3.1923)***	-0.0733 (-1.6809)*	-0.0771 (-1.769)*	0.7789 (2.7311)	0.8958 (3.1411)***
TE	-23.4561 (-1.0205)	-29.2174 (-1.2712)	-27.7022 (-0.9655)	-47.945 (-1.671)*	-4.3626 (-0.8348)	-4.4919 (-0.8595)
WH	-0.0188 (-0.1887)	0.1621 (1.6289)	-0.1521 (-1.9493)*	-0.264 (-3.3832)***	0.0265 (0.9522)	0.0287 (1.0288)

续表

项目	东部		中部		西部	
	未校正	校正后	未校正	校正后	未校正	校正后
ρ	-0.2904 (-0.8166)	0.3837 (1.0791)	-0.0859 (-0.3257)	0.1672 (0.6342)	-0.5352 (-2.7267)***	-0.593 (-3.0213)***
σ^2	0.0136 (2.5716)**	0.0204 (3.8392)***	0.002 (4.0041)***	0.0025 (4.9946)***	0.0033 (4.4992)***	0.0034 (4.5801)***

注：*、**、*** 分别表示10%、5%和1%的显著性水平。

6.4 小　　结

本章建立了一般动态空间面板的动态模型，探讨了人力资本与区域经济发展的作用机制，并选取1996~2014年我国31个省份的人力资本和人均GDP等相关数据，通过时间滞后、空间滞后和时间空间滞后构建一般动态空间面板数据模型，分析人力资本对区域经济差距的影响和关系，并在上述检验的基础上，利用偏微分的方法将上述效应分解为短期效应和长期效应，并进一步分解为直接、间接和总效应。得到下列研究结论：

（1）在邻接空间权重矩阵下，各区域的Moran's Ⅰ指数显著为正，说明我国各省份区域经济发展均呈现显著的空间正相关，也即经济发展分别在发展水平较高和发展水平较低的区域相对聚集。

（2）区域经济发展存在时间效应，前期的经济发展水平会影响当期的经济发展水平，进而影响地区经济差异。各区域间经济发展存在明显的空间溢出效应，区域间经济发展存在空间依赖性，呈现区域经济发展的集聚特点。区域经济发展存在显著的负时空效应。这种负时空效应表明某区域在不同时期对相近的区域经济发展的影响是负向的，即某一地区的经济发展加快时，相邻的区域经济发展是变缓的。

（3）长期来看所有变量均不存在空间效应。短期来看，人力资本对本区域的经济发展的直接效应表现为促进作用。同时人力资本对区域间，也就是人力资本对其他区域的经济发展也具有促进作用。

结　　论

空间计量经济学在过去的40年里得到了极大的发展，现在空间计量模型已经广泛地应用于微观、宏观、国际贸易等经济学子领域。近年来，越来越多的学者开始使用动态空间面板数据模型，大多数学者通过内生交互效应来分析经济关系中的复杂问题。但是误差项的交互效应也是影响经济关系的重要因素，而忽略误差项的空间结构会影响模型的估计结果，会产生有偏的估计结果。

本书考虑使用空间滞后和时间滞后的一般动态空间面板模型来研究数据中的截面相关和时间相关。一方面，因为误差项的空间自回归效应也是影响经济关系的重要影响因素，所以本书的模型引入了误差项的空间自回归效应，因此本书考察的模型与经济行为间存在的复杂交互效应不谋而合，并且使该模型具有更强的适用性和更高的灵活性。另一方面再施加适当的约束条件，本书模型能够简化为某一类型的动态空间面板数据模型或静态空间面板数据模型。此外，本书还将脉冲分析引入当前的模型中，给出了直接效应、间接效应和总效应的动态关系。直接效应、间接效应和总效应的动态关系，本身具有丰富的经济学含义和广泛的应用。例如，研发（R&D）补贴的经济学分析。

我们使用准极大似然方法来估计这个模型，并研究了当N和T较大时准极大似然估计量的性质。我们研究发现准极大似然估计量是 $(\min(\sqrt{NT},\ T))$ 一致的。在矫正之后可以去掉准极大似然估计量的 $O(T^{-1})$ 阶偏，而且准极大似然估计量在 $N/T^3\rightarrow 0$，具有 $\sqrt{NT}$ 的收敛速度和渐近正态分布。

本书也考虑了一般动态空间面板数据模型的冲击响应函数的估计问题。我们推导了冲击响应函数估计量的极限分布，有了极限分布很容易得到置信区间。同时本书也考虑了一般动态空间面板数据模型的直接效应、间接效应和总效应的估计问题。我们推导了直接效应、间接效应和总效应估计量的极限分布，利用极限分布我们又给出直接效应、间接效应和总效应估计量的置信区间。

蒙特卡洛模拟实验证实了本书的理论推导结果，并且表明通过校正后的拟极大似然估计量具有良好的有限样本性质。

本书采用中国 31 个省份 1996 ~ 2014 年的面板数据，通过时间滞后、空间滞后和时间空间滞后构建一般动态空间面板数据模型，实证分析了人力资本对区域经济差距的影响，实证分析结果表明：区域经济发展具有正向空间相关性，呈现区域经济发展的集聚特点；区域经济发展存在时间效应并且区域经济发展存在显著的负时空效应。短期来看，人力资本对本区域的经济发展的直接效应表现为促进作用。同时人力资本对区域间的经济发展也具有促进作用。

本书只考虑了空间个体的固定效应，未来我们可以考虑研究该模型的双向固定效应模型，即在该模型的基础之上增加时间固定效应，并研究在空间个体数和时期跨度很大情况下拟极大似然估计量的渐近性质。本书固定效应的一般动态空间面板数据模型，未来我们也可以考虑随机效应的一般动态空间面板数据模型，并推导在空间个体数和时期跨度很大的情况下拟极大似然估计量的渐近性质。

主要符号

符号	含义
$a \vee b$	a、b 的最大值
$a \wedge b$	a、b 的最小值
M	$N \times N$ 矩阵
$tr(M)$	迹运算
$\|M\| = \sqrt{tr\ (M'M)}$	弗罗贝尼乌斯（Frobenium）范数
M'	M 矩阵的转置
m_{ij}	矩阵 M 的第（i，j）个元素
$\|M\|_1 = \max_{1 \leqslant j \leqslant N} \sum_{i=1}^{N} \mid m_{ij} \mid$	列和范数
$\|M\|_\infty = \max_{1 \leqslant j \leqslant N} \sum_{j=1}^{N} \mid m_{ij} \mid$	行和范数

参 考 文 献

[1] Acemoglu D. *Introduction to Modern Economic Growth* [M]. Princeton University Press, 2009.

[2] Aghion P. ; Howitt P. Market Structure and the Growth Process [J]. *Review of Economic Dynamics*, 1998, 1: 276 -305.

[3] Altagi B H, Fingleton B, Pirotte A. A time - space dynamic panel data model with spatial moving average errors [J]. *Regional Science and Urban Economics*, 2019, V76 (1): 13 -31.

[4] Alvarez J. , and Arellano, M. The time series and cross-section asymptotics of dynamic panel data estimators [J]. *Econometrica*, 2003, V71 (4): 1121 -1159.

[5] Anderson, T. W. , and Hsiao, C. Estimation of dynamic models with error components [J]. *Journal of the American Statistical Association*, 1981, V76 (375): 598 -606.

[6] Anselin L, Hudak S. Spatial econometrics in practice: a review of software options [J]. *Regional Science & Urban Economics*, 1992, V22 (3): 509 -536.

[7] Anselin, L. , J. Le Gallo, and H. Jayet. . Spatial panel econometrics. chapter 19, in L. , Matyas and P. Sevestre (eds.). *The Econometrics of Panel Data: Fundamentals and Recent Developments in Theory and Practice* [M]. Berlin: Springer, 2008: 625 -660.

[8] Anselin L, Le Gallo J, Jayet H. Spatial panel econometrics. *In: Matyas L, Sevestre P (eds) The econometrics of panel data, fundamentals*

and recent developments in theory and practice [M]. 3rd edn. Kluwer, Dordrecht, 2006: 901 -969.

[9] Anselin, L. *Spatial Econometrics: Methods and Models* (Vol. 4) [M]. Springer Science &Business Media, 1988: 38.

[10] Arbia, G., Battisti, M., & Di Vaio, G. Institutions and geography: Empirical test of spatial growth models for European regions [J]. *Economic Modelling*, 2010, V27 (1): 12 -21.

[11] Arellano, M., and Bond, S. Some tests of specification for panel data: Monte Carlo evidence and an application to employment equations [J]. *The Review of Economic Studies*, 1991, V58 (2): 277 -297.

[12] Badlinger H, Müller W G, Tondl G., Regional convergence in the European Union, 1985 -1999: A spatial dynamic panel analysis [J]. *Regional Studies*, 2004, V38 (3): 241 -253.

[13] Bai, Y. Zhou, S. Fan, Z.. A Monte Carlo comparison of GMM and QMLE estimators for short dynamic panel data models with spatial errors [J]. *Journal of Statistical Computation and Simulation*, 2018, V88 (2): 376 -409.

[14] Baltagi B H. *Econometric analysis of panel data* [M]. 3rd edn. Wiley, Chichester, 2005.

[15] Baltagi B H, Fingleton B, Pirotte A. Estimating and Forecasting with a Dynamic Spatial Panel Data Model [J]. *Oxford Bulletin of Economics and Statistics*, 2014, V76 (1): 112 -138.

[16] Baltagi, B. H., G. Bresson, and A. Pirotte. Panel unit root tests and spatial dependence [J]. *Journal of Applied Econometrics*, 2007 a, V22: 339 -360.

[17] Baltagi, B. H., Li. D. Prediction in the panel data model with spatial correlation: The case of liquor [J]. *Spatial Economic Analysis*, 2006, V1: 175 -185.

[18] Baltagi B H, Liu L. Instrumental variable estimation of a spatial autoregressive panel model with random effects [J]. *Economics Letters*,

2011, V111: 135 -137.

[19] Baltagi, B. H., P. Egger, and M. Pfaffermayr. A generalized spatial panel data model with random effects [J]. *Working Paper*. 2007b.

[20] Baltagi B H, Song S H, Koh W. Testing panel data models with spatial error correlation [J]. *Journal of Econometrics*, 2003, V117 (1): 123 -150.

[21] Baltagi, B., Song, S. H., Jung, B. C., and Koh, W. Testing for serial correlation, spatial autocorrelation and random effects using panel data [J]. *Journal of Econometrics*, 2007, V140: 5 -51.

[22] Bavaud, F., Models for spatial weights: a systematic look [J]. *Geographical Analysis*, 1998, V30: 153 -171.

[23] Beenstock, M., and Felsenstein, D. Spatial vector autoregressions [J]. *Spatial Economic Analysis*, 2007, V2 (2): 167 -196.

[24] Bhargava, A., Sargan, J. D. Estimating dynamic random effects models from panel data covering short time periods [J]. *Econometrica*, 1983, V51: 1635 -1659.

[25] Blundell, R., and Bond, S. Initial conditions and moment restrictions in dynamic panel data models [J]. *Journal of Econometrics*, 1998, V87 (1): 115 -143.

[26] Bouayad - Agha S, Turpin N, Védrine L. Estimations strategies for a spatial dynamic panel using GMM. A new approach to the convergence issue of European regions [J]. *Spatial Economic Analysis*, 2010, V5 (2): 205 -228.

[27] Bouayad - Agha S, Turpin N, Védrine L. Fostering the development of European regions: A spatial dynamic panel data analysis of the impact of cohesion policy [J]. *Regional Studies*, 2013, V47 (9): 1573 - 1593.

[28] Brueckner J K. Strategic interaction among local governments: An overview of empirical studies [J]. *International Regional Science Review*, 2003, V26 (2): 175 -188.

[29] BucciA. , Eraydin L. , Müller M. , Dilution effects, population growth and economic growth under human capital accumulation and endogenous technological change [J]. *Journal of Macroeconomics*, 2019, V26 (2): 175 –188.

[30] Cliff, A. D. Ord, J. K. Spatial autocorrelation [M]. London: Pion Ltd, 1973.

[31] Corrado L, Fingleton B. Where is the economics in spatial econometrics? [J]. *Journal of Regional Science*, 2012, V52 (2): 210 –239.

[32] Debarsy, N. , Ertur, C. , Le Sage, J. P. Interpreting dynamic space-time panel data models [J]. *Statistical Methodology*, 2012, V9 (1): 158 –171.

[33] Demurger S, Sachs J D, Woo WT et al. The relative contributions of location and preferential policies in China's regional development: being in the right place and having the right incentives [J]. *China Economic Review*, 2002b, V13 (4): 444 –465.

[34] Demurger S, Sachs J D, Woo W T et al. . Geography, economic policy, and regional development in China. in: NBER working paper series No. w8897, National Bureau of Economic Research, Cambridge, MA. Electronic resource, 2002a.

[35] Dibolt C. , Hippe R. , . The long – run impact of human capital on innovation and economic development in the regions of Europe. [J]. *Applied Economics*, 2019, V51 (5): 542 –563.

[36] Drukker D M, Egger P, Prucha IR. On two-step estimation of a spatial autoregressive model with autoregressive disturbances and endogenous regressors [J]. *Econometric Review*, 2013, V32 (5 –6): 686 –733.

[37] Druska, V. and W. C. Horrace. Generalized moments estimation for spatial panel data: Indonesian rice farming [J]. *American Journal of Agricultural Economics*, 2004, V86: 185 –198.

[38] Dutt P, Mitra D. Inequality and the Instability of Polity and Policy [J]. *The Economic Journal*, 2008, V531: 1285 –1314.

[39] Elhorst J P. Applied spatial econometrics: raising the bar [J]. *Spatial Economic Analysis*, 2010a, V5 (1): 9 -28.

[40] Elhorst J P. Dynamic models in space and time [J]. *Geographical Analysis*, 2001, V33 (2): 119 -140.

[41] Elhorst J P. Dynamic panels with endogenous interaction effects when T is small [J]. *Regional Science and Urban Economics*, 2010b, V40 (5): 272 -282.

[42] Elhorst J P, Fréret S. Evidence of political yardstick competition in France using a two-regime spatial Durbin model with fixed effects [J]. *Journal of Regional Science*, 2009, 49 (5): 931 -951.

[43] Elhorst J P. Specification and estimation of spatial panel data models [J]. *International Regional Science Review*, 2003, V26 (3): 244 -268.

[44] Elhorst J P. Unconditional maximum likelihood estimation of linear and log-linear dynamic models for spatial panels [J]. *Geographical Analysis*, 2005, V37 (1): 62 -83.

[45] Ertur C, Koch W. , Growth, technological interdependence and spatial externalities: theory and evidence [J]. *Journal of Applied Econometrics.* 2007, V22 (6): 1033 -1062.

[46] Fingleton B, Le Gallo J. Estimating spatial models with endogenous variables, a spatial lag en spatially dependent disturbances: finite sample properties [J]. *Papers in Regional Science*, 2008, V87: 319 -339.

[47] Fischer M. M. . A spatially Augmented Mankiw - Romer - Weil Model: Theory and Evidence [J]. *SSRN Working Paper*, 2009.

[48] Fleisher B, Li HZ, Zhao MQ. Human capital, economic growth, and regional inequality in China [J]. *Journal of Development Economics*, 2010, V92 (2): 215 -231.

[49] Franzese, R. J. Spatial econometric models of cross-sectional interdependence in political science panel and time-series-cross-section data [J]. *Political Analysis*, 2007, V15: 140 -164.

[50] Frazier, C. and K. M. Kockelman. Spatial econometric models for panel data: Incorporating spatial and temporal data. Transportation Research Record [J]. *Journal of the Transportation Research Board*, 2005, V1902: 80 – 90.

[51] Fuller, W. A. *Introduction to Statistical Time Series* (Vol. 230) [M]. John Wiley & Sons. 1996.

[52] Gibbons S, Overman HG. Mostly pointless spatial econometrics? [J]. *Journal of Regional Science*, 2012, V52 (2): 172 – 191.

[53] Green, W. H. *Econometric analysis* (*7th ed.*) [M]. Englewood Cliffs: Prentice Hall. 2011.

[54] Griffith D A. *Advanced spatial statistics* [M]. Kluwer, Dordrecht, 1988.

[55] Hahn, J. , and Kuersteiner, G. Asymptotically unbiased inference for a dynamic panel model with fixed effects when both "n" and "T" are Large [J]. *Econometrica*, 2002, V70 (4): 1639 – 1657.

[56] Hall, P. , and Heyde, C. C. *Martingale Limit Theory and Its Applications* [M]. Academic Press, 1980.

[57] Harris R, Moffat J, Kravtsova V. In Search of W [J]. *Spatial Economic Analysis*, 2011, V6 (3): 249 – 270.

[58] Holly, S, Pesaran, MH, Yamagata T. The spatial and temporal diffusion of house prices in the UK [J]. *Journal of Urban Economics*, 2011, V69 (1): 2 – 23.

[59] Hsiao, C. *Analysis of panel data* [M]. Cambridge University Press, Cambridge, 1986.

[60] Hsiao C. , Pesaranb M. H. , Tahmisciogluc A. K. . Maximum likelihood estimation of fixed effects dynamic panel data models covering short time periods [J]. *Journal of Econometrics*, 2002, V109: 107 – 150.

[61] Jacobs JPAM, Ligthart J E, Vrijburg H. Dynamic panel data models featuring endogenous interaction and spatially correlated errors. 2009, http: //ideas. repec. org/p/ays/ispwps/paper0915. html.

[62] Jennrich, R. I. Asymptotic properties of non-linear least squares estimators [J]. *The Annals of Mathematical Statistics*, 1969, V40 (2): 633 - 643.

[63] Jin B S., Wu Y H., Rao C R., Hou L.. Estimation and model selection in general spatial dynamic panel data models [J]. *Proceedings of the National Academy of Sciences*, 2020, V117 (10): 5235 - 5241.

[64] Jin F., Lee L F., Yu J H.. First difference estimation of spatial dynamic panel data models with fixed effects [J]. *Economics Letters*, 2020, V189.

[65] Kapoor, M., Kelejian, H. H., and Prucha, I. R. Panel data models with spatially correlated error components [J]. *Journal of Econometrics*, 2007, V140 (1): 97 - 130.

[66] Kelejian, H. H., and Prucha, I. R. A generalized moments estimator for the autoregressive parameter in a spatial model [J]. *International Economic Review*, 1999, V40 (2): 509 - 533.

[67] Kelejian, H. H., and Prucha, I. R. A generalized spatial two-stage least squares procedure for estimating a spatial autoregressive model with autoregressive disturbances [J]. *The Journal of Real Estate Finance and Economics*, 1998, V17 (1): 99 - 121.

[68] Kelejian H. H, Prucha I R. Specification and estimation of spatial autoregressive models with autoregressive and heteroskedastic disturbances [J]. *Journal of Econometrics*, 2010, V157 (1): 53 - 67.

[69] Keller, W. and C. H. Shiue. The origin of spatial interaction [J]. *Journal of Econometrics*, 2007, V140: 304 - 332.

[70] Kiviet, J. F. On bias, inconsistency, and efficiency of various estimators in dynamic panel data models [J]. *Journal of Econometrics*, 1995, V68 (1): 53 - 78.

[71] Korniotis G M. Estimating panel models with internal and external habit formation [J]. *Journal of Business and Economic Statistics*, 2010, V28 (1): 145 - 158.

[72] Kosorok, M. R. *Introduction to empirical processes and semiparametric inference* [M]. Springer Science & Business Media. 2007.

[73] Kukenova M, Monteiro JA. Spatial dynamic panel model and system GMM: A monte carlo investigation. 2009, http: //ideas. repec. org/p/pra/mprapa/11569. html.

[74] Lee, L. F., and Yu, J. Efficient GMM estimation of spatial dynamic panel data models with fixed effects [J]. *Journal of Econometrics*, 2014, V180 (2): 174 – 197.

[75] Lee, L. F., and Yu, J. Estimation of spatial autoregressive panel data models with fixed effects [J]. *Journal of Econometrics*, 2010a, V154 (2): 165 – 185.

[76] Lee, L. F. Asymptotic distributions of quasi-maximum likelihood estimators for spatial autoregressive models [J]. *Econometrica*, 2004, V72 (6): 1899 – 1925.

[77] Lee, L. F. GMM and 2SLS estimationof mixed regressive, spatial autoregressive models [J]. *Journal of Econometrics*, 2007, V137 (2): 489 – 514.

[78] Lee L F, Yu J. A spatial dynamic panel data model with both time and individual fixed effects [J]. *Econometric Theory*, 2010b, V26 (2): 564 – 597.

[79] Lee L, Yu J. Spatial Panels: random components versus fixed effects [J]. *International Economic Review*, 2012, V53 (4): 1369 – 1412.

[80] Leenders RTAJ. Modeling social influence through network autocorrelation: constructing the weight matrix [J]. *Social Networks*, 2002, V24 (1): 21 – 47.

[81] LeSage J P., Chih Y Y., Vance C.. Markov Chain Monte Carlo estimation of spatial dynamic panel models for large samples [J]. *Computational Statisticsand Data Analysis*, 2019V138: 107 – 125.

[82] LeSage J P. Bayesian estimation of spatial autoregressive models [J]. *Int Regional Science Review*, 1997, V20: 113 – 129.

[83] LeSage J P, Pace RK. *Introduction to spatial econometrics* [M]. CRC Press Taylor and Francis Group, Boca Raton. 2009.

[84] Li, K. P. Fixed-effects dynamic spatial panel data models and impulse response analysis [J]. *Journal of Econometrics*, 2017, V98 (1): 102 - 121.

[85] Li, K. P. Spatial panel data models withstructural change [J]. *MPRA* No. 85388, 2018. .

[86] Li, L. Y. , Yang, Z. L. Estimation of fixed effects spatial dynamic panel data models with small Tand unknown heteroskedasticity [J]. *Regional Science and Urban Economics*, 2020, V81.

[87] Lin GCS. State policy and spatial restructuring in post-reform China, 1978 - 95 [J]. *International Journal of Urban and Regional Research*, 1999, V23 (4): 670 - 696.

[88] Liu X, Lee L F. Two-stage least squares estimation of spatial autoregressive models with endogenous regressors and many instruments [J]. *Econometric Review*, 2013, V32 (5 - 6): 734 - 753.

[89] Lucas, R. E. On the Mechanics of Economic Development [J]. *Journal of Monetary Economics*, 1988, V22 (1): 3 - 42.

[90] McKinnish, T. Model sensitivity in panel data analysis: some caveats about the interpretation of fixed effects and differences estimators, working paper, Boulder: University of Colorado, Department of Economics. 2000.

[91] Mohl P. , Hagen T. Do EU Structural Funds promote regional growth? New evidence from various panel data approaches [J]. *Regional Science and Urban Economics*, 2010, V40 (5): 353 - 365.

[92] Montes - Rojas G V. Testing for random effects and serial correlation in spatial autoregressive model [J]. *Journal of Statistical Planning and Inference*, 2010, V140: 1013 - 1020.

[93] Moon, Phillips. . GMM Estimation of Autoregressive Roots near Unity with Panel Data [J]. *Econometrica*, 2004, V72 (2): 467 - 522.

[94] Moran P. A. P. The Interpretation of Statistical Maps [J]. *Journal of the Royal Statistical Society. Series B: Methodological*, 1948, V10 (2): 243 - 251.

[95] Mutl, J. Dynamic panel data models with spatially correlated disturbances [D]. PhD thesis, University of Maryland, College Park. 2006.

[96] Mutl J, Pfaffermayr M. The Hausman test in a Cliff and Ord panel model [J]. *The Econometrics Journal*, 2011, V14: 48 - 76.

[97] Neyman, J., and Scott, E. L. ( ). Consistent estimates based on partially consistent observations [J]. *Econometrica*, 1948, V1: 32 - 40.

[98] Nickell, S. Biases in dynamic models with fixed effects [J]. *Econometrica*, 1981, V49 (6): 1417 - 1426.

[99] Olejnik A. Using the spatial autoregressively distributed lag model in assessing the regional convergence of per-capita income in the EU25 [J]. *Papers in Regional Science*, 2008, V87 (3): 371 - 384.

[100] Ord, J. K.. Estimation methods for models of spatial interaction [J]. *Journal of American Statistical Association*, 1975, V70: 120 - 126.

[101] Paelinck, J., Klaassen, L., *Spatial Econometrics* [M]. Saxon House, Farnborough, 1979.

[102] Parent O. A space-time analysis of knowledge production [J]. *Journal of Geographical Systems*, 2012, V14 (1): 49 - 73.

[103] Parent, O., Le Sage, J. P., A space-timefilter for panel data models containing random effects [J]. *Computational Statistics and Data Analysis*, 2011, V55 (1): 475 - 490.

[104] Parent, O., Le Sage, J. P., A spatial dynamic panel model with random effects applied to commuting times [J]. *Transportation Research - Part B*, 2010, V44 (5): 633 - 645.

[105] Parent O., Le Sage J P. Spatial dynamic panel data models with random effects [J]. *Regional Science and Urban Economics*, 2012, V42 (4): 727 - 738.

[106] Pfaffermayr M. Maximum likelihood estimation of a general un-

balanced spatial random effects model: a Monte Carlo study [J]. *Spatial Economic Analysis*, 2009, V4 (4): 467 -483.

[107] Pritchett Lant. Where Has All the Education Gone? [J]. *World Bank Economic Review*, 2001, V15: 367 -391.

[108] Qu, X., and Lee, L. F. Estimating a spatial autoregressive model with an endogenous spatial weight matrix [J]. *Journal of Econometrics*, 2015, V184 (2): 209 -232.

[109] Romero, A. A., Burkey, M. L. Debt overhang in the eurozone: a spatial panel analysis [J]. *The Review of Regional Studies*, 2011, V41: 49 -63.

[110] Romer, Paul M. Increasing Returns and Long - Run Growth [J]. *Journal of Political Economy*, 1986, V94 (5): 1002.

[111] Rosenthal S S, Strange W C, The Attenuation of Human Capital Externalities [J]. *Journal of Urban Economics*, 2008, V64 (2): 373 -389.

[112] Segura, J.. The effect of state and local taxes on economic growth: A spatial dynamic panel approach [J]. *Papers in Regional Science*, 2017, V96 (3): 627 -645.

[113] Shi W., Lee L.. spatial dynamic panel data models with interactive fixed effects [J]. *Journal of Econometrics*, 2017, V197: 323 -347.

[114] Silva D., Elhorst P., Neto S. Urban and rural population growth in a spatial panel of municipalities [J]. *Regional Studies*, 2017, V51 (6): 894 -908.

[115] Stakhovych S, Bijmolt THA. Specification of spatial models: a simulation study on weights matrices [J]. *Papers in Regional Science*, 2009, V88: 389 -408.

[116] Su L., Yang Z.. QML Estimation of Dynamic Panel Data Models with Spatial errors [J]. *Economtrics*, 2015, V185: 230 -258.

[117] Tobler, W.. A Computer Movie Simulating Urban Growth in the Detroit Region [J]. *Economic Geography*, 1970, V46 (2): 234 -240.

[118] Wei YHD, Ye XY. Beyond convergence: space, scale, and

regional inequality in China [J]. *Journal of Economic and Social Geography*, 2009, V100 (1): 59 – 80.

[119] Wildasin. , D. Fiscal competition in space and time [J]. *Journal of Public Economics*, 2003, V87: 2571 – 2588.

[120] Yang Z, Li C, Tse YK. Functional form and spatial dependence in spatial panels [J]. *Economics Letters*, 2006, V91 (1): 138 – 145.

[121] Yesilyurt E. , Elhorst JP. Impacts of neighboring countries on military expenditures: A dynamic spatial panel approach [J]. *Journal of Peace Research*, 2017, V54 (6): 777 – 790.

[122] Yu DL, Wei YHD. Analyzing regional inequality in post – Mao China in a GIS environment [J]. *Eurasian Geography & Economics*, 2003, V44 (7): 514 – 534.

[123] Yu J. , Zhou L. Zhu G. , Strategic interaction in political competition: Evidence from spatial effects across Chinese cities [J]. *Regional Science and Urban Economics*, 2016, V57: 23 – 37.

[124] Yu, J. , de Jong, R. , and Lee, L. F. Quasi-maximum likelihood estimators for spatial dynamic panel data with fixed effects when both n and T are large [J]. *Journal of Econometrics*, 2008, V146 (1): 118 – 134.

[125] Yu J, Lee L. Convergence: a spatial dynamic panel data approach [J]. *Global Journal of Economics*, 2012, V1 (1): 1 – 36.

[126] Yu K, Xin X, Guo P et al. Foreign direct investment and China's regional income inequality [J]. *Economic Modelling*, 2011, V28 (3): 1348 – 1353.

[127] Zhang W. Rethinking regional disparity in China [J]. *Economics of Planning*, 2001, V34 (1 – 2): 113 – 138.

[128] Zhang XB, Zhang KH. How does globalization affect regional inequality within a developing country? Evidence from China [J]. *Journal of Development Studies*, 2003, V39 (4): 47 – 67.

[129] 蔡昉、都阳:《中国地区经济增长的趋同与差异——对西部开发战略的启示》，载《经济研究》2000 年第 10 期。

[130] 蔡昉:《中国的人口红利还能持续多久》,载《经济学动态》2011 年第 6 期。

[131] 车士义、陈卫、郭琳:《中国经济增长中的人口红利》,载《人口与经济》2011 年第 3 期。

[132] 陈继勇、盛杨怿:《外商直接投资的知识溢出与中国区域经济增长》,载《经济研究》2008 年第 12 期。

[133] 陈青青、龙志和、林光平:《基于辅助回归模型的空间 Hausman 检验》,载《统计研究》2013 年第 5 期。

[134] 陈青青、龙志和、林光平:《固定效应空间误差分量模型的 GMM 估计》,载《系统工程》2013 年第 4 期。

[135] 邓飞、柯文进:《异质性人力资本与经济发展——基于空间异质性的研究》,载《统计研究》2020 年第 2 期。

[136] 方超、罗英姿:《教育人力资本及其溢出效应对中国经济增长的影响研究——基于 Lucas 模型的空间计量分析》,载《教育与经济》2016 年第 4 期。

[137] 高远东、花拥军:《人力资本空间效应与区域经济增长》,载《地理研究》2012 年第 4 期。

[138] 郭鹏辉、钱争鸣、刘立虎:《初始值外生给定下动态空间面板数据模型的拟极大似然估计》,载《数理统计与管理》2015 年第 1 期。

[139] 郭鹏辉:《内生初始假定下动态空间固定效应模型的拟极大似然估计》,载《统计研究》2011 年第 10 期。

[140] 郭志仪、曹建云:《人力资本对中国区域经济增长的影响——岭估计法在多重共线性数据模型中的应用研究》,载《中国人口科学》2007 年第 4 期。

[141] 胡鞍钢、周绍杰:《如何培育中国经济新增长点》,载《当代经济》2016 年第 3 期。

[142] 黄海军、李立国:《我国研究生教育对经济增长的贡献率——基于 1996 ~ 2009 年省际面板数据的实证研究》,载《高等教育研究》2012 年第 1 期。

[143] 黄燕萍、刘榆、李文溥、吴一群:《中国地区经济增长差

异：基于分级教育的效应》，载《经济研究》2013 年第 4 期。

[144] 李亚玲、汪戎：《人力资本分布结构与区域经济差距——一项基于中国各地区人力资本基尼系数的实证研究》，载《管理世界》2006 年第 12 期。

[145] 林光平、龙志和、吴梅：《中国地区经济 σ - 收敛的空间计量实证分析》，载《数量经济技术经济研究》2006 年第 1 期。

[146] 林毅夫、刘明兴：《中国的经济增长收敛与收入分配》，载《世界经济》2003 年第 8 期。

[147] 林毅夫、刘培林：《中国的经济发展战略与地区收入差距》，载《经济研究》2003 年第 3 期。

[148] 刘生龙、胡鞍钢：《交通基础设施与中国区域经济一体化》，载《经济研究》2011 年第 3 期。

[149] 龙志和、陈青青、林光平：《面板数据空间误差分量模型的空间相关性检验》，载《系统工程理论与实践》2013 年第 1 期。

[150] 龙志和、李伟杰：《空间面板数据模型 Bootstrap Moran's I 检验》，载《统计研究》2014 年第 9 期。

[151] 龙志和、李文丽、陈青青：《固定效应模型空间相关性的 Bootstrap LM - error 检验》，载《数量经济技术经济研究》2015 年第 8 期。

[152] 龙志和、欧变玲、林光平：《空间经济计量模型 Bootstrap 检验的水平扭曲》，载《数量经济技术经济研究》2009 年第 1 期。

[153] 逯进、周惠民：《中国省域人力资本空间溢出效应的实证分析——基于 ESDA 方法和空间 Lucas 模型》，载《人口学刊》2014 年第 6 期。

[154] 陆铭、陈钊：《分割市场的经济增长——为什么经济开放可能加剧地方保护?》，载《经济研究》2009 年第 3 期。

[155] 吕承超、刘华军：《社会保障促进了区域经济增长吗——基于时空效应及分解的动态空间面板模型分析》，载《华中科技大学学报(社会科学版)》2017 年第 2 期。

[156] 吕忠伟：《R&D 空间溢出对区域知识生产的作用研究》，载《统计研究》2009 年第 4 期。

［157］潘文卿：《中国的区域关联与经济增长的空间溢出效应》，载《经济研究》2012 年第 1 期。

［158］潘文卿：《中国区域经济差异与收敛》，载《中国社会科学》2010 年第 1 期。

［159］苏屹、林周周：《区域创新活动的空间效应及影响因素研究》，载《数量经济技术经济研究》2017 年第 11 期。

［160］孙荣：《空间动态面板模型的时间滞后效应检验》，载《统计与信息论坛》2016 年第 7 期。

［161］陶长琪、周璇：《含空间自回归误差项的空间动态面板模型的有效估计》，载《数量经济技术经济研究》2016 年第 4 期。

［162］王纪全、张晓燕、刘全胜：《中国金融资源的地区分布及其对区域经济增长的影响》，载《金融研究》2007 年第 6 期。

［163］魏下海：《人力资本、空间溢出与省际全要素生产率增长》，载《财经研究》2010 年第 12 期。

［164］肖志勇：《人力资本、空间溢出与经济增长——基于空间面板数据模型的经验分析》，载《财经科学》2010 年第 3 期。

［165］熊灵、魏伟、杨勇：《贸易开放对中国区域增长的空间效应研究：1987～2009》，载《经济学（季刊）》2012 年第 3 期。

［166］姚鹏、孙久文：《贸易开放、人力资本与中国区域收入空间效应——基于地级及以上行政区域经验数据分析》，载《经济理论与经济管理》2015 年第 2 期。

［167］姚先国、张海峰：《教育、人力资本与地区经济差异》，载《经济研究》2008 年第 5 期。

［168］岳书敬、刘朝明：《人力资本与区域全要素生产率分析》，载《经济研究》2006 年第 4 期。

［169］曾召友、龙志和、董大勇：《基于 Bayes 理论的空间计量模型选择框架——以中国电信服务外溢性分析为例》，载《华东经济管理》2008 年第 10 期。

［170］张军、高远、傅勇、张弘：《中国为什么拥有了良好的基础设施》，载《经济研究》2007 年第 3 期。

[171] 张同斌：《从数量型"人口红利"到质量型"人力资本红利"——兼论中国经济增长的动力转换机制》，载《经济科学》2016 年第 5 期。

[172] 张征宇、朱平芳：《空间动态面板模型拟极大似然估计的渐近效率改进》，载《数量经济技术经济研究》2009 年第 5 期。

[173] 张志强：《空间面板参数估计的小样本特性探究》，载《数量经济技术经济研究》2012 年第 9 期。

[174] 张志强：《空间加权矩阵设置与空间面板参数估计效率》，载《数量经济技术经济研究》2014 年第 10 期。

[175] 周璇、陶长琪：《含空间自回归误差项的空间动态面板模型的检验与模拟》，载《数量经济技术经济研究》2017 年第 9 期。

[176] 朱国忠、乔坤元、虞吉海：《中国各省经济增长是否收敛?》，载《经济学（季刊）》2014 年第 3 期。

后　记

转眼间，从首都经济贸易大学博士毕业已经两年多了。这本书的主体是在博士阶段完成的，这一稿在原有基础之上增加了部分最新的文献内容。

在我学习和研究的过程中，有许多人都曾无私地帮助过我。导师廖明球对我影响深远，用“言传身教”来形容再贴切不过了。廖老师“天道酬勤”的教诲，严谨认真的治学作风以及潇洒淡定的人生态度让我在纷繁芜杂的万事万物中看到简单生活的睿智和气度。廖老师对我的影响已经远超学术研究了。师恩厚重谨记于心，践行于外，以求不辜负老师的殷切期望。

首都经济贸易大学国际经济管理学院有一批非常有活力的年轻老师，其中对我帮助最大的是李鲲鹏老师，他给我们上非参数计量经济学，我认识了他。在北京度过的四年中，他是所有老师中跟我交流最多、也是对我最有启发的，他对学生的提携是有目共睹的。我深信我们之间这种亦师亦友的关系是我未来道路上不可多得的财富。

感谢首都经济贸易大学经济学院王文举教授、田新民教授和王利教授，在他们的帮助下，才使我能够顺利完成博士阶段的学习。我对他们致以最崇高的敬意和深深地感谢！

感谢师兄张恪渝以及同门在收集和整理数据上给予我的极大的帮助，同时也要感谢博士班都泊桦、夏诗园、沈兰、薛寒冰、朱志胜、谢祥优、刘晖、白建磊、宋孜宇等同学给予我的帮助和关心。愿你们学业有成，一切顺利！

感谢管理学院的领导和同事对我的关心和帮助，使我可以安心写作博士论文。

感谢经济科学出版社的宋涛老师的辛勤付出。

我要特别感谢我的家人对我的支持。我的妻子一直以来对我研究道路给予默默的鼓励和支持。我要感谢两个女儿，你们就是上天的恩赐，带给了我们无穷的幸福和欢乐。

最后我想感谢给我们带来机遇和磨炼的时代，我们是幸运的！我们处在一个伟大的时代，感谢这个伟大的时代！

李欣先
修改于齐鲁工业大学文科楼
2020. 10. 6